Marko Kregel (Hrsg.)
Hollywood – Traum und Wirklichkeit

Für
Ida Anna Minna Soost, geb. Tietz
(1907–2011)

Marko Kregel

Hollywoood – Traum und Wirklichkeit
Deutsche Regisseure im Studiosystem

Bibliografische Information der Deutschen Nationalbibliothek
Die Deutsche Nationalbibliothek verzeichnet diese Publikation in der
Deutschen Nationalbibliografie; detaillierte bibliografische Daten sind im
Internet über http://dnb.d-nb.de abrufbar.

Abbildungsnachweis:
DVD-Screenshots von Marko Kregel, © bei den jeweiligen
Rechteinhabern. Fotos zum Kapitel Josef Rusnak: © Claudette Barius
(The Thirteenth Floor) & Maria Schicker (Valerie),
mit freundlicher Genehmigung. Fotos und Concept Artwork
zum Kapitel Martin Weisz: © Martin Weisz.

Schüren Verlag GmbH
Universitätsstr. 55 · 35037 Marburg
www.schueren-verlag.de
© Schüren 2012
Alle Rechte vorbehalten
Gestaltung: Nadine Schrey
Coverfoto: Peter Heckmeier, Fotolia
Druck: druckhaus köthen, Köthen
Printed in Germany
ISBN 978-3-89472-752-9

Inhalt

Vorwort   7

Marc Schölermann   11

Lexi Alexander   37

Martin Weisz   63

Christian Alvart   91

Josef Rusnak   151

Mennan Yapo   193

Vorwort

Hollywood: Schon immer übte dieses Wort eine enorme Faszination aus, denn es ist ein Symbol für einen Wunsch, eine Idee. Beinahe jeder, der mit Film und Filmemachen zu tun hat, träumt mindestens einmal, vielleicht auch nur heimlich, von diesem gelobten Ort im Westen der US of A. Hollywood-Filme werden mittlerweile zwar überall auf der Welt gedreht, doch der Name Hollywood bleibt ein wiedererkennbares «Prinzip», «eine Geisteshaltung», wie es James Cameron einmal formulierte.

Hollywood bzw. der Großraum Los Angeles war schon immer ein Sammelbecken für Kreative aus aller Welt, denn von Anfang an kamen Filmschaffende dorthin, um einem gemeinsamen Traum zu folgen. Manche kamen aus freien Stücken und versuchten ihr Glück, andere auf Einladung. Doch dunkle Jahre in der Geschichte sorgten auch für eine eher unfreiwillige Übersiedlung aufgrund von Vertreibung oder drohender Gefahr.

In diesem Exodus hatten Deutsche schon immer einen hohen Anteil und so ist ihr Stellenwert in der Filmgeschichte Hollywoods nicht zu unterschätzen. Sie haben Hollywood und die Art des dortigen Filmemachens von Anfang an beeinflusst und bis heute ihre Spuren hinterlassen.

Carl Laemmle hat 1912 die Universal Studios gegründet und einen der Grundsteine für das heutige Hollywood-System geschaffen. Dort gearbeitet haben Schauspieler wie Marlene Dietrich, Emil Jannings, Conrad Veidt oder O. E. Hasse, Regisseure wie Friedrich Wilhelm Murnau, Ernst Lubitsch, Robert und Kurt Siodmak und Produzenten wie Erich Pommer oder Felix Joachimson (später Jackson). Darüber hinaus gab es viele Autoren, Handwerker oder Techniker, die hinter den Kulissen wirkten.

Heutzutage sind vor allem Namen bekannt wie die Kameraleute Jost Vacano, Michael Ballhaus, Karl Walter Lindenlaub oder Tobias Schliessler, Komponisten wie Hans Zimmer, Klaus Badelt und Christopher Franke oder Schauspieler wie Armin Mueller-Stahl, Thomas Kretschmann, Franka Potente und Diane Kruger. Dazu kommen viele weitere, die ihr Glück dort fanden, dort arbeiteten oder noch immer arbeiten, die aber stets ungenannt oder bislang weitgehend unbekannt blieben. Und das oft zu unrecht.

Vorwort

Manche verweilten nur kurz, weil sie scheiterten und von der erbarmungslosen Maschinerie ausgesaugt und ausgespuckt wurden oder weil die Sehnsucht sie zurück in die Heimat trieb. Schließlich ist Hollywood und sein Studiosystem beileibe kein Paradies, denn es beinhaltet auch Wahnsinn, Kalkül und Intrigen. Es ist ein Ort, an dem Buchhalter, Anwälte und Banker oftmals über Künstler und Visionäre triumphieren. Jene, die blieben und bleiben, weil sie sich anpassen konnten und wollten, spielen einerseits nach den Regeln, schaffen es aber auch immer wieder, sich diese für ihre eigenen Zwecke zu eigen zu machen oder sie genüsslich zu untergraben.

Dieses Buch erzählt Hollywood-Geschichten aus der Perspektive von deutschen Regisseuren. Es soll einen Einblick in das Studiosystem verschaffen, hinter die Kulissen schauen und die Mechanismen des sonst so glamourösen Ortes erhellen.

Wer sich wundert, weshalb einige prominente deutsche Regisseure keinen Einzug in dieses Buch gefunden haben, dem sei gesagt, dass ganz bewusst auf die «üblichen Verdächtigen» wie Roland Emmerich, Wolfgang Petersen, Uli Edel, Tom Tykwer, Werner Herzog und Wim Wenders verzichtet wurde.

Ich würde mich aber freuen, wenn ich den Regisseuren eine Fortsetzung widmen könnte, die in diesem Buch aufgrund von Terminschwierigkeiten und/oder banalem ökonomischem Platzmangel keine Berücksichtigung fanden: Robert Schwentke (FLIGHTPLAN; RED), Oliver Hirschbiegel (THE INVASION), Marcus Nispel (PATHFINDER; FRIDAY THE 13TH), Florian Henckel von Donnersmarck (THE TOURIST), Marco Kreuzpaintner (TRADE) und Daniel Stamm (THE LAST EXCORCISM).

Auch dieses Buch entstand nicht ohne Mithilfe zahlreicher Menschen. Ich danke deshalb zunächst meinen sechs Interviewpartnern für ihre bedingungslose Teilnahme, ihre stete Großzügigkeit, ihr Entgegenkommen. Dafür, dass sie sich dem Stress und der Arbeit ausgesetzt haben und auch bei wiederholten Nachfragen und Bitten immer noch verständnisvoll blieben. Das ist auch Euer Buch...

Mein spezieller Dank gilt darüber hinaus: Mennan Yapo, denn er war von Anfang an eine stete Quelle der Hilfsbereitschaft und Unterstützung. Ohne sein Engagement sähe das Buch wahrscheinlich anders aus.

Josef Rusnak und seine wiederholte Motivation und Inspiration. Unsere Gespräche sind mir eine nie enden wollende Freude.

Jenen, die auf die eine oder andere Weise das Buch unterstützten und förderten, sei es durch Kontakte, Ratschläge oder sonstige Hilfestellungen: Ashley Burleson und Dawn Saltzman von MOSAIC, Eva Lontscharitsch, Michael Menke, Maria Schicker, Ute Emmerich und Claudette Barius.

Dank auch an Annette Schüren und allen Mitarbeitern des Schüren Verlages für die erneute Zusammenarbeit sowie Louis Anschel, meinem Autorenkollegen und Lektor, dessen Anmerkungen und Korrekturen sich stets als hilfreich erwiesen haben.

Viel Spaß beim Lesen. Möge es genauso viel Spaß machen wie das Schreiben.

Marko Kregel
Berlin, Oktober 2011

Marc Schölermann

Hamburg, Februar 2009

Erzähl doch bitte zunächst etwas über Dich und Deinen Hintergrund.
Ich wurde am 14. Oktober 1971 in Hannover geboren und bin in Norderstedt bei Hamburg groß geworden. Meine Liebe zum Film hat sich entwickelt, da muss ich 13 oder so gewesen sein. Ich war mit meinen Eltern im Urlaub und wir gingen in München in die Bavaria Filmstudios, wo wir uns den Glücksdrachen aus DIE UNENDLICHE GESCHICHTE (R.: Wolfgang Petersen, 1984) und die Kulissen aus DAS BOOT (R.: Wolfgang Petersen, 1981) ansahen, was ich alles wahnsinnig faszinierend fand.

Ich habe mir dann zu Hause die Super 8-Kamera meines Vaters geschnappt und angefangen ein bisschen mit Film herum zu experimentieren. Noch relativ ziellos. Eine Filmrolle rein und dann versucht irgendwas zu machen. Da ist erstmal nichts Großes bei herausgekommen. Der eigentliche Zünder kam mit INDIANA JONES AND THE TEMPLE OF DOOM (INDIANA JONES UND DER TEMPEL DES TODES, R.: Steven Spielberg, 1984). Als der herauskam war ich 13, aber der Film war ab 16 Jahren freigegeben. Ich wollte den unbedingt sehen, aber meine Eltern haben mich nicht gelassen. Daraufhin habe ich nach meinen ganzen Experimenten beschlossen, den Film selbst zu drehen. Ich habe mir das Buch zum Film gekauft, damit das Drehbuch geschrieben, auf Schreibmaschine sogar, und angefangen zu drehen. Eigentlich wollte ich auch Schauspieler werden und habe mich auch selbst in der Hauptrolle als Indiana Jones besetzt. Natürlich auch aus dem Grund, dass ich immer, wenn ich drehen wollte, Zeit hatte. Ich konnte jeden auf die Kamera drücken lassen, aber wenn man mit Freunden dreht und die sind auch mal am Wochenende nicht da oder haben grade keine Lust, dann zieht sich alles hin. Ich hab dann alle Schulkameraden und Freunde dazu verpflichtet mitzuspielen und so haben wir innerhalb eines Jahres diesen Film Stückchenweise gedreht. Allerdings ist er nicht so lang geworden wie das Original, sondern nur etwa 45 Minuten. Er wurde dann auch mit einem Tonband nachvertont, weil es keinen Synchronton gab und das lief alles auseinander. Man musste den Film immer anhalten und versuchen, den Ton in der Vorführung wieder einigermaßen synchron zu bekommen. Das war eine lustige Erfahrung.

Mit etwa 15 sind wir in die Nähe von Frankfurt/Main gezogen, wo ich mein Abitur gemacht habe. Dort habe ich gesagt, vielleicht auch als Mittel der ersten Kontaktaufnahme, ich drehe die Fortsetzung.

Raiders of the lost Ark (Jäger des verlorenen Schatzes, R.: Steven Spielberg, 1981) ist ja eigentlich der erste Film, spielt aber zeitlich nach Temple of Doom. Deswegen ergab das für mich irgendwie Sinn.

Das ganze wurde ein bisschen verfeinert. Die Bilder sahen schon ein bisschen besser aus und ich habe auch herausbekommen, wie man besser schneidet. Damals war das ja alles noch «analog» auf 8mm-Umkehrfilm. Wenn man einmal etwas geschnitten hat, war es fast unmöglich noch etwas zu ändern. Ich habe den Film dann auch mit dem Mischpult unseres Nachbarn vertont. Es wurde jedenfalls schon deutlich professioneller und machte immer mehr Spaß. Ich glaube, ich bin sogar einer der ersten, der computergenerierte Matte-Paintings in einem Film hatte. Das war 1986, da hatte ich einen Atari und ein Malprogramm. Da der Film zum Teil in Nepal spielt, war ich so kühn, im Computer ein Bergpanorama zu entwerfen, das ich mit der Super 8-Kamera abgefilmt habe. Das sah zwar total scheiße aus, aber es war immerhin ein rein im Computer entstandenes Bild.

Daraufhin folgten bis zum Abitur noch ein paar andere Filme, meistens irgendwelche Thriller, die aber eigentlich nicht der Rede wert sind. Es waren immer «abendfüllende» Filme, die liefen also alle mindestens 60, wenn nicht sogar 90 Minuten. So habe ich also parallel zu meiner Schule meine Zeit verbracht: Indem ich meine Freunde ständig genötigt habe, in meinen Filmen mitzuspielen.

Nach dem Abitur bin ich wieder nach Hamburg zurückgezogen und habe verschiedene Praktika in Werbeagenturen gemacht. Dann bin ich an ein Praktikum im Studio Hamburg gekommen. Ich fing als Kaffeekocher bei der RTL-Serie Sonntag & Partner (1994/95) an und bin innerhalb eines Jahres vom Set-AL-Praktikanten zum Motivaufnahmeleiter/Location Manager aufgestiegen. Ich habe bis 1996 in verschiedenen Positionen als Location Scout, Motivaufnahmeleiter, Set-Aufnahmeleiter für Fernsehspiele und Fernsehserien in Hamburg gearbeitet.

Direkt nach dem Abi hatte ich mich schon an der Filmhochschule Ludwigsburg für Regie beworben. Ich bin aber mit Pauken und Trompeten untergegangen, bin also nicht genommen worden. Im nachhinein bin ich eigentlich auch ganz froh darüber, weil mir der tatsächliche Arbeits-Background, wie funktioniert denn eine Filmproduktion, fehlte. Beim zweiten Mal als ich mich beworben habe, war ich dann schon in Hamburg als Aufnahmeleiter etabliert. Das kann ich eigentlich auch nur jedem raten, der sich an einer Filmhochschule bewerben will. Es bringt nichts, der jüngste, tollste zu sein, wenn man keine Ahnung hat, wie ein wirklicher Dreh abläuft. Und zusätzlich sind Kontakte so unglaublich wichtig. Wenn man schon vorher welche hat, macht es den Einstieg in den Job später viel leichter, als wenn man als kleiner Filmschüler plötzlich nach dem Studium da steht. Denn es wartet niemand auf einen. Und wenn deine Filme an der Schule noch so gut sind. Es sind letztlich nur Studentenfilme.

Kurzer Einwurf: Wie kamst du zum James Bond Film TOMORROW NEVER DIES *(*DER MORGEN STIRBT NIE*; R.: Roger Spottiswode, 1997)?*
Über einen meiner besten Freunde. Er arbeitete damals parallel zu seinem Studium als Runner und bekam eines Tages einen Anruf von der Filmförderung Hamburg, da würde eine englische Produktion kommen und sich für einen internationalen Spielfilm gerne mal ein bisschen in Hamburg umschauen. Er fuhr sie herum und stellte fest, dass das u.a. der Regisseur Roger Spottiswoode und der Produzent Michael G. Wilson waren. Er fuhr mit ihnen zwei Tage durch Hamburg und ein paar Wochen später bekam er den Anruf, dass die tatsächlich in Hamburg drehen wollen. Er landete im Büro als Fahrer und Produktionsassistent und hörte, man bräuchte zusätzliche Aufnahmeleiter/Regieassistenten. Ich war damals schon in Ludwigsburg an der Filmhochschule, aber es passte zeitlich gut, weil der Dreh genau in die Semesterferien fiel. Ich bin nach Hamburg gefahren, habe mich mit dem zuständigen Line Producer getroffen und den Job gekriegt. Ich habe die First Unit gemacht. Sie haben sieben Tage hier gedreht.

Du hast also in Ludwigsburg studiert, aber nur zwei Jahre durchgehalten.
Ich habe mit Restmaterial der Fernsehserie, bei der ich gerade arbeitete, den Kurzfilm ANGST (1995) gedreht und den als Bewerbungsfilm für die Filmhochschule benutzt. Das hat ganz gut geklappt, denn sie haben mich genommen. Eigentlich lief dann alles ganz schön und es hat auch Spaß gemacht in Ludwigsburg. Obwohl ich sagen muss, es ist nicht gerade die inspirierendste Stadt und Schwaben ist sowieso ein «Ländle» für sich. Ich habe dort angefangen mit Studienfreunden und Kollegen Musikvideos zu machen. Ich war in Kontakt mit BMG/Ariola und die hatten damals einen Musikvideo-Konzept-Wettbewerb ausgeschrieben, bei dem wir einfach so mitgemacht haben. Wir bekamen also diese CD und hatten uns Gott weiß was überlegt, haben dazu Storyboards gemalt und das alles abgeschickt und auch tatsächlich den ersten Preis gewonnen. Es gab damals 1000 oder 1500 Mark, glaube ich. Mit der Option, dass man dieses Musikvideo auch selber drehen könnte. Letztendlich habe ich es aber doch nicht selber gedreht, sondern irgendjemand anders. Aber wir bekamen das Geld und freuten uns ganz doll.

Zwei oder drei Monate später bekam ich wieder einen Anruf von Marc Paap, der das ausgeschrieben hatte, und der mittlerweile auch ein guter Freund von mir ist. Er sagte, sie hätten da noch ein Video, für das nicht viel Geld da wäre, etwa 30.000 Mark, für eine kleinere Band aus Hamburg: *Die Braut haut ins Auge*: «Wenn du gehst». Es war damals noch die «gute» Zeit der Musikvideos, da hatte man für ein durchschnittliches Video 80 bis 90.000 Mark. Für uns war das aber trotzdem wahnsinnig viel Geld und so haben wir zwei Tage lang in einer Kaserne in Ludwigsburg gedreht. Es lief überall, MTV, VIVA2, usw. Daraufhin haben wir dann mehr gemacht. Durch die ganzen Sachen, wie Musikvideos, Kurzfilme oder Kameraübungen, habe ich eine ganz gute Rolle (Showreel) zusammen bekommen.

Einer meiner besten Freunde, Burak Heplevent, hatte damals gerade als Produktionsleiter bei *Markenfilm* angefangen. Ich habe ihm immer meine Sachen geschickt und er sagte dann irgendwann, er habe Jörg Bittel, dem Geschäftsführer, meine Sachen gezeigt und der fände mich interessant. Ich solle mal vorbeikommen, er wolle sich mit mir unterhalten. Ich bin also nach Hamburg gefahren und habe mich mit ihm getroffen. Er fragte mich gleich, ob ich bei ihnen anfangen will als Regisseur, denn er fände meine Sachen toll. Er bot mir einen Vertrag an, zunächst für ein Jahr. Da war ich erst einmal ein bisschen baff.

Das war so eine Zeit, da gab es bei *Markenfilm* noch fest angestellte Regisseure. Das war gut, um den Sprung zu schaffen. Man bekam zwar nicht ganz so viel Geld wie ein freier Regisseur, aber ein monatliches Grundgehalt plus Bonus für jeden Drehtag. Und damals war die Zeit als jeder da draußen Spots machte. Da gab es für jede Zeitschrift jeden Monat einen neuen Spot. Das waren natürlich nicht die größten und kreativsten Skripte, aber immerhin konnte man drehen und ausprobieren. So habe ich im ersten Jahr 15 oder 16 Spots gedreht, was verdammt viel ist.

Nach dem Treffen bin ich also nach Ludwigsburg zurück, das war im Sommer 1998. In Ludwigsburg macht man zwei Jahre ein Grundstudium. Nach dem zweiten Jahr spezialisiert man sich. Ich wollte Regie für szenischen Film, aber da bin ich nicht reingekommen, sondern in die Abteilung Werbefilm. Damals war das so, dass man sich selbst irgendwelche Konzepte ausdenken musste und dann drehte man die auf Betacam. Im Diplomjahr durfte man dann auf Film drehen. Aber auf all das hatte ich nicht so wahnsinnige Lust. Zumal auch dieses Angebot da war.

Ich bin gleich zum Direktor der Filmakademie und habe ihn gefragt, ob ich ein Urlaubsjahr nehmen könnte. Aber daraufhin wurde er relativ drastisch und sagte, nein, das hätte ich mir früher überlegen müssen, jetzt wäre es schon viel zu spät, das ginge alles nicht. Was ich ziemlich unkooperativ fand, weil ich dieses Angebot eben zwei Monate vorher ja noch nicht hatte. Daraufhin hatte ich ihm im Büro gesagt, ich hätte keinen Bock, habe mich exmatrikuliert, bin nach Hamburg gezogen und habe angefangen Werbespots zu drehen. Und das habe ich nicht bereut.

Du bist also seit 1998 bei der Firma Markenfilm angestellt, und das exklusiv, bis heute.
Nein, ich war die ersten Jahre fest angestellt, mittlerweile arbeite ich selbstständig, aber mit einem Abkommen, dass mich *Markenfilm* für Deutschland exklusiv vertritt.

Du hast zwischendurch auch noch ein paar Musikvideos gemacht, darunter auch für Scooter.
Das hat sich eher so ergeben. Ich mache Musikvideos eher als Hobby. Wenn ich Lust habe und mich der Song irgendwie inspiriert, gerne. Und die Jungs sind echt super nett und haben mir immer freie Hand gelassen. Hauptsache ist, es macht Spaß. Bei einem Werbespot hast du 25 oder 30 Sekunden und musst relativ stringent deine Geschichte erzählen, während du bei einem Video drei bis vier Minuten hast und mehr herumexperimentieren kannst. Und wir konnten ein paar Sachen in die Luft jagen oder mal nach Japan fliegen und sieben Tage in Tokio auf Super-8 drehen.

Interessanterweise werde ich oft als deutscher Videoclip-Regisseur bezeichnet. Dabei habe ich in meinem Leben nur acht oder neun Musikvideos gedreht, aber dafür über 200 Werbespots.

Lass uns mal kurz über ein paar deiner Kurzfilme reden. HEIMWEG (1997) und INNER CITY BLUES (1998) sind z.B. im Rahmen deines Studiums in Ludwigsburg entstanden?
Ja, das sind zwei Semesterarbeiten. HEIMWEG war eine Regieübung, die ich auf einem Klo in einer Autobahnraststätte gedreht habe. Er handelt von einer Frau, die von einem Killer verfolgt wird. Es ist eine kleine Suspense-Geschichte, die immer noch ganz gut funktioniert.

Kann es sein, dass du zum Zeitpunkt dieser beiden Kurzfilme ein Faible für Michael Bay und seine Art Filme zu machen hattest? Beide Kurzfilme strotzen nur so vor den üblichen Stilmitteln von Bay.
Sagen wir mal so: Ich war ein großer Verehrer der Jerry Bruckheimer-Filme. Das war nicht nur Michael Bay, sondern auch Tony und Ridley Scott, Simon West und Dominic Sena, also alles ehemalige Werbe- oder Musikvideo-Regisseure. Natürlich habe ich damals BAD BOYS (1995), THE ROCK (beide R.: Michael Bay, 1996) rauf und runter geschaut. Ich war ein großer Freund der Ästhetik dieser Filme und habe natürlich versucht das in meine Filme einfließen zu lassen. Das war immer auch ein bisschen... na ja, Rebellion kann man das nicht nennen, aber an der Filmhochschule war es, wie man sich das so vorstellt: Ein Großteil war Fan des französischen, tschechischen oder bolivianischen Autorenkinos. Je langweiliger, je unästhetischer, je dröger um so besser. Dann gab es eine kleine Gruppe, die durchaus dem Hollywood-Blockbuster-Spektakel nicht abgeneigt war. Ich habe seinerzeit aus Jux, anstatt des Trailers der Filmakademie Ludwigsburg das Don Simpson-Jerry Bruckheimer-Logo vor meinen Kurzfilm HEIMWEG geschnitten. Da gab es Aufregung...

Marc Schölermann

Ich hatte mich beim Ansehen der beiden Filme mehrfach gefragt, ob es eine Hommage an oder eine Parodie auf Michael Bay bzw. die Bruckheimer-Produktionen sein soll. Du hast wirklich beide Filme vollgepackt. Alles war so geballt.
Schon bei Heimweg sieht man, dass ich ein großer Fan von Ridley Scott war, und bei jeder noch so unpassenden Gelegenheit eine Nebelmaschine im Hintergrund hatte. Ich fand das damals ganz toll und dachte, wenn er das darf, dann kann ich das auch. Dann natürlich rote Verlaufsfilter, das ist eher Tony Scott. Die hatte ich mir damals für meine Super 8-Kamera gekauft und auch in beiden Indiana Jones-Filmen verwendet. Würde ich heute so nicht mehr machen, aber damals passte es noch. Das war am Puls der Zeit. [lacht]

Auch Inner City Blues ist von Anfang an konsequent so gedreht. Du hast die gesamte Palette abgegrast: Low Angle-Shots, jede Menge Farbfilter, Verlaufsfilter, Zeitlupen und viele Kamerabewegungen, egal ob motiviert oder nicht.
Ja, scheißegal, Hauptsache, es sieht gut aus. Ich war der Sache sehr verhaftet. Deswegen ist es auch keine Parodie, sondern eher eine Hommage gewesen. Ich fand das seinerzeit toll. Ich mochte Slow Motion und Einstellungen, in denen Leute langbrennweitig auf die Kamera zu rennen.

Du hast auch Musik in deinen Kurzfilmen, die stark nach Hans Zimmer klingen.
Ja, die war von einem Kollegen, Johannes Kobilke, der Hans Zimmer sehr zugeneigt war und das auch gut nachkomponieren konnte, so dass es sich genauso bombastisch anhörte. Er hat auch später meine Musik zu Pathology komponiert.

Ich muss noch dazu sagen, wahrscheinlich war diese Michael Bay-Ästhetik, die ja aus der Werbung und Musikvideos kommt, der Grund, warum ich nicht in die Spielfilm-, sondern in die Werbeklasse an der Filmhochschule Ludwigsburg kam. Die meisten Regievorbilder, die ich hatte oder habe, haben ihren Ursprung in der Werbung: Ridley und Tony Scott, Michael Bay, David Fincher. Das sind so die Hauptverdächtigen. Die haben alle beim Werbefilm angefangen.

Dein absoluter Lieblingsregisseur ist aber Sergio Leone.
Der ist noch mal eine ganz andere Liga. Aber er ist ja auch ein extrem visueller Mensch. Ich mag die Art wie er erzählt. Ich mag dieses Imposante, auch dieses Übertriebene, das Ironische. Er hat eine Ästhetik geprägt, die immer noch einzigartig ist. Er kann in einer Einstellung, ohne Worte und nur durch Kamerabewegung, das Framing und Gesten, Charaktere etablieren und ich weiß als Zuschauer sofort alles über sie. Andere Filmemacher schaffen das nicht in einem ganzen Film. Ich habe mich immer mehr zum visuellen Kino hingezogen gefühlt als zum Autorenkino französischer oder italienischer Prägung. Das hat sich jetzt mit dem Alter auch teilweise relativiert. Ich habe mittlerweile auch Freude an langsamen, völlig unspektakulär erzählten Filmen. Irgendwann hat man genug Popcorn-Kino gesehen.

Du hast 2001 zwei Folgen der RTL-Serie DER CLOWN gemacht.
Oh, schade, dass du das nicht vergessen hast. [lacht] Das war zu einem Zeitpunkt, da hatte ich gerade zwei Jahre lang Werbung gedreht und ein Freund von mir, Stephen Manuel, mit dem ich auf der Filmhochschule war, hatte damals ein paar Folgen der Serie DER CLOWN gedreht. Er rief mich an und sagte mir, die suchen Regisseure, ob ich nicht Lust hätte. Ich dachte, wie geil, ich könnte ein paar Sachen in die Luft sprengen und auch mal vorstoßen in den längeren Film und nicht immer nur 30 Sekunden.

Mit meinem Kurzfilm INNER CITY BLUES habe ich mich dort beworben und den fanden die alle auch ganz toll. Daraufhin habe ich zwei Folgen bekommen. Letztendlich war das eine Erfahrung, die man einmal macht, aber es nicht unbedingt noch mal wiederholen muss, weil es kreativ doch sehr, sehr unterdurchschnittlich war. Der ganze Drehablauf war super hektisch, ein ständiger Lauf gegen die Zeit. Wir haben nur noch die Kameras hingestellt, die Szenen zwei- oder dreimal durchgespielt, damit ich im Schnitt dann genug Material hatte. Es ging nur noch um das zusammenstückeln von Szenen. Es war eine Erfahrung das zu machen, aber das brauche ich wirklich nie wieder.

Wie führte nun der Weg von den Musikvideos und den Werbespots zu deinem Spielfilmdebüt PATHOLOGY? Warum hast du zuvor keinen Film in Deutschland gemacht?
Aus Deutschland kam bisher kein Angebot, aber ich habe mich hier auch nicht darum gekümmert. Ich war mit der Werbung gut beschäftigt und deshalb habe ich nicht groß versucht, hier etwas anzuleiern.

Wie kam es zum Angebot von PATHOLOGY?
Das Angebot aus Amerika kam, weil ich bei einer Produktionsfirma in Los Angeles bin, die mich dort vertritt. Der Nachbar einer der Producer dort war damals Agent bei William Morris. Der hat mein Showreel gesehen und wollte mich treffen. Ich habe mit ihm und seinem Kollegen Mittag gegessen und dann haben sie mich unter «Vertrag» genommen, was erst einmal nicht viel heißt, aber es ist generell sehr wichtig, in Amerika einen Agenten zu haben. Dann begann das, was jeder macht, der da zum ersten Mal ist. Man hat eine endlose Reihe von Mee-

tings. Man geht zu sämtlichen Studios, zu sämtlichen Produktionsfirmen, trifft sich dort mit den zuständigen Leuten und hat dann so einen Smalltalk: «Was wollen sie denn für Filme machen?» Die haben also meine Rolle gesehen und komischerweise war Heimweg der Film, den die meisten dort mochten. Der hat mir ganz gut den Weg geebnet. (Danke Tevik!) Das Herumreisen ging so anderthalb Jahre und ich bekam auch immer wieder Drehbücher geschickt. Wenn man eins interessant findet, trifft man sich im Zweifel mit dem zuständigen Produzenten. Aber es kommt, wie fast immer, eigentlich gar nichts dabei heraus.

Der einzige Film, an dem ich relativ dicht dran war, hieß The Strangers (2008). Am Ende ging es nur noch um Bryan Bertino und mich. Davor war noch Mark Romanek als Regisseur vorgesehen, mit Reese Witherspoon in der Hauptrolle, aber das war dann wohl zu teuer.

Unter den ganzen Drehbüchern, die du bekamst, war da was Namhaftes dabei, das später wirklich realisiert wurde?
Ich hatte noch zwei, drei Projekte, an denen ich zumindest noch ein bisschen beteiligt war, aber da wurde nichts draus. Die tauchten mal auf und wurden dann wieder im Keim erstickt. Ich hatte auch mal das Drehbuch zu Wanted (2008) in der Hand, aber da war schon entschieden, dass es Timur Bekmambetov macht.

Irgendwann kam ein Anruf von meinem Agenten, da war ich gerade in Los Angeles, dass es dieses Projekt, Pathology, gibt. Ich bekam das Buch noch am gleichen Abend, habe es in der Nacht gelesen und fand es eigentlich ganz spannend. Es ging um eine Gruppe junger Ärzte, die nicht nur wild mit Sex, Alkohol und Drogen feiern, sondern auch zum Spaß und als Spiel Menschen ermorden. Daraufhin habe ich mich mit den Autoren getroffen, Brian Neveldine und Mark Taylor, den Machern von Crank (2006).

Ich habe ihnen erzählt, wie ich den Film machen würde. Das fanden sie ganz gut und am nächsten Tag hatte ich gleich ein Treffen bei *Lakeshore Entertainment* mit Gary Lucchesi, bei dem Neveldine und Taylor auch dabei waren. Ich saß da und erzählte alles noch einmal. Ich habe ein paar Bilder zusammengesucht, um die Welt, in der das spielen sollte, zu bebildern. Das fanden die alle ganz Klasse, aber ich habe danach zwei Wochen lang gar nichts gehört. Dann kam ein Anruf, ich war schon wieder in Deutschland, wann ich wieder in L.A. sein könnte. Das war im November 2006. Tom Rosenberg, der Chef von *Lakeshore*, würde sich gerne mit mir treffen und mich kennen lernen.

Ich habe mir sofort einen Flug gebucht und bin wieder zurück nach Los Angeles. Ich kam also zum anberaumten Treffen und da saßen schon diverse Leute. Tom saß eigentlich nur da und fragte, was ich bisher gemacht habe. Ich erzählte von meinen vielen Werbespots und wollte weiter ausführen, als Tom sagte: «Okay, let's do it!» Das war alles. Das war ein Meeting von zehn Minuten. Wir sollten sofort mit dem Casting beginnen. Ich war noch eine Woche in Los Angeles und am Ende dieser Woche bekam ich plötzlich einen Anruf, es gäbe noch Probleme mit der Finanzierung, wir müssten das Casting erst einmal aussetzen. Ich dachte also, aha, es geht doch nicht so schnell. Ich bin wieder zurück nach Deutschland geflogen und bekam dann nach Weihnachten 2006 eine E-Mail von Gary Lucchesi, der schrieb: «Dein Film hat gerade grünes Licht bekommen. Wann kannst du hier sein?»

Ich glaube, *Lakeshore* hatte damals noch keinen Vertrieb in den USA und sie hatten darauf gesetzt, dass *Lionsgate* das macht, denn die hatten auch CRANK vertrieben. Aber die haben abgesagt. Sie standen also ohne Verleih da. Sie haben dann in den drei Wochen vor Weihnachten mit MGM verhandelt und das bei denen untergebracht. Das lief relativ kurz und relativ unspektakulär. Aber so ist das. Entweder es dauert Jahre oder es geht ganz schnell.

Erläutere doch mal deinen Ansatz zum Film.
Ich hatte damals CRANK gesehen und dachte, das ist zwar ein guter Film, aber er bringt mir persönlich visuell nicht so viel. Mir war das zum Teil zu wild, das ist nicht meine Ästhetik. Mein Ansatz war, alles real und ohne große visuelle Sperenzchen zu machen. Man ist immer so in der Zwickmühle. Man kann in jeder Einstellung was spannendes machen, aber oftmals ist das einfach unmotiviert. Es ist dann eine tolle Einstellung, aber trägt nicht zur Geschichte bei. Ich wollte es so machen, dass die Geschichte im Vordergrund steht, eben ohne visuelle Spielereien. So unbeleuchtet wie möglich, so unstilisiert wie möglich, so real wie es geht, ohne es in ein visuelles Feuerwerk abdriften zu lassen.

Der Film ist aber letztendlich doch stylisch geworden.
Ja, vielleicht. Aber trotzdem ist der Ansatz relativ «unbeleuchtet». Aber was verstehst du unter stylisch?

Die Farbgebung, die Lichtsetzung, die Kamerafahrten, die Komposition der Einstellungen sind ausgefeilt und präzise. Der Film sieht nicht aus wie ein typischer Low-Budget-Film, der über kein zusätzliches Licht verfügt und wo man nur auf «available», also vorhandenes Licht setzt.
Aber der Film ist sehr reduziert und sparsam geleuchtet. Die Lampen in der Pathologie, die Neonröhren, das war so ziemlich alles was wir hatten.

Die Farbgebung ist recht kühl und der Film oft sehr dunkel...
Was ich visuell nicht wollte, war so etwas wie die SAW-Sequels (SAW II bis IV, R.: Darren Lynn Bousman, 2005, 2006, 2007; SAW V: R.: David Hackl, 2008; SAW VI und SAW 3D, R.: Kevin Greutert, 2009, 2010). Das sind billig aussehende und farblich komplett verdrehte Filme, die auf eine Clip-Ästhetik aus sind, wie z.B.

auch die *Platinum Dunes*-Michael Bay-Produktionen, die alle wie Musikvideos aussehen. Siehe die Remakes von THE TEXAS CHAINSAW MASSACRE (2003) oder FRIDAY THE 13TH (beide Regie: Marcus Nispel, 2009). Ich wollte eigentlich einen relativ drögen, unaufdringlichen Look.

Das besondere an PATHOLOGY ist seine ausgeprägte Amoralität.
Das war etwas, dass ich so spannend fand, weil ich das Hollywood-Horror-Kino heutzutage so brav finde. Es ist so moralisch geworden. Das ist eine komische Entwicklung, denn es wird zugleich immer brutaler, gerade wenn man sich diese SAW-Reihe ansieht.

Wenn man sich die sogenannten «Video Nasties» aus den 1980er-Jahren anschaut, sind die heutigen Filme zwei Stufen darüber, wie explizit und grausam die Gewalt dargestellt wird. Das ist in Hollywood interessanterweise überhaupt kein Problem. Die Gewaltgrenze, die vorzeigbar ist, auch im Mainstream, ist unglaublich hoch und wird auch durch Computereffekte immer realer. Man bekommt immer mehr Situationen zu sehen, die vor 20 Jahren mit normalen Make Up-Effekten unmöglich gewesen wären.

Marc Schölermann am Set von PATHOLOGY

Wenn es aber um das Thema Sexualität geht, wird es immer puritanischer. Ich rede jetzt nur von Amerika. Das ist eine komische Doppelmoral. Der Anblick der nackten Brust von Janet Jackson löst Entsetzen aus. Da fragt man sich, in welcher Welt die leben? Da wird Sexualität fast als etwas Unmenschliches, Perverses dargestellt. Andererseits werden im US-Fernsehen in bester Lucio-Fulci-Manier Menschen die Köpfe abgehackt und Gedärme rausgerissen und das bekommt dann eine Freigabe ab 14, so wie bei der Serie THE WALKING DEAD (2010). Da fragt man sich doch echt, was da falsch läuft.

Aber zurück zu PATHOLOGY: Was ich am Drehbuch so spannend fand, war, dass es im Grunde keine Moral, keine Grenzen gibt und die Figuren durch und durch böse sind.

Aufgrund einer Kostendiskussion hatten wir aber ein Problem mit dem Drehbuch. Eine Woche vor Drehbeginn wurden Szenen gestrichen und so passierte es, dass der Charakter des Hauptdarstellers kaum erklärt ist. Es gab eigentlich eine Backstory, die sich quer durch den Film gezogen hat und die ich sehr spannend und wichtig fand, die aber aufgrund des finanziellen Kampfes mit dem Studio, noch bevor überhaupt gedreht wurde, herausgestrichen wurde. Es war eine Afrika-Geschichte, die am Anfang angedeutet wird und jetzt – in der Kinofassung – immer noch hier und da mal so auftaucht, auf die aber nicht mehr weiter eingegangen wird.

Es ging darum, dass Ted Grey (Milo Ventimiglia) in einem Krankenhaus in Nigeria Hilfsdienste abgeleistet und in der Zeit einen kleinen schwarzen Jungen aufgepäppelt hat. Er war unterernährt, fast verhungert. Am Schluss ist er eigentlich wieder voll auf den Beinen. Aber Ted hat die ganze Zeit das schlechte Leben dort gesehen, das tägliche Sterben, und seinen Glauben an die Menschheit verloren, so dass er es fast als Erlösung für den Jungen empfindet, ihm ein Leben auf diese Art zu ersparen und ihn letztendlich «aus Gnade» umbringt.

Das ist der Auslöser für sein Verhalten und erklärt auch die Thesen, die er später vertritt. Es zeigt, wo er herkommt und vor allem, dass er schon vorher getötet hat. Und wie ein Abhängiger kann er nicht mehr davon ablassen. Er hat einmal diese Grenze überschritten und macht nun weiter. So ist der Charakter wesentlich komplexer, aber durch die Streichung ist die Story komplett rausgeflogen. Deshalb ist die Figur durchaus eindimensionaler geworden.

Das spiegelt sich auch in diversen Kritiken wider. Fast alle bemängeln die zu schnelle Wandlung des Charakters Ted Grey im Film, die nicht nachvollziehbar und unglaubwürdig erscheint. Er wird in die Gruppe aufgenommen und tötet einfach mal so.

Das Problem ist, entweder man steigt auf diese Geschichte ein oder nicht. Diese Hintergrundstory, die niemals gedreht wurde, hilft vielleicht am Schluss das Ganze besser zu verstehen, aber auf der anderen Seite wird es nie einen vernünftigen Grund geben, warum ein normaler Mensch einfach so jemanden tötet. Man muss die Charaktere so akzeptieren wie sie sind. Sie sind einfach böse. Denn dass ein normaler, friedliebender Medizinstudent plötzlich anfängt zu töten, nur weil er in eine Gruppe aufgenommen werden möchte oder weil er es besonders cool findet, das wird es nicht geben und das würde sich logisch auch nie erschließen lassen. Dafür ist dieser Schritt einfach viel zu extrem.

Insofern mag das ein Problem sein, dass einige das nicht nachvollziehen können. Man muss an die Figuren glauben, man muss ihre Bosheit glauben, nur dann funktioniert der Film. Wer das Ganze als ein feines Psycho-Drama verstehen möchte, ist bei dem Film falsch. Es gibt keine komplexen, psychologischen Figuren. Letztendlich ist es ein Film der Spaß machen soll, der böse und zutiefst unmoralisch ist. Mehr nicht.

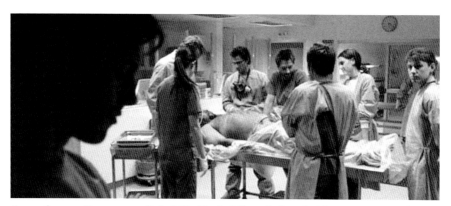

Szenenfoto aus PATHOLOGY: *links Milo Ventimiglia, mit dem Gesicht zur Kamera, Johnny Whitworth, Michael Weston, Lauren Lee Smith, Keir O'Donnell*

Siehst du ihn mehr als Horrorfilm oder als Thriller?
Eigentlich beides. Er hat Elemente eines Horrorfilmes, aber eigentlich ist es mehr ein Thriller. Es geht ja gar nicht um die vordergründige Darstellung von grausamen Morden, sondern um die Unmoral und wie mit dem Töten umgegangen wird. Es geht ja auch primär um das Spiel und wenn ich jemandem den Kopf abhacke, dann ist es nicht wirklich schwierig zu erraten was die Todesursache ist. Deswegen sind die Morde an sich auch relativ unblutig.

Die Idee den Film in seinen Pathologie-Szenen wirklich graphisch und extrem realistisch und blutig zu machen, kam die von dir, von Neveldine und Taylor oder gar dem Studio?
Das erste, was mir die Produzenten und das Studio sagten, war: «Make it as hard and as close to NC17 as possible.» Ich dachte: Super, denn wenn die daraus einen PG13-Film machen wollen, dann geht das komplett in die Hose. Ich sollte es so hart machen, wie es geht. Im Zweifelsfall müssten wir es fürs Kino halt entschärfen. Andererseits konnten wir es gar nicht so blutig machen, weil unser Budget relativ limitiert war und auch nur eine bestimmte Anzahl an Make up-Effekten kalkuliert waren. Es gab noch ein paar blutigere Szenen, aber die sind alle rausgeflogen. Nicht weil jemand Probleme mit der Härte hatte, sondern weil sie letztlich nicht funktionierten.

Was ist mit der verlängerten und teilweise blutigeren Autopsieszene von Alyssa Milano, die als Bonus auf der DVD ist?
Wir wollten sie gerne länger im Film haben, aber der Chef des Studios war nicht gerade ein Fan dieser Szene. Ich glaube, das Knacken der Rippen mit dieser Heckenschere war dann doch zu viel für ihn, obwohl das die volle Realität ist. Und vielleicht

hatte er Recht gehabt. Im Nachhinein war es so, dass diese Szene so lang war, dass sie langsam absurd und fast komisch wurde. Deshalb ist es gar nicht so schlecht, dass sie relativ kurz geschnitten ist. Ich weiß auch nicht was mit der MPAA (*Motion Picture Association of America, zuständig für die Altersfreigaben*) passiert wäre, ob die das so hätten durchgehen lassen. Wir waren sowieso alle extrem überrascht, dass unsere Schnittfassung bei der Vorlage ohne Schnitte ein R-Rating bekommen hat. Wir hatten eigentlich gesagt, wir packen erstmal alles rein, weil wir es ja immer noch herunter schneiden konnten. Wir wollten einfach mal schauen, was passiert. Wir waren der festen Überzeugung, mit der Fassung keine Freigabe zu bekommen.

An einem Freitagmorgen wurde das eingereicht und am Nachmittag kam die E-Mail, wir hätten ein R-Rating, worauf alle erst einmal sagten: «Wow, echt?» Wir bekamen danach noch eine E-Mail, in der stand, sie hätten sehr lange diskutiert, ob sie uns ein NC17 oder ein R-Rating geben, aber sie hätten sich für das R-Rating entschieden, weil alles, was man sieht, medizinisch real ist. Es sind ja Obduktionen und keine expliziten Morde und aufgrund dessen hätten sie sich entschlossen ein R zu vergeben. Es geht nicht um Gewaltverherrlichung, sondern es ist nur Teil der Geschichte und der Arbeit, der diese Charaktere dort nachgehen. In Amerika bekommt man nicht nur das Rating, sondern auch einen Hinweistext für Eltern, warum dieser Film ein bestimmtes Rating bekam. Deshalb bekamen wir noch zusätzlich den bisher längsten Begründungstext. [Zitat: «Rated R for disturbing and perverse behavior throughout, including violence, gruesome images, strong sexual content, nudity, drug use and language.» Anm. d. Aut.]

Wie waren deine Erfahrungen generell in der Arbeit mit dem Studio? Musstest du viele Kompromisse machen oder konntest du deine Ansätze und Ideen verwirklichen?
Kompromisse musste man auf jeden Fall schon durch das Budget machen. Es gab Einschränkungen bei den Locations und wie aufwendig man bestimmte Szenen umsetzt, besonders Nachtszenen außen. Aber wir haben das eigentlich relativ gut hingekriegt. Es gibt ein paar Sachen, bei denen ich denke, das hätte ich lieber anders gemacht. Da hätte ich lieber mehr Zeit gehabt, mehr Leute oder ein bisschen mehr Action, aber es gibt nichts, worüber ich total unglücklich bin. Die Zusammenarbeit mit den Produzenten war super. Mark und Brian, die ständig am Set waren, haben mir immer den Rücken frei gehalten und sich kaum eingemischt. Es gab hier und da mal eine Diskussion, aber das hatte mehr damit zu tun, dass sie meinten, sie hätten das so und so geschrieben und sie würden dieses oder jenes so meinen. Es war also eher eine Hilfe und nicht so, dass mir jemand gesagt hat, er wolle dass Sachen so oder so gedreht werden. Nach dem ersten Drehtag bekam ich nur eine E-Mail von Tom Rosenberg, dem Chef von *Lakeshore*, der schrieb: «Die Aufnahmen sehen toll aus, mach' weiter so.» Tom kam zusammen

mit Gary Lucchesi vielleicht drei oder viermal ans Set, um morgens mal hallo zu sagen. Sie waren eine halbe Stunde da und dann auch schon wieder weg.

Bist du zufrieden mit dem Endprodukt? Ist die Endfassung deine Wunschfassung, dein DC?

Es gibt ein paar Sachen, die ich gerne anders gemacht hätte. Aber eigentlich ist es schon eine Art Director's Cut. Bei bestimmten Szenen und bestimmten Takes gab es ein Hin und Her und wir haben uns auch gekabbelt. Mark und Brian wollten hier noch was rein haben oder da noch etwas raus, aber das hielt sich alles in engen Grenzen. Es waren keine dramatischen Änderungen.

Es gibt also nichts dem du hinterher weinst?

Ich weine der Backstory hinterher. Aber dadurch, dass sie nie gedreht worden ist, hatte ich auch nie die Gelegenheit sie reinzuschneiden. Es gibt noch diese blöde Szene am Anfang mit Johnny Whitworth, in der er in Milo reinrennt und ihn anmacht. Diese Szene hasse ich und die wollte ich immer raushaben, aber Mark und Brian waren der Überzeugung, dass sie wahnsinnig wichtig und witzig sei und so haben wir es drin gelassen.

Hast du bei den Verhandlungen zu Beginn jemals nach dem Final Cut gefragt?

Den bekommst du sowieso nicht. Da braucht man auch gar nicht nachzufragen. Man muss es darauf ankommen lassen, man liefert seine beste Arbeit ab und dann viel Glück.

Hast du Geschichten von anderen Regisseuren gehört?

Man hört immer Horror-Geschichten, aber bei mir lief alles echt reibungslos. Mir hat der Dreh und die Arbeit mit *Lakeshore* viel Spaß gemacht. Es gab wenig Einflussnahme, es gab beim Casting hier und da Diskussionen, aber die haben sich alle als positiv herausgestellt. So habe ich es zumindest empfunden. Aber nebenan schnitten sie THE MIDNIGHT MEAT TRAIN (R.: Ryûhei Kitamura, 2008), da gab es das komplette Gegenteil. Der Cutter wusste gar nicht mehr, was er noch ändern sollte. Ständig bekamen sie seitenweise «Notes». Der war echt frustriert. Wir waren immer der gute Film und MIDNIGHT MEAT TRAIN war der, an dem ständig herumgedoktert wurde. Ich bin sehr dankbar, dass Mark, Brian und Skip Williamson mir wirklich den Rücken freigehalten haben.

Hast du MIDNIGHT MEAT TRAIN gesehen? Ich sah ihn auf dem Fantasy Filmfest 2008.

Nein, ich habe ihn bisher nie fertig gesehen, nur Ausschnitte. Wir wollten das eigentlich machen. Ich zeige Ryûhei Kitamura meinen Film und er zeigt mir seinen, aber irgendwie haben wir das nicht hingekriegt.

Wie hoch war eigentlich euer Budget?
Ungefähr sechs Millionen Dollar. Aber er sieht nicht so aus.
Stimmt, es sieht alles wesentlich teurer aus.
Wir waren gut beim Dreh. Wir haben alles in der Zeit hinbekommen und nach 2/3 der Drehzeit, als alles gut lief, habe ich noch durchgesetzt, dass wir einen Drehtag mit Helikopter-Aufnahmen bekamen. Der kostet 20.000 Dollar pro Tag. Ich wollte für die Establishing Shots ein paar Stadtbilder drehen. An diesem Tag war aber alles ganz große Scheiße, denn wir wollten eigentlich mehr Bilder von Downtown L.A. in der Dämmerung haben. Der ganze Film spielt ja im Schatten und es sollte immer dunkel sein. Aber es gab ein Baseball Spiel an dem Tag und das Stadion liegt ganz dicht bei Downtown, so gab es, obwohl wir eine Erlaubnis hatten, einen drei-Meilen-Radius mit totalem Flugverbot. Aus Angst vor Anschlägen. Und so mussten wir Abstand halten und konnten nur mit ganz langen Brennweiten drehen. Trotzdem bin ich im Nachhinein sehr zufrieden mit den Bildern, obwohl ich eigentlich was anderes im Sinn hatte.

Das ist bestimmt der «dunkelste Film», der je in Los Angeles gedreht wurde. Es gibt nur ganz wenige Szenen, die in der Sonne oder im hellen Tageslicht spielen.
Genau, das war das Ziel des Ganzen. Immer wenn Alyssa Milano ins Bild kommt, ist es hell, weil sie in der Sonne ist, ansonsten, wenn Milo in der Stadt oder bei seiner Gruppe ist, dann ist er immer im Schatten. Der Wettergott hat die ganze Zeit gut mitgespielt. Immer, wenn wir draußen gedreht haben, war der Himmel bedeckt, obwohl es Sommer war. Oder wir waren auf der Schattenseite eines Gebäudes. Das haben wir ganz gut hinbekommen.

Es gibt wirklich sehr viele dunkle Szenen...
Wir haben es auch hart an der Grenze belichtet. Sogar da gab es eigentlich keine Widerworte vom Studio. Es war sogar so, dass ich den Film am Schluss, als wir ihn fertig gemischt und das DI (*Digital Intermediate*) gemacht haben, niemand vom Studio da war. Mark und Brian waren zu dem Zeitpunkt schon in Albuquerque und haben ihren Film GAMER (2009) vorbereitet, d.h. die haben den Film bis vor zwei Wochen vor US-Start überhaupt nicht gesehen. Die wussten nicht wie er aussieht oder wie er sich anhört.

Gary und Tom hatten ihn auch nie bis kurz vor dem Start gesehen. Der einzige, der ihn gesehen hatte, war James McQuaide, der Visual Effects Supervisor, und der fragte nur, ob wir ihn wirklich so dunkel haben wollten. Und Ekkehard Pollack, mein deutscher Kameramann, und ich sagten nur: «Ja». Damit war das Thema durch. Nach GAMER war sein Spitzname auch «The Queen of Darkness».

Wie stand das Studio zum Film und wie kam es zur Entscheidung keinen großen Kinostart zu machen, sondern nur einen limitierten?
Lakeshore liebt diesen Film. Die hatten aber einen Vertrag mit MGM, dass die die Hälfte des Marketing-Budgets aufbringen müssen. Da gab es irgendwelche Absprachen. Das Problem war aber, dass MGM Ende 2007 (September) einen Film für *Lakeshore* herausgebracht hatte, der hieß FEAST OF LOVE (R.: Robert Benton, 2007) mit Morgan Freeman, Greg Kinnear und Radha Mitchell. Und der Film ging unter.

Überhaupt zeichnete sich das ganze Jahr dadurch aus, dass MGM sämtliche Starts der Filme, die sie rausbrachten, in den Sand setzte. Wenn du dir anschaust, was MGM 2007 veröffentlicht hat, das ist alles relativ katastrophal. Ich glaube, alles bis auf HALLOWEEN (R.: Rob Zombie, 2007), ist total untergegangen.

Wir hatten eigentlich einen Start am 30. November 2007. Das war der ursprüngliche Termin und wir wären auch gegen keinen anderen nennenswerten Film gestartet, aber aufgrund der Werbekampagne, die MGM für unseren Film erarbeitet hatte, die einfach katastrophal und völlig daneben war, haben wir verschoben.

Es gibt einen Posterentwurf, wo man sich fragt, was für ein Film da beworben werden soll. Sicher keinen Film der PATHOLOGY heißt, sondern es sieht aus wie ein Juristendrama oder so. Dadurch, dass *Lakeshore* selbst in die Finanzierung der Marketingkampagne involviert war, hat man bei *Lakeshore* gesagt, nein, wir stoppen das jetzt. Wir brauchen mehr Zeit, die Werbekampagne ist schrecklich. Mit den Postern und Trailern, mit denen MGM rausgehen wollte, wird das einfach nichts. Daraufhin wurde der Start auf den Februar 2008 verschoben. Der Film, der statt PATHOLOGY von MGM gestartet wurde, war AWAKE (R.: Joby Harold, 2007, mit Hayden Christensen und Jessica Alba) und der wurde letztendlich genauso schlecht beworben wie PATHOLOGY. Die haben als Plakat eine 1:1 Kopie eines PATHOLOGY-Entwurfs genommen. Der Film lief auf jeden Fall nicht gut an. Daraufhin hat MGM dann gesagt, Medizin-Filme, nein, das laufe momentan nicht, das will keiner sehen. Es kam zu einem Streit und einem Hin und Her und der Film wurde wieder verschoben. Irgendwann hat MGM gesagt, okay, sie seien vertraglich dazu verpflichtet den Film im Kino zu starten, aber aufgrund der ganzen Sache bringen sie ihn nur als ‹Limited Release› raus. Und da kann man nichts gegen machen.

Ich hörte, es gab so gut wie keine Werbung und keine einzige Pressevorführung?
Überhaupt gar keine Werbung. Wenn ein Verleih einen Film nicht vertreiben will, aber vertraglich dazu verpflichtet ist, dann werden die ihre Kosten so gering wie möglich halten. Dann geht der Film eben so raus, wie er ist. Aber der Film hat in der amerikanischen Presse erstaunlich gute Kritiken bekommen. Klar, einige Verrisse auch, aber je anspruchsvoller die Blätter, desto besser waren oft die Kritiken. Wir hatten z.B. eine hervorragende Kritik in der *Los Angeles Times* und im *Boston Globe*.

Hast du Zahlen gehört, was der Film letztendlich eingenommen hat? USA und weltweit?
In den USA gerade einmal 110.000 Dollar. Weltweit ist er, glaube ich, bei dreieinhalb Millionen. Der Film lief ganz gut in England, Südkorea und Russland. In der Türkei lief er irre lange.

In Deutschland wurde er auch praktisch verbrannt.
Hier lief er doch gar nicht.

Doch, er hatte in Deutschland im Kino auch eine Art ‹Limited Release› mit, ich glaube, acht Kopien bundesweit. Ohne große Werbung, ohne irgendwas.
Dann haben sie wohl die amerikanischen Kampagne kopiert. Hat sich wahrscheinlich richtig gelohnt.

Aber das Besondere ist in Deutschland, dass er im Kino noch ungeschnitten lief, für die DVD aber für dieselbe FSK-Freigabe [KJ/Keine Jugendfreigabe, Anm. d. Aut.], um fast vier Minuten geschnitten werden musste.
Was ich nicht nachvollziehen kann, zumal die Begründung lächerlich ist. Das heißt doch, sie glauben nicht an ihre eigenen Freigaben. Wenn ich sage, der Film ist für Jugendliche nicht geeignet und dann aber annehme, der Film könnte in die Hände eines 15-Jährigen fallen und deswegen bin ich noch strenger, ist das Unfug. Der Jugendschutzgedanke in allen Ehren, aber so wie er in Deutschland praktiziert wird, ist das lächerlich. Ich habe mir auf einer Internetseite (www.schnittberichte.com) einen Schnittbericht zum Film angeschaut und gesehen, dass sogar der Inhalt beschnitten wurde. Es ist ja nicht einmal so, dass es nur um Gewaltdarstellungen geht, sondern es sind Sätze zensiert worden, die meiner Meinung nach überhaupt keine jugendschutzrechtliche Relevanz haben.

Was ich bis heute nicht verstehe, wenn ein Film nicht für Jugendliche freigegeben worden ist, was nachvollziehbar und okay wäre, warum müssen dann noch zusätzlich für Erwachsene Szenen zensiert werden? Schuld dürfte dieser leidige Paragraph 131 (zur Gewaltdarstellung und ihrer Verherrlichung) sein, der so schwammig ist, dass er frei ausgelegt werden kann.
Das ist mir auch ein großes Rätsel. Entweder es gibt eine Freigabe für Erwachsene oder nicht. Alles andere ist Zensur.

Dabei steht in unserer Verfassung: «Eine Zensur findet nicht statt.» Ein Hohn schon seit Jahren, gegen den niemand angemessen vorgeht, denn Zensur wird bei uns schon seit langer Zeit unter dem Deckmantel des Jugendschutzes weitreichend praktiziert.
Das ist ein großes Thema, aber da fällt mir einfach nichts mehr zu ein.

Bist du zufrieden mit dem Casting für PATHOLOGY, *ganz allgemein? Wie steht es mit Milo Ventimiglia, der ja oft für seine Art zu spielen gescholten wird. Ich habe ihn*

Hauptdarsteller Milo Ventimiglia in der Titelsequenz

natürlich in HEROES *(TV-Serie, 2006–2010) gesehen und schon dort macht er, wie auch in* PATHOLOGY, *einen steifen und eindimensionalen Eindruck. Im Film wirkt er ebenfalls stets leidend und hat dabei fast immer denselben Gesichtsausdruck. Selbst als er mit der Ärztegruppe mitmacht und ordentlich dabei ist, bei Sex, Alkohol, Drogen und Mord, drückt er nicht wirklich im Gesicht aus, dass er Spaß daran hat.*

Ich glaube, das ist die Dunkelheit die Milo der Figur geben wollte. Im Nachhinein war das vielleicht einen Tick zu zurückhaltend. Der Punkt war ja immer, dass die Figur von Milo noch viel schlimmer als diese Gruppe ist, auf die er da trifft. Am Anfang sollen alle glauben, er wäre der Brave, der Nette, der Gute, aber es gibt letztlich keine einzige rechtschaffene Figur. Vielleicht ist das ganze von der Inszenierung her ein bisschen zu zurückgenommen und zu kühl geworden. Ansonsten finde ich Milo sehr gut ist. Du magst recht haben, dass sich bei ihm nicht alles ausdrückt. Das ist dann mein Fehler. Aber sonst ist es auch eine Typen-Frage. Bei Milo und bei den anderen ist es letztlich so, entweder man mag sie, so wie sie sind, oder man mag sie nicht.

Kam der Vorschlag für Milo von dir oder vom Studio?
Alle Schauspieler waren beim Casting. Wir haben von Anfang an gesagt, wir wollen nicht einfach nur ‹Offers› rausgeben. Wenn du ein ‹Offer›, ein Angebot, machst, ist es so, dass einige Darsteller gar nicht zum Casting kommen. Wenn man einen gewissen Namen hat oder auf einem gewissen Level ist, dann gibt man als Produktion ein Angebot ab und daraufhin entscheidet derjenige, ob er kommt und man sich mal trifft. Bei uns war es so, dass das Budget gar nicht da war, um einen ‹großen› Namen zu holen.

Es stellte sich erst zu diesem Zeitpunkt heraus, dass wir Milo gerade in dem Moment bekamen, als HEROES ein Erfolg in Amerika wurde. Deswegen kam er ganz normal zum Vorsprechen, spielte die Rolle und war eigentlich der Beste, den wir da hatten. Wir hatten eine Menge Leute, die auch ganz okay waren, aber niemand, der so ein eigenes Charisma hatte. Es war also keine Studioentscheidung, nach dem Motto, wir wollen unbedingt Milo Ventimiglia haben, weil die Serie gerade so erfolgreich ist, sondern es passierte parallel. Was auch unser Glück war, weil wir plötzlich einen aufkommenden Star hatten, den ganz viele Leute kannten. Ich kannte ihn z.B. überhaupt nicht, weil ich kein Fernsehfreund bin und auch HEROES nicht gesehen hatte. Ich wusste gar nicht, was das ist. Deswegen war ich da relativ objektiv in der Beurteilung.

Wie war das mit Alyssa Milano? War die Rolle nicht ein wenig undankbar, sie geht ein bisschen im Cast unter?
Es war nicht undankbar, es war immer so wie es geschrieben war. Die Rolle war nie groß. Natürlich hat man sich gefreut, dass wir Alyssa Milano hatten, aber auch sie kam zum Vorsprechen. Hier war es auch nicht so, lasst uns mal schauen, ob wir Alyssa Milano bekommen. Irgendwann war sie auf dem Zettel, den man beim Casting immer kriegt, wer denn heute kommt. Ich muss auch ehrlich sagen, zu meiner Schande, ich kannte sie auch nicht. Ich habe nie CHARMED (TV-Serie, 1998–2006) gesehen und kannte auch WHO'S THE BOSS? (WER IST HIER DER BOSS?, TV-Serie, 1984–1992) nicht. Ich glaube, Mark Neveldine sagte mir, sie wäre das kleine Mädchen aus COMMANDO (PHANTOM KOMMANDO, R.: Mark L. Lester, 1986), dem Schwarzenegger-Film, und ich dachte: «Ah! Okay, alles klar, jetzt weiß ich wer das ist.» Auch sie hat vorgespielt, auch sie fand ich gut und wir haben sie noch einmal zu einem Test mit Milo eingeladen. Aber die Rolle war nie größer, deshalb war es nie eine Co-Star-Rolle, sondern die Freundin, die auftaucht und irgendwann umgebracht wird.

Interessant und besonders bemerkenswert fand ich Lauren Lee Smith.
Ja, Lauren ist super. Die Rolle war schwierig zu besetzen, weil sie sexuell sehr explizit ist. Der Vorschlag kam dann von Gary Lucchesi, denn sie hatte in THE LAST KISS (DER LETZTE KUSS, R.: Tony Goldwyn, 2006) mitgespielt, den *Lakeshore* gemacht hatte. Dann hatte sie in einem Film mitgespielt: LIE WITH ME (LIEBE MICH, R.: Clément Virgo, 2005), den hatte ich mir irgendwann mal auf DVD ausgeliehen. Ein kanadischer Film, der ist sexuell relativ offenherzig. Es geht um eine tragische Beziehung, mit mindestens 30 Minuten Sexszenen. Auf jeden Fall war da schon klar, dass sie kein Problem mit Sexualität hat, was für uns auch wichtig war. Aber das hat nicht immer funktioniert, weil Alyssa Milano ihre tolle Sexszene im BH hat. Eigentlich wollten wir es bei allen so offenherzig und echt machen wie es geht. Lauren kam rein, sie wohnte damals in Vancouver, und sprach vor. Nachdem sie aus dem Zimmer raus war, war eigentlich klar, dass wir sie alle fantastisch fanden. Sie ist sehr offenherzig, sie ist sehr nett, sehr cool und hat im Grunde genommen

Milo Ventimiglia und Lauren Lee Smith in PATHOLOGY

genau das zur Rolle beigetragen, was sie brauchte. Wenn man sie aber so sieht, würde man sie nie erkennen. Sie ist sehr lieb, brav und mädchenhaft und hat überhaupt nichts von einem Vamp, wie sie ihn da spielt. Sie hat auch keine roten Haare.

Du hast mal gesagt, bei der Darstellung von Sex und Gewalt hast du dich bei Paul Verhoeven orientiert. Bist du ein Fan seiner Filme?
Ja, ich finde Paul Verhoeven einfach gut, weil er kompromisslos ist. Wenn es um Gewalt geht, dann wird sie gezeigt, und wenn es um Sexualität geht, wird die auch gezeigt. Er ist niemand, der hinter dem Berg hält. Er macht zudem noch wahnsinnig unterhaltsame und dazu noch sehr intelligente Filme. Es ist oftmals viel mehr dahinter, als man zunächst vielleicht denken mag. Besonders bei STARSHIP TROOPERS (1997), der ein fantastischer Film ist und ein interessantes Spiegelbild von Amerika und der Amoralität. Ja, ich bin ein Fan, bis auf HOLLOW MAN (2000), den fand ich nicht so toll. Auch der hatte seine guten Seiten, aber er bleibt nicht so stark hängen, wie die anderen Filme. Ich will natürlich PATHOLOGY nicht mit einem Verhoeven-Film vergleichen, dafür ist das ganze zu sehr Exploitation, aber ich mag die offene, schonungslose Herangehensweise von ihm.

Du kannst es bestimmt nicht mehr hören, aber wie oft wurde PATHOLOGY wohl mit ANATOMIE (R.: Stefan Ruzowitzky, 2000) verglichen?
Im deutschsprachigen Raum wurde PATHOLOGY fast grundsätzlich als Remake verkauft. Aber was soll ich dazu sagen? Meiner Meinung nach ist das so, als ob man sagt: THE OMEN (R.: Richard Donner, 1976) ist ein Remake von THE EXORCIST (R.: William Friedkin, 1973). Es geht auch um den Teufel, aber beide haben nicht viel gemeinsam. Nur weil ein Student in eine neue Schule kommt und dort auf eine Truppe mit fragwürdigem Verhalten trifft, das gleich als Remake oder Kopie zu titulieren, wenn das reicht, dann mag es so sein. Aber meiner Ansicht

Ekkehard Pollack

nach, hat er mit ANATOMIE nicht viel zu tun. Es sind zwei eigenständige Filme. Außerdem sind unsere Effekte besser. [lacht]

Sind Mark Neveldine und Brian Taylor mittlerweile so gut etabliert und angesehen, dass sie einen Credit als Producer für PATHOLOGY bekommen haben? Was haben die beiden eigentlich vor CRANK gemacht?
Nicht viel. Ein paar Drehbücher geschrieben und ein paar Werbespots gemacht. Den Credit haben sie bekommen, weil *Lakeshore* nach CRANK, der ja sehr gut ankam und erfolgreich lief, gesagt hat, dass sie gerne weiter mit ihnen zusammen arbeiten würden. Sie haben sie gefragt, was habt ihr noch so für Drehbücher und haben von denen einen Stapel Bücher auf den Tisch bekommen, wovon sie PATHOLOGY gut fanden. Da haben sie gesagt, okay, sie wollen weiter mit ihnen arbeiten. Es war ja nicht nur so, dass sie einen Credit bekommen haben und sonst nichts weiter damit zu tun hatten, sie waren ja tagtäglich am Set dabei und haben aktiv mitproduziert.

Du hattest es geschafft deinen deutschen Kameramann Ekkehard Pollack mitzunehmen. Ich weiß von anderen Deutschen, dass das oft nicht so einfach ist, von wegen Gewerkschaft usw.
Ja, gegen alle Widrigkeiten und es hat lange gedauert. Wir haben zwei Monate hart gekämpft, es ging hin und her und um die Frage, ob man wirklich einen Kameramann aus Deutschland braucht. Ob er es kann, stand, glaube ich, außer Frage, aber das Studio hatte Bedenken. Sie wissen nicht wie er arbeitet, ob er jemand

ist, der für alles 10.000 Lampen auffährt und alles wahnsinnig teuer macht und nicht das Budget hält. Ich habe da stark diskutiert und auch in dem Punkt haben mir da Mark, Brian und Skip sehr geholfen, in dem sie sich komplett hinter mich gestellt haben und gesagt haben: Hey, ihr habt seine Werbespots gesehen, das ist u.a. auch der Grund, warum ihr ihn eingekauft habt. Wenn er sagt, er möchte das mit diesem Kameramann drehen und das Vertrauensverhältnis besteht, dann unterstützen sie das. Letztendlich hat das Studio zugestimmt.

Ich hatte vorher mit Ekkehard über 50 Spots gedreht. Wir kennen uns auswendig und brauchen gar nicht mehr so groß verbal zu kommunizieren. Wir haben eine gemeinsame Bildsprache und manchmal reicht es, wenn ich nur auf etwas zeige oder nur ein paar Wörter sage, dass er genau weiß, was ich meine. Andersrum gilt das auch. Er ist einer der schnellsten und besten deutschen Kameramänner, die ich kenne. Es macht wahnsinnig Spaß mit ihm zusammen zu arbeiten. Dass es erfolgreich war, hat sich auch daran gezeigt, dass er danach für Neveldine und Taylor als nächstes GAMER gedreht hat.

Jetzt rückblickend, mit einigem Abstand. Wie schaust du auf PATHOLOGY? *Bereust du etwas oder würdest du einiges heute anders machen?*
Ich würde mich noch stärker für das Buch, bzw. die Dramaturgie, einsetzen. Die Backstory ist einfach wichtig gewesen.

Schaust du dir eigentlich die Filme der anderen Deutschen in Hollywood an?
Ich schaue jetzt nicht bewusst jeden Film, der von einem Deutschen inszeniert worden ist, an, sondern nur, was mich interessiert. Grundsätzlich wünsche ich jedem da drüben Erfolg und das Beste.

Ist es nicht interessant, dass die meisten jungen Deutschen in Hollywood überhaupt nicht von einer Filmhochschule kommen.
Das zeigt ja auch, dass es keinen wirklichen Weg gibt, wie man es macht. Das hat so viel mit Zufall und mit Glück zu tun. Du musst außerdem zur richtigen Zeit am richtigen Ort sein. Die Filmhochschule ist ganz gut für das Netzwerk und als Background und es gibt einem eine gewisse Glaubwürdigkeit. Aber man lernt dort nicht, wie man Filme macht.

Alle Deutschen haben Aufmerksamkeit mit einem Genrefilm erlangt, den sie hierzulande durchpeitschen mussten und die hier nicht erfolgreichen waren.
Weil Deutschland nicht das Land des Genrefilmes ist. Deutschland ist, ich sage das mal jetzt etwas bitterböse, eher das Land des Autorenfilmes. Gesellschaftsdramen werden viel gemacht, auch gerne mit Migrationshintergrund. Oder noch besser, es hat etwas mit der Nazizeit und dem Zweiten Weltkrieg zu tun. Aber das kontemporäre Genrekino findet in Deutschland nicht statt. Es findet viel mehr im Fernseh-

bereich statt, da gibt es durchaus gute Sachen, aber Genre schafft es nicht ins Kino. Ich finde auch, es gibt zu wenige deutsche Regisseure, die wirklich Kino erzählen können und zwar als das, was den großen Unterschied macht: zwischen einem Fernsehspiel und einem Kinofilm, nämlich das visuelle Erzählen in großen Bildern. Sich also auch in der Bildsprache ausdrücken und nicht im Close-up-Bereich. Es fehlt die Fähigkeit, an große Bilder und Emotionen zu glauben. Man hat oftmals das Gefühl, große Bilder sind gleichbedeutend mit Ausverkauf, und da versucht jemand, auf Hollywood zu machen. Der einzige, der wirklich gut visuell erzählen kann, ist Tom Tykwer. Der ist auch zu Recht so erfolgreich, mit dem was er tut.

Die anderen Regisseure saßen nach ihren ersten deutschen Filmen zu Hause herum. Das Telefon klingelte nicht, sie bekamen keine neuen Angebote.
Überlege doch mal, was so in Deutschland fürs Kino gedreht wird. Entweder du machst KEINOHRHASEN (R.: Til Schweiger, 2008), aber auch nur wenn du Til Schweiger bist oder du drehst Kinderfilme wie DIE WILDEN HÜHNER (R.: Vivian Naefe, 2006) oder DIE WILDEN KERLE (R.: Joachim Masannek, 2003). Oder du machst was mit unseren sogenannten «Comedians» à la Mario Barth oder Tom Gehrhardt. Viel mehr kommt ja aus Deutschland nicht. Ich frage mich immer: Wer schaut sich denn so etwas an? Aber das ist die Realität. Vielleicht noch ein paar kleine Kunstfilmchen oder Abschlussarbeiten, die unter Ausschluss der Öffentlichkeit laufen. Aber es gibt kein Genrekino, es gibt kein breites Unterhaltungskino. Wieso gibt es hier keine *Millenium-Trilogie* oder etwas wie LET THE RIGHT ONE IN (SO FINSTER DIE NACHT, R.: Tomas Alfredson, 2008)? Man ist ganz schnell an den Grenzen, was für das Kino überhaupt produziert wird bzw., was in Deutschland irgendwie Erfolg hat. Du drehst vielleicht einen ganz tollen Erstlingsfilm. Aber wenn du dann nicht gleich den Oscar damit gewinnst und dann den zweiten Film drehen kannst, landest du doch fast zwangsläufig beim Fernsehspiel, beim GROSSSTADTREVIER (TV-Serie, seit 1986) oder sonst irgendwelchen komischen Serien, um überhaupt Geld zu verdienen, um überhaupt von etwas zu leben. Nichts gegen die Serien oder Filme, ich bin selbst ein GROSSSTADTREVIER-Fan, aber es ist eben nicht das, was man machen will, wenn man gerade anfängt sich als Regisseur zu etablieren. Deshalb ist es in Hollywood unkomplizierter, weil dort einfach mehr Genrefilme produziert werden. Hier wird das immer als minderwertig abgetan. Damit gewinne man keine Preise. Komischerweise funktionieren Genrefilme scheinbar überall anders. Man braucht sich ja nur anzuschauen, was aus Frankreich, England und Skandinavien kommt. Ich habe das Gefühl, in Deutschland schaut man nie über den Tellerrand. Die ganze Welt produziert für den Weltmarkt, nur die Deutschen ignorieren das konsequent. Da heißt es immer gleich, das geht alles nicht, das funktioniert nicht.

Hast du Unterschiede zwischen der Arbeit in Deutschland und den USA kennen gelernt?

Vom reinen Drehablauf her gibt es keine großen Unterschiede. Ich habe überall auf der Welt gedreht und Deutschland muss sich wirklich als Film- oder als Techniknation nicht verstecken. Wir haben hervorragende Crews. Der einzig wirkliche Unterschied liegt in der Mentalität. In Deutschland ist eher die Tendenz da, sich zu beschweren, wie anstrengend, schwierig und kompliziert alles sei. In Amerika wird einem viel mehr das Gefühl gegeben, dass alle Spaß haben, an dem was sie machen und sie sich gerne jeder Herausforderung stellen.

Dein erklärter Lieblingsfilm ist Once upon a Time in America *(*Es war einmal in Amerika*, R.: Sergio Leone, 1984). Warum der?*

Ich kann nicht genau sagen warum. Irgendwie hat mich dieser Film beeindruckt. Als ich ihn das erste Mal gesehen hatte, war ich so baff. Ich habe ihn dann noch einmal gesehen und dann noch mal und noch mal und noch mal. Meiner Meinung nach ist das der beste Film, den ich jemals gesehen habe. Er ist komplex, aber so schön erzählt. Ich habe zwar das Ende bis heute nicht verstanden, was da mit James Woods passiert, aber das ist dann auch egal. Das ist eine wahnsinnig schöne Geschichte über Freundschaft und über das Erwachsen werden. Eine komplexe, zeitübergreifende Geschichte

Welches sind deine anderen Lieblingsfilme?

The Thing (Das Ding aus einer anderen Welt, 1982) von John Carpenter oder Professione: Reporter (Beruf: Reporter, 1975) von Michelangelo Antonioni finde ich gut. Dawn of the Dead (Zombie, 1974) von George A. Romero finde ich super, und auch Blade Runner (1982) von Ridley Scott.

Was ist mit Fincher?

Ja schon, aber ich war z.B. nie ein Freund von Fight Club (1999). Der ist visuell hervorragend, aber die Auflösung war enttäuschend. Ich habe das alles nicht geglaubt, auch wenn es toll zusammengesetzt war, aber so 100% war das nicht mein Film gewesen. Da finde ich The Game (1997) besser oder Seven (Sieben, 1995). Panic Room (2002) ist gut und Zodiac (2007) finde ich auch super. Ich war schon immer ein Fan des ganzen Zodiac-Falls. Ich hatte das Buch von Robert Graysmith vor 15 Jahren oder so schon gelesen und fand das immer faszinierend. Ich hatte also Vorwissen. Aber das ist auch ein zwiespältiger Film. Ich glaube, jemand, der noch nie von diesem Fall gehört hatte, kann vielleicht nicht wirklich etwas damit anfangen. Der Film war hervorragend umgesetzt, denn er hat ja auch ein schwieriges Thema und keine befriedigende Auflösung, da der Täter niemals gefunden wurde.

Gehst du noch oft ins Kino oder schaust du mehr zu Hause auf DVD bzw. Blu-ray?
Ich schaue überwiegend auf Englisch und in Hamburg gibt es leider nur noch ein Kino dafür. Da ist die Auswahl sehr klein. Deswegen eigentlich überwiegend zu Hause. Leider.

Ich habe gehört, du bist ein Fan von Audiokommentaren.
Das war toll, als das damals mit der Laserdisc aufkam. Mittlerweile hat jeder Mist einen Audiokommentar. Es gibt nur wenige Leute, die wirklich einen tollen Kommentar sprechen können. Meine Favoriten sind John Carpenter und Paul Verhoeven. Bei den beiden macht es Spaß zuzuhören. Beim Rest ist es oft so eine Eitelkeiten-Nummer oder so was. Solche tollen Kommentare wie die beiden abliefern zu können, denen gebührt ein großer Respekt. Man sitzt in einem blöden Studio, es ist stockdunkel und man muss plötzlich anfangen zu erzählen. Ich habe ja auch einen für PATHOLOGY machen müssen.

Du hast seit PATHOLOGY keinen weiteren Film gemacht. Glaubst du, dass der fehlende kommerzielle Erfolg des Filmes dich zurückgeworfen oder behindert hat, bezüglich weiterer Angebote?
Das kann ich alles noch nicht wirklich beurteilen, weil ich seit 2008 hauptsächlich Werbung gemacht habe und das war auch das Jahr der Streiks. Die Autoren haben gestreikt, die Schauspieler waren in Verhandlungen, d.h. Hollywood war relativ ruhig. Ich habe in der Zwischenzeit ein paar Drehbücher gelesen, aber da war nichts wirklich dabei, was ich interessant fand. Ich hoffe mal, wenn sich alles ein wenig gelegt hat, ich auch wieder etwas mehr zu lesen bekomme. Was dann aber passiert, kann ich jetzt nicht einschätzen. Insofern müssen wir mal abwarten. Ich arbeite selbst an ein paar Büchern und würde lieber früher als später wieder einen Film drehen.

Filmografie

2008   PATHOLOGY
2001   DER CLOWN (TV-Serie, zwei Folgen)
1998   INNER CITY BLUES (Kurzfilm)
1996   HEIMWEG (Kurzfilm)
1996   ENDE (Kurzfilm)
1995   ANGST (Kurzfilm)

Lexi Alexander

Los Angeles, September 2010

Bitte erzähle zuerst etwas von deinem persönlichen Hintergrund.
Ich wurde am 23. August 1974 in Mannheim geboren und wuchs in einer kleinen Stadt namens Frankenthal auf, nicht weit von Mannheim. Mein Bruder Steffen, meine Schwester Silvia, meine Mutter und meine beiden Neffen Dominik und Jonas leben immer noch in Frankenthal und Speyer. Ich ging auf das Karolinen-Gymnasium in Frankenthal, wurde aber rausgeschmissen, denn ich war eine schreckliche Schülerin und so etwas wie eine Rebellin. Ich glaube, ich ging auf vier weitere Gymnasien in der Umgebung, aber es hat nie funktioniert. Am Ende habe ich die Schule nach der neunten Klasse verlassen. Zum Glück interessiert niemanden in Hollywood, was für einen Abschluss du hast. Manchmal habe ich den Eindruck, Amerikaner glauben, dass alle Europäer klug sind, vermutlich, weil wir mindestens zwei Sprachen sprechen. Jetzt, da ich eine Menge amerikanischer Teenager in der Filmindustrie treffe, frage ich mich oft, ob ich eine bessere Schülerin auf einer Schule für Darstellende Künste gewesen wäre, wie sie die hier haben. Das Zeug, das ich in der Schule liebte, hatte immer mit Theater und Literatur zu tun, aber ich versagte groß in Mathe, Physik usw. Ich bin beinahe davon überzeugt, dass ich keine linke Gehirnhälfte habe, sondern nur eine sehr große rechte.

Wie bist du zum Kampfsport gekommen?
Ich war schon immer ein aktives Kind und so hat mich meine Mutter zuerst beim Judo angemeldet. Dann hat ein kleines Kampfsport-Studio geöffnet, das einen viel aufregenderen Stil angeboten hat: Kickboxen. Ich bin beigetreten, habe mich in den ersten Wettbewerben ganz gut geschlagen und so wurde das «mein Ding». Wir sind viel gereist und haben an vielen Wettkämpfen in ganz Europa teilgenommen. Es hat großen Spaß gemacht und ich habe überall in der Welt Freundschaften geschlossen. Ich merke, dass es eine besondere Verbindung zu anderen Menschen gibt, die entweder Kampfsportler sind oder waren. Ich entwickle z.B. gerade eine TV-Serie und Leute aus der Kinofilm-Branche haben es bekanntermaßen schwer in die Fernsehlandschaft einzusteigen, das gilt auch andersherum.

Der leitende Angestellte, der mir eine Chance gab und eine Option auf eine meiner Serien-Ideen kaufte, ist auch ein Kampfsportler. Ich bin mir sicher, das half die Vorurteile zu überwinden.

Wann und wie kommt man vom Kampfsport zum Filmemachen?
Das ist eine längere Geschichte. Als ich zum ersten Mal in L.A. ankam, hatte ich bloß den Plan Arbeit im Stunt- oder Schauspielbereich zu bekommen und das überwiegend in der Martial Arts- und B-Movie-Welt. Ich dachte, das wäre die einzige Option, die ich habe. Doch dann traf ich Chuck Norris, der so freundlich war mir mit meiner Greencard zu helfen. Während der Zeit freundete ich mich mit seinem Schauspiel-Coach von der Serie WALKER, TEXAS RANGER (1993–2001) an, die mir den Rat gab, ich sollte mich auf einer sehr renommierten Schauspielschule in Santa Monica einschreiben, an der sie studiert und auch gelehrt hat. Sie hieß das *Joanne Baron Studio of Dramatic Arts*, eine Schule im strikten Stil von Sanford Meisner und Konstantin S. Stanislawski.

Ich schrieb mich ein für ein Zwei-Jahres-Programm und war plötzlich umgeben von Schauspielern aus New York, Einheimischen aus Hollywood und Prominenten-Zöglingen. Unnötig zu sagen, dass ich schnell eine Menge anderer Möglichkeiten lernte, die die Filmindustrie anbot.

Als ich erst einmal bemerkt habe, dass einige meiner Klassenkameraden sich darauf vorbereiteten Regisseure und nicht Schauspieler zu werden, fühlte ich mich auch sofort zu diesem Beruf hingezogen. Wie ich schon mal erwähnt habe, dachte ich ein bisschen naiv über die ganze Welt. Ich dachte, Regisseure wären alte Männer mit Bärten. Es kam mir nie in den Sinn, dass ich in meinen Zwanziger Jahren und als Frau, eine Regisseurin sein könnte. Während ich in der Schauspielschule war, ging ich zu Vorsprechen und nahm die Jobs, wenn ich welche bekam, an, aber es hat sich nie zu einer Leidenschaft entwickelt. Schauspielerei sieht von außen glamourös aus, aber für die meisten Leute bedeutet es bloß an Sets viel zu warten und das ohne großartigen, kreativen Beitrag. Ich hätte mich zu Tode gelangweilt.

Wie hat es dich in die USA verschlagen und was hast du dort die erste Zeit gemacht?
Ich ging nach Amerika, weil ich dachte, ich würde dort mehr Möglichkeiten als in Deutschland haben. Ich habe das Gymnasium in der neunten Klasse verlassen und die einzige Sache, die für mich funktionierte war mein Kampfsport. Wie du dir vorstellen kannst, diese Art des Abschlusses bringt dich in Deutschland nicht sehr weit. Ich lehrte für eine Weile Kampfsport in Neu-Isenburg, aber es gab niemanden, der mir einen Kredit gegeben hätte, um ein richtiges Martial Arts- und Sport-Studio zu eröffnen. Ich wusste also, es gibt keine richtige Zukunft für mich in diesem Job.

Wenn ich daran denke, war ich damals oft darüber verstimmt, dass meine Umstände nicht besser waren. Aber jetzt merke ich, nicht aus einer reichen Familie zu kommen, war das Beste, was mir passieren konnte. Nichts zu haben und ein Niemand zu sein, brachte mich dazu, meine Sachen zu packen und Deutschland in Richtung Amerika zu verlassen.

Wie bist du an deine ersten Jobs in der Filmindustrie gekommen?
Den ersten Job, den ich je in der Industrie bekam war, als ich als Princess Kitana in der *Mortal Kombat Live Tour* besetzt wurde. Ich bekam diesen Job durch Pat Johnson, eine hochangesehene Martial Arts-Legende und ein Stunt-Choreograph. Ich habe auch meine nächsten Jobs durch ihn bekommen, weshalb ich froh bin, dass ich nun diese Gefallen erwidern kann und ihn für all meine Filme engagieren kann, die Stunts oder Kämpfe beinhalten. Wir sind bis zu diesem Tag ziemlich eng befreundet und ich sehe ihn, seine Frau und ihre Söhne als meine Familie! Ich betrachte ihn als meinen Adoptivvater und er nennt mich seine «deutsche Tochter». Es ist schwer gute Menschen in dieser Industrie zu finden. Er und seine Frau gehören zu den wenigen und so habe ich, im Laufe der Jahre, an ihnen festgehalten.

Lexi Alexander während der Arbeiten an Green Street Hooligans

Du warst Stuntfrau mit dem Spezialgebiet Martial Arts. An welchen Filmen/Serien hast du mitgearbeitet und wen hast du alles gedoubelt?
Ich begann mit der Mortal Kombat Live Tour, ich arbeitete an Batman & Robin (R.: Joel Schumacher, 1997), einer TV-Serie namens Cloak & Dagger und vielen anderen, die es nie bis auf den Bildschirm schafften.

Du hast dann parallel Schauspielerei und Regie/Produktion/Drehbuch studiert?
Ich besuchte so viele Klassen und Kurse, wie ich mir leisten konnte. Das waren keine traditionellen Schulen oder Universitäten. Es waren Abendklassen hier, ein Wochenendseminar dort.

War der Kurzfilm Johnny Flynton *(2002) wirklich dein erster Kurzfilm, den du je gedreht hast?*
Johnny Flynton war mein erster ‹echter› Film. Ich habe zwei Kurzfilme gemacht, Fool Proof und Pitcher Perfect, die Teil eines Wochenend-Filmkurses waren, bei dem wir weder Zeit noch Geld hatten. Sie waren nur als Übung gedacht und ich wünschte, sie würden nicht in meiner Filmografie aufgeführt. Seit ich für den Academy Award nominiert wurde, hat jeder Schauspieler, der in einem meiner Studenten-Kurzfilme die Straße überquerte, sich dafür entschieden, diese Filme bei der Filmdatenbank Imdb aufzulisten – aber ich hätte wohl das gleiche getan.

Dein Kurzfilm Johnny Flynton *wurde 2003 für den Academy Award (Oscar) als bester Kurzfilm nominiert. Wie kam der Film überhaupt in diese Auswahl?*
Ich hatte immer das Ziel vor die Akademie zu treten, warum sollte ich mich sonst mit einem Kurzfilm herumschlagen? Sie machen in den USA kein Geld oder haben kein größeres Vertriebsnetz. Also machst du sie wirklich nur, um deine Karriere zu starten. Ich habe einen Ton und einen Stil gewählt, von dem ich wusste, dass die Akademie ihn mag und so haben wir ihn zur Betrachtung hingeschickt.

Wie hast du die Zeit rund um die Oscar-Verleihung erlebt?
Es war chaotisch, aber schön. Agenten wollten mich unter Vertrag nehmen und mir wurden stapelweise Drehbücher geschickt. Ich dachte, ich hätte es geschafft. Oh, wie wenig ich wusste! Ich hatte viele Meetings, erst um zu entscheiden zu welcher Agentur ich gehe und dann um Produzenten und Studioleute zu treffen, um mich für Filme zu bewerben, die noch keinen Regisseur hatten.

Ich gab auch einige Interviews vor der Award-Verleihung. Ich denke, die Leute mochten die Geschichte einer jungen Martial-Arts-Frau, die für einen Oscar nominiert wurde. Es war eine großartige Zeit in meinem Leben, aber im Nachhinein denke ich, es wäre besser gewesen, wenn ich mich darauf konzentriert hätte, zu lernen, wie die Industrie tatsächlich funktioniert. Ich hätte nicht das «Business» in «Showbusiness» ignorieren dürfen, aber hinterher ist man immer klüger.

Diese Nominierung hat dir endgültig die Türen zur Filmindustrie geöffnet. Hast du die übliche Runde durch Dutzende Meetings gemacht, damit man dich kennen lernt?
Ja, ich habe bei der größten Agentur der Stadt, bei CAA (Creative Artists Agency), unterschrieben und habe die «Dog & Pony-Show» in der ganzen Stadt gemacht. So nennen wir diese Meetings, die du überall hast. Ich habe Drehbücher bekommen, aber ich war überrascht, wie schlecht die waren. Ich dachte, ich würde gut geschriebene Dramen bekommen, im Stil von Johnny Flynton, aber ich verstand nicht, dass diese Art von Drehbüchern sehr selten war und ganz sicher nicht jungen Regisseuren angeboten wurden. Meine Agentin ermunterte mich

auch nicht gerade dazu, meine eigenen Drehbücher zu schreiben. Sie dachte, dass ich als ausländische Filmemacherin nicht viel Erfolg als Autorin hätte. Das war der erste große Fehler, den ich machte: auf sie zu hören. Später bei GREEN STREET HOOLIGANS hat meine Produzentin Deborah Del Prete Stunden damit verbracht mich davon zu überzeugen, dass ich eine bessere Autorin bin als die meisten Leute, mit denen sie zusammengearbeitet hat. Und sie hat mit vielen Autoren und Regisseuren der A-Kategorie gearbeitet. Sie überzeugte mich davon, dass das Drehbuchschreiben nur wenig mit Grammatik und Rechtschreibkenntnissen zu tun hätte, aber dafür alles mit Talent zum Geschichten erzählen.

Es half auch, dass ich einmal Quentin Tarantino in einem Café traf, als er gerade mittendrin beim Schreiben von KILL BILL (Vol. 1: 2003, 2: 2004) war. Er schrieb per Hand auf diesen seltsamen kleinen Notizzetteln und sagen wir mal so, seine Fähigkeiten in Grammatik und Rechtschreibung sind nicht gerade besonders. Ich begriff, wenn du Geschichten schreibst und Filme machst wie Quentin, interessiert sich niemand dafür, ob du ein Wort falsch schreibst. Also begann ich mit dem Schreiben und recht bald verkaufte ich diese Drehbücher.

Warum hast du dich für GREEN STREET HOOLIGANS (2005) als dein Spielfilmdebüt entschieden? Gab es keine anderen interessanten Angebote?
Als ich merkte, dass es keine guten Drehbücher gab, entwickelte ich mein eigenes. GREEN STREET HOOLIGANS war meine Idee und ich dachte, es würde ein guter Film werden, der etwas Action in einer tollen Story zeigt.

Wann hast du angefangen dich für das Thema Fußball und ganz besonders Hooligans zu interessieren?
Ich war mein ganzes Leben lang Fußball-Fan und kannte eine Menge der sogenannten Hooligans in meiner Heimatstadt Mannheim. Es ist die Sache die ich am meisten vermisse, jetzt da ich in den USA lebe. Es gibt nichts Besseres als die Fußball-Saison und jeden Samstag zum Spiel zu gehen. Es gibt keine andere Sportart, die jene Leidenschaft weckt, die Fußball-Fans haben. Während der Fußball-Weltmeisterschaft kann ich wirklich nicht in Los Angeles sein. Ich muss von Menschen umgeben sein, die Fußball schauen und auch verstehen. Ich habe es bis jetzt immer hinbekommen, mir während der letzten Weltmeisterschaften Zeit zu nehmen und nach Frankenthal zu fahren. Ich hoffe, das gelingt mir auch in Zukunft. Es ist auch lustig, wie plötzlich ich extrem deutsch werde, wenn es eine Weltmeisterschaft gibt. Ich frage mich oft, ob andere Auswanderer genauso fühlen.

Warum macht eine Deutsche, mit einer amerikanischen Produktionsfirma, einen Film über englische Hooligans?
Nachdem ich das Drehbuch eingereicht hatte, fanden wir eine amerikanische Produktionsfirma, die es finanzieren wollte. Natürlich musste der Film englisch-

sprachig sein und weil es in Amerika keine Hooligans gibt, spielt die Story in England.

Mit THE FOOTBALL FACTORY (R.: Nick Love, 2004) kam vor deinem ein anderer Film über Hooligans heraus. Hat dich das überrascht und hat das deinen Film wie einen Nachzügler aussehen lassen?
Nein, denn es gab eine ganze Reihe von Filmen zu dem Thema und wenn überhaupt, dann war THE FIRM (R.: Alan Clarke, 1988) mit Gary Oldman bahnbrechend. THE FOOTBALL FACTORY war ganz anders als GREEN STREET, viel lokaler und kleiner.

«GSH» war ein Low Budget-Projekt. Wie hoch war das Budget? Der Film hatte ein Kinoeinspiel von etwas mehr als 3 Millionen Dollar weltweit. Hat der Film im Heimkinobereich (DVD, BD, TV) noch ein bisschen Geld gemacht?
Ich glaube, das Budget betrug fünf Millionen Dollar, was nicht viel ist, um im sehr teuren London zu drehen. Der Film hatte eine harte Zeit im Kino, hauptsächlich weil er R-Rated war, aber als er erst einmal auf DVD entdeckt wurde und im TV lief, wurde er ein großer Hit. Ich weiß, dass der Film letztendlich *sehr viel* Geld gemacht hat, weshalb die Produzenten auch eine Fortsetzung drehten (GREEN STREET HOOLIGANS 2 – STAND YOUR GROUND, R.: Jesse V. Johnson, 2009).

Lexi Alexander bespricht sich mit Elijah Wood am Set von GREEN STREET HOOLIGANS

Wie kam der Film in den USA an? Dort sind ja weder Fußball noch Hooligans ein großes Thema.
GREEN STREET wurde in den USA von der Kritik hoch gelobt und gewann viele Preise. Roger Ebert pries ihn und auf dem «SXSW» (South by Southwest) Filmfestival in Austin/Texas gewann er den Jury- und den Publikums-Preis, was noch nie zuvor in der Geschichte des Festivals geschah. Ich denke, der Kinostart wurde unterdrückt, weil niemand eine Ahnung hatte, wie man diesen Film, der in der Welt des Fußballs spielte, auf dem amerikanischen Markt verkaufen oder bewerben sollte.

Dachten sie nicht, dass der Film durch seine intensiv gefilmten Schlägereien unglaublich brutal wäre, so ganz anders als distanzierte und comichafte Schießereien, die dort in Filmen Gang und Gäbe sind? Gab es überhaupt eine Debatte über die Gewalt im Film?

Ich denke, GREEN STREET gewann diese Auszeichnungen und das Lob wegen der Gewalt, die letztendlich ohne Waffen stattfand. Es gab natürlich einige der mehr pazifistischen Kritiker, die dem Film eine schlechte Rezension gaben, wegen der Gewalt mit nackten Fäusten. Aber am Ende machte die ehrliche Darstellung von Gewalt diesen Film bei den Leuten populär, auf die es ankommt.

Mit Claire Forlani bei den Dreharbeiten zu GREEN STREET HOOLIGANS in London

Der Film hatte gemischte Kritiken und war finanziell gesehen, im Kino, zuerst kein großer Erfolg. Hat er dir trotzdem karrieretechnisch viel gebracht, haben sich also Studios und Produzenten vermehrt an einer Zusammenarbeit mit dir interessiert gezeigt?

Es war kein großer Kinoerfolg, aufgrund seines limitierten Starts, aber wie schon erwähnt, er machte eine Menge Geld und brachte ein Sequel hervor. Ich wurde wegen dieses Filmes als ‹heiße› und vielversprechende Regisseurin betrachtet und das viel mehr als nach der Oscar-Nominierung. Es kamen Drehbücher herein, aber die waren immer noch schlecht. Es gab nicht einmal ein Drehbuch, für das es sich gelohnt hätte zu kämpfen. Das einzige, das ich las und wirklich mochte, war MILLION DOLLAR BABY (R.: Clint Eastwood, 2004), aber ich verlor jede Chance den Job zu bekommen, sobald Clint Eastwood Interesse signalisierte.

Bevor du für deinen nächsten Film zugesagt hattest, was gab es noch für andere Angebote?

Ich beschäftigte mich mit einigen Projekten, die sozusagen die Besten unter den Schlechten waren. Leider bekam kein einziges grünes Licht. Ich glaube, die Menschen außerhalb Hollywoods verstehen nicht, wie wenig Projekte letztendlich produziert werden. Es ist immer wieder erstaunlich zu hören, dass wirklich ein Film gedreht wird, besonders wenn es ein Originalscript ist.

Lexi Alexander

Wie bist du zum Film PUNISHER: WAR ZONE *(2008) gekommen und warum hast du dich gerade für dieses Projekt entschieden? Das Projekt durchlief schon diverse Stadien, z.B. kursierte es vorher lange als Sequel zum* THE PUNISHER *von 2004.*
Es wurde mir angeboten und ich glaube, ich habe es ungefähr achtmal abgelehnt. Schließlich hat mich mein ganzes Team von Agenten, Anwälten und Managern davon überzeugt, dass mir dieser Film die Türen für andere und bessere Filme öffnen würde. Am Ende kann man niemand anderem die Schuld geben als mir. Ich habe nachgegeben und ja gesagt, obwohl mir mein Bauch nein sagte.

Warum hast du trotzdem ja gesagt?
Grundsätzlich sind Comicbuch-Filme gerade ‹in›. Sie machen Geld, zumindest die meisten von ihnen und sie kommen mit einem schon existierenden Publikum. Diese Version sollte die dritte PUNISHER-Verfilmung sein, nach der mit Dolph Lundgren (R.: Mark Goldblatt, 1989) und der mit Thomas Jane (R.: Jonathan Hensleigh, 2004).

Ich war also aus mehreren Gründen davon überzeugt. Zum ersten, wir haben alle gesehen wie die Karriere von Christopher Nolan nach THE DARK KNIGHT (2008) empor schnellte. Nun ist THE PUNISHER nicht THE DARK KNIGHT, aber es war für alle jungen Regisseure klar, wenn du einmal eine erfolgreiche Comic-Verfilmung gemacht hast, würden deine Aktien sicher steigen und für viele von uns ist das der einzige Weg ein paar vernünftige Filme finanziert zu bekommen.

Bist du überhaupt ein Comic-Fan oder hast du dich erstmals mit diesem Film mit dieser Kultur beschäftigt?
Nein, ich war überhaupt kein Comic-Fan. Die einzigen Comics, die ich bis dahin gelesen hatte, waren Asterix & Obelix.

Wie war dein Ansatz für den Film? Was wolltest du anders als die beiden vorherigen machen?
Nachdem ich zugesagt hatte, studierte ich jeden PUNISHER-Comic, schaute mir alle Filmversionen an und las alle Kritiken der Fans zur Fassung von 2004. Ich bemerkte, dass die Fans den sonnigen Schauplatz nicht mochten, den kindischen Humor und die zu schwache Gewalt. Die PUNISHER-Fans wollten es düster und brutal, so wie in den Comics. Das wollte ich erreichen.

Mit welchen Produzenten hattest du in erster Linie zu tun? Waren es auch die, mit denen du am meisten aneinandergeraten bist?
Wenn du aus der Independent-Filmwelt kommst, betrachtest du deinen Produzenten als den Coach in der Ecke, wie beim Boxen. Dies ist jemand, der dich beschützt und dem du komplett vertrauen kannst. Niemand hat mir gesagt, dass bei Studio-Produktionen die Produzenten sogenannte «Studio-Produzenten» sind.

Sie sind da um das Studio zu schützen, nicht den Filmemacher. Ich habe so ein Memo nicht bekommen. Das war eine Lektion, die ich gelernt habe.

Es gab eine Menge kreativer Auseinandersetzungen zwischen Marvel und dem Studio Lionsgate. Ich war in der Mitte und hätte da nicht sein sollen. Normalerweise

Lexi Alexander kontrolliert eine Einstellung am Set von GREEN STREET HOOLIGANS

kommt da ein Produzent und sagt: «Lasst meinen Regisseur in Ruhe und diskutiert mit mir». Aber das passierte nicht.

Es ging auch viel um das Budget. Immer, wenn ich mich herumdrehte, wurde das Budget kleiner und kleiner. Das Studio sagte mir dann, wir müssten irgendwie eine Million Dollar kürzen, damit es klappt. Ich ging durch das Budget und überlegte, wo wir kürzen könnten. Hatte ich es geschafft eine Szene oder eine Location zu eliminieren, die uns eine Million Dollar sparen würde, ging ich ins Produktionsbüro, nur um zu hören: «Wir müssen noch eine Million einsparen, dann können wir anfangen». Es war ein Albtraum.

Ab wann begannen die Schwierigkeiten mit dem Studio Lionsgate? Worum ging es?
Eigentlich wurden die Schwierigkeiten unverhältnismäßig aufgeblasen. Im Zeitalter des Internets können Menschen jede Art von Fiktion erschaffen und es als Fakt verkaufen. Lionsgate und Marvel waren nicht immer einer Meinung und ich steckte oft zwischen ihnen in der Mitte, aber bis zur Post-Produktion haben wir einen Film in Frieden gemacht, trotz Auseinandersetzungen um das Budget oder kreativer Sachen. Dann hatten wir eine Unstimmigkeit über die Musik, den Score. Das passiert. Sie haben gewonnen. Aber das konnte man auch erwarten. Den größten Kampf hatte ich mit der Marketing-Abteilung, die entschied, dass unser Film genauso gut wie THE DARK KNIGHT sei und sie deshalb den Kinostart auf Dezember verschoben haben. Das ist die Zeit der Preisverleihungen, wenn alle potentiellen Oscar-Kandidaten veröffentlicht werden. Sie wollten ihn auch wie THE DARK KNIGHT bewerben, aber ich habe ihnen wiederholt gesagt, dass der Film nicht annähernd so ist. Ganz im Gegenteil, er sollte eine Hommage an

die billigen 1980er-Jahre Actionfilme sein und das haben wir versucht. Brutaler B-Movie-Spaß, kein künstlerisches, hochklassiges Material, dass du drehst, wenn du ein 300 Millionen Dollar Budget hast. Sie haben nicht gehört und sagten, ich solle mich aus ihrem Geschäft heraushalten. Ich habe es gemacht. Das war das erste Mal, dass ich lernte, wie mächtig die Marketing-Leute in den Studios sind. Ich habe für dieses Buch hauptsächlich zugesagt, weil ich hoffe, dass ich etwas Weisheit an irgendeinen jungen, aufstrebenden Filmemacher weitergeben kann. Ich will keine dreckige Wäsche in der Öffentlichkeit waschen, aber ich denke, das ist für jeden wichtig zu wissen, der in Hollywood arbeiten will. Ich wünschte, jemand hätte mir die wenig bekannten Fakten erzählt, die ich nun schmerzhaft selber erleben musste. Wenn also ein angehender junger Filmemacher das liest, hier ist mein Rat:

1) Wenn man dir einen großen Hollywood-Studiofilm anbietet, versichere dich, dass du einen Produzenten hast, der hinter dir steht. Nicht alle Produzenten sind gleich, aber es kostet tatsächlich nur einen Dollar sich eine Visitenkarte zu drucken, auf der «Produzent» unter einem Namen steht. Frag bei anderen Regisseuren nach, ob der Produzent während der Dreharbeiten hinter ihnen stand oder nicht. Überprüfe den Lebenslauf eines Produzenten, denn wenn er mit dem gleichen Regisseur immer wieder zusammen gearbeitet hat, dann ist das normalerweise ein gutes Zeichen. Du musst dich davon überzeugen, dass dein Produzent ein guter Krisenmanager und ein hervorragender Diplomat ist. (Hauptsächlich deshalb, weil wir Regisseure es üblicherweise nicht sind. Es ist das Beste, wenn wir jemanden haben, der unsere Schlachten kämpft, dabei aber nicht so emotional und trotzdem genauso leidenschaftlich ist.) Der Studiofilm, der dir angeboten wurde, mag bereits acht oder zehn Produzenten haben, aber das bedeutet nicht, dass einer von denen der Produzent ist, den du brauchst. Es könnte notwendig sein, dass du deinen eigenen Produzenten mit an Bord bringst. Das wird eine Schlacht sein, die dein Agent für dich kämpfen muss und sollte. Ziehe in Betracht, deinen Lohn mit dem Produzenten zu teilen, den du mitgebracht hast. Ja, das ist wichtig! Du willst schließlich nicht selbst in die Höhle des Löwen. Du willst deinen Produzenten hineinschicken, damit du dich darauf konzentrieren kannst, kreativ zu sein und den Job zu erledigen, für den du angeheuert wurdest.

2) Wenn du deine Beziehung mit dem Filmstudio beginnst, schicke einen Korb mit Muffins zur Marketing-Abteilung, selbst wenn einer deiner Filmemacher-Freunde dir gesagt hat, dass die Scheiße sind und nicht wissen, was sie tun. Tu so, als ob du nichts über sie weißt und freunde dich mit ihnen an, denn das Schlimmste, was deinem Film passieren kann, ist, sie zum Feind zu haben.

Bist du erst in der Post-Produktion deines Filmes, hast du so lange mit ihm gelebt, dass du dich selbst als Experten dafür betrachtest, vielleicht sogar als der am meisten qualifizierte. Du bist es, aber versuche nicht die Marketing-Leute davon zu überzeugen. Das ist denen egal. In ihren Augen bist du ein verrückter Künstler, der nichts von der sehr komplizierten Welt des Marketing versteht. Die Wahrheit ist, sie tun es auch nicht. Jeder in Hollywood weiß, dass die altmodischen Marketing-Leute in den Studios vollständig verloren sind, seit die neuen Medien die Zeitungen ersetzt haben. Aber man kann es ihnen nicht sagen, selbst wenn es dir auf der Zunge brennt. Deine beste Chance ist, wenn du sie in dein Haus einlädst, eine Party zu ihren Ehren veranstaltest, ihnen Geschenke kaufst, sie betrunken machst. Alles, um sie zu deinen Freunden zu machen, so dass sie nachsichtig sind, wenn du einen Vorschlag für das Marketing machst.

Jetzt hast du Glück, dass du Deutscher bist, denn lass uns ehrlich sein: Deutsche sind schlecht darin, etwas vorzutäuschen. Wir sind pünktlich, arbeiten wie die Tiere, sind zuverlässig, sparsam und einige von uns sind sogar mit Talent gesegnet. Aber wir sind nicht so gut im Smalltalk. Ich versuche seit Jahren die Kunst des Vortäuschens zu beherrschen, jemanden zu mögen, den ich in Wirklichkeit nicht ausstehen kann. Ich versage da kläglich. Nun werden einige denken, dass dies doch eine ehrenwerte Sache ist. Nichts könnte mich weniger interessieren. Es ist nicht gut für meine Karriere und manchmal habe ich mir gewünscht, ich würde eine Italienerin sein, statt eine Deutsche. Aber dann denke ich an Fußball und bin wieder glücklich eine Deutsche zu sein.

3) Mein dritter und letzter Rat ist, wenn du ein Drehbuch liest und dein Bauchgefühl sagt dir nicht, dass du derjenige sein solltest, der es in einen Film verwandelt, dann tu es nicht. Es spielt keine Rolle, was deine Agenten oder sonst wer dir sagen und versprechen. Höre auf dein Herz. Das Universum bringt dich zum stolpern, wenn du nicht authentisch bist.

Erst gab es Gerüchte, du seiest gefeuert worden, dann bist du nicht zur Vorstellung des Films auf der San Diego Comic-Con erschienen, was weitere Gerüchte aufkommen ließ, du wärest nicht mehr an Bord. Warum hast du gefehlt? Haben solche Meldungen dem Film auch geschadet?

Ich wurde nie gefeuert. Das ist schon wieder das Internet in seiner schlimmsten Ausprägung. Die Comic-Con fand während meiner Diskussionen mit der Marketing-Abteilung statt und weil sie die sind, die alle Partys auf der Comic-Con organisieren, dachten meine Agenten und ich, es wäre besser dort nicht zu erscheinen, um die Auseinandersetzung lieber schriftlich zu führen, als es persönlich eskalieren zu lassen. Ich denke nicht, dass es der Veröffentlichung des Filmes geschadet hat. Wenn überhaupt, könnte uns die Veranstaltung die einzige Aufmerksamkeit gegeben haben, die wir hatten. Um ehrlich zu sein, ich war nicht traurig die Comic-Con ausgelassen zu haben. Ich bin kein großer Fan von großen Massen in verrückten Kostümen. Ich habe auch Fasching nie gemocht.

Ist es wahr, dass es tatsächlich Überlegungen gab den Film als PG13-Version herauszubringen?
Nein, das ist ein anderes Gerücht. Weder Marvel noch Lionsgate oder ich, haben je daran gedacht den Film PG13 zu machen. Wir hätten auch nicht genug Filmmaterial gehabt, um es auf PG13 zu schneiden.

Gab es Testscreenings und daraus resultierende Re-Shoots?
Es gab keine Testscreenings. Ich wollte eigentlich welche, aber das Studio nicht. Es gab auch keine Re-Shoots. Wir haben nur ein paar Aufnahmen, sogenannte pick-up-shoots, später gedreht, weil wir wegen eines Schneesturmes in Montreal nicht alles drehen konnten. Die Wahrheit ist, alle waren glücklich mit dem Endresultat. Vielleicht zu glücklich und zu überzuversichtlich, weshalb sie sich auch für den fatalen Kinostart im Dezember entschieden haben.

Warum wurde der ursprüngliche Filmkomponist Christopher Franke, der für dich schon JOHNNY FLYNTON und GREEN STREET HOOLIGANS vertonte, gefeuert und durch Michael Wandmacher (auch MY BLOODY VALENTINE, PIRANHA 3D) ersetzt?
Christopher ist ein fantastischer Komponist und er lieferte genau den Score, den ich wollte. Er war anders und passte zum Look von PUNISHER: WAR ZONE. Es lief aber letzten Endes schon wieder darauf hinaus, was sie dachten, dass der Film wäre und was ich dachte. Sie wollten unseren durch einen eher traditionelleren Symphoniescore ersetzen, wie ihn THE DARK KNIGHT hatte.

Warum war dein Stammkameramann, Alexander Buono, der auch FOOL PROOF, JOHNNY FLYNTON und GREEN STREET HOOLIGANS fotografiert hatte, nicht dabei, sondern Steve Gainer? Deine Entscheidung oder die Wahl des Studios?
Das war meine Entscheidung. Ich verliebte mich in den Look von einem von Steve Gainers Independent-Filmen und wollte immer mal mit ihm arbeiten.

Es gibt widersprüchliche Kommentare von dir zum Film: Einmal sagst du, du bist extrem happy mit dem Film, aber auf deiner Homepage steht, du würdest dir sehr wünschen, der Film wäre nie passiert. Was stimmt nun?
Das ist wahr, es klingt wie eine zwiespältige Aussage. Lass mich versuchen, es zu erklären: Nachdem ich zum Film ja sagte, habe ich wirklich hart und mit viel Enthusiasmus daran gearbeitet. Ich habe ihn nicht wie einen unwichtigen Job behandelt, nur weil es nicht der Film war, den ich mir für mich vorgestellt hatte, als ich bei der Oscar-Verleihung war. Ich, meine Besetzung und die Crew, wir alle haben unser Bestes getan und wir alle waren glücklich über das Endresultat.

Auf einer mehr persönlicheren und spirituelleren Ebene frage ich mich, ob der Film dazu verdammt war, so viel Ärger zu verursachen und schließlich auch zu scheitern, weil das passiert, wenn man keine authentische Wahl trifft. Das könnte verrückt oder für einige esoterisch klingen, aber ich denke, dass das Universum dich nicht belohnt, wenn du Entscheidungen triffst, die nicht von Herzen kommen.

Angesichts der Diskussion um den Film sind die Kritiken besser als erwartet. Das Urteil ist gemischt, aber es gab wesentlich mehr Fürsprachen, als ich erwartet hätte. Selbst die, die den Film nicht rundum gelungen fanden, haben einige Sachen gelobt. Eine meiner Lieblingskritiken ist von Roger Ebert: «Punisher: War Zone is one of the best-made bad movies I've seen. It looks great, it hurtles through its paces and is well-acted. The soundtrack is like elevator music if the elevator were in a death plunge. The special effects are state of the art. It's only flaw is that it's disgusting.»

Liest du möglichst viele Kritiken zu deinen Filmen oder nur ausgewählte? Wie gehst du insgesamt mit Kritikern und Kritiken um?

Ich habe einige der Kritiken gelesen und im Fall von Punisher bestätigen sie meinen Glauben daran, dass es ein guter Film war, der schlecht beworben und verkauft wurde. Ich mache mich allerdings nicht selbst verrückt und analysiere alles, was die Kritiker denken oder sagen. Roger Ebert scheint zufällig meine Arbeit zu mögen, deswegen ist er natürlich einer meiner Favoriten.

Viele (Kritiker und Publikum) haben sich gewundert, dass so ein kompromissloser, brutaler und extrem blutiger Comic-Film von einer Frau kommen konnte? Was sagst du dazu?

Ein Teil der Ansprachen, die mir Leute gehalten haben, als sie versuchten mich dazu zu bringen Punisher zu machen, war, dass ich Türen für zukünftige weibliche Regisseure öffnen könnte, die R-Rated-Actionfilme machen möchten. Aber ich sage es noch einmal: Diese Art der Gewalt ist eigentlich nicht mein Stil. Ich schaue nicht mal solche Filme. Unglücklicherweise erinnern sich die Leute in Hollywood am meisten an die Gewalt in Green Street, nicht an das Drama. Ich wurde also beinahe zufällig «the girl-director-who-does-violence».

Wie stehst du generell zu Gewalt in Filmen?

Es ist mir egal, solange es zur Story passt, aber keiner meiner Lieblingsfilme ist brutal.

Ich schätze an Punisher: War Zone gerade seine unverblümte und direkte «in your face»-Attitüde. Selten sahen «blood and mayham» so schön aus. Der dreckige und dennoch glänzende Comic-Look mit der Drei-Farben-Bildgestaltung, die düstere Atmosphäre, der raue Charme. Man sieht und spürt den absoluten Gestaltungswillen von Regie, Kamera, Produktionsdesign und Kostüm. Kannst du kurz den Ansatz verdeutlichen?

Wir hörten auf die Fans, die einen Film wollten, der sich eng an die Vorlage hielt. Wir haben praktisch exakt die Punisher MAX-Serie kopiert. Daran war nichts wirklich Künstlerisches. Ich wusste, die Fans würden die Vision der Schöpfer der Comic-Bücher mehr schätzen, als wenn ich mit meiner eigenen daherkommen würde, die vielleicht anders wäre, als die ihnen bekannte Welt des Frank Castle.

Gibst du bei deinen Filmen viele Regieanweisungen oder kommt sehr viel von den Schauspielern? Ich habe von anderen Regisseuren gehört, Stars lassen sich nicht gerne führen oder anweisen. Sie wollen alles selber aus sich heraus machen. Kannst du das bestätigen?

Es variiert von Schauspieler zu Schauspieler. Einige betteln um Regieanweisungen, andere finden zu viele eine Beleidigung. Gewöhnlich frage ich meine Schauspieler vorher nach ihrem bevorzugten Stil. Ich bin offen für Dialogveränderungen oder andere Improvisationen, die meine Darsteller vorschlagen, wenn ich denke, dass die genauso gut oder besser als die Originale sind. Die Beziehung zwischen einem Regisseur und einem Schauspieler ist sehr verletzlich und intim. Ich würde niemals jemandem enthüllen, welche Arbeitsweise ein bestimmter Schauspieler bevorzugt. Ich glaube fest daran, dass Regisseure die Pflicht zur Verschwiegenheit haben, wenn es um die Schauspieler geht. Ich habe buchstäblich mal einen Tisch verlassen, weil ein anderer Regisseur laut die Geschichte eines Schauspielers erzählt hat, mit dem er gerade gearbeitet hat und der eine bestimmte Methode hatte. Ich war zutiefst angewidert und habe mit diesem Regisseur seit diesem Abend nicht mehr gesprochen.

Ray Stevenson bekommt von Lexi Alexander am Set von Punisher: War Zone Anweisungen

Wenn jetzt aber ein Darsteller zu prominent wird und plötzlich anfängt sich wie ein verzogenes Gör zu benehmen (z.B. zu spät kommt, seine Dialoge nicht kann, in der letzten Minute Änderungen verlangt, Regieanweisungen zurückweist, bekifft oder zugedröhnt auftaucht), dann werde ich dieses Benehmen mit dem Rest der Industrie teilen.

Ich finde z.B. die Performance von Dominic West als Jigsaw grandios. Er spielt mit so viel Freude, so ausgelassen und kreativ, dass sich die Spielfreude auf den Zuschauer überträgt. Zumal die Over-the Top-Darstellung wunderbar zur Comic-Atmosphäre des Filmes passt. Kam das von ihm allein oder hast du ihn dazu ermuntert?

Links: Dominic West als Jigsaw, rechts Doug Hutchison als sein Bruder Loony Bin Jim

Der Ton der Performance war meine Idee. Er war manchmal unsicher, ob er nicht zu weit ging, aber ich habe ihn ermutigt weiterzumachen und aufs Ganze zu gehen. Ich denke, er hatte eine Menge Spaß damit. Komisch genug, diese Performance wurde sowohl gelobt als auch verspottet. Wie alles ist es eine Sache des Geschmacks.

Welche Schwierigkeiten hattest du bezüglich der Fassungen deiner Filme mit der MPAA und/oder deinen Produzenten oder den Studios? Wie viele Kompromisse musstest du in Sachen Gewalt, Komplexität, längere Laufzeit, etc., machen?
Bislang hatte ich Glück mit der MPAA. Ich musste nie Kompromisse eingehen, denn wir erwarteten immer eine harte Einstufung. Aber andere Filmemacher haben mir von ihrem Ärger erzählt und als Europäerin denke ich natürlich, dass es lächerlich ist, ein paar Brüste zu zeigen, die dir dieselbe Altersfreigabe einbringen wie ein Film, in dem 30 Leute in weniger als einer Minute getötet werden.

Es taucht immer wieder das Gerede von einem Director's Cut von dir auf. Er soll ca. acht Minuten länger sein. Wie sieht deine Wunschfassung aus? Im Audiokommentar sprichst du von mehr Dialogen, aber gibt es auch noch mehr Action- und Gewaltszenen?
Ich denke nicht, dass es einen Director's Cut zu PUNISHER: WAR ZONE geben wird. Wenn doch einer herauskommt, dann wahrscheinlich nur um Geld zu machen. Meine Schnittfassung war nicht viel anders als die, die im Kino lief, abgesehen davon, dass sie eine andere Musik hatte. Es gab ein paar Dialogzeilen von Detective Martin Soap (Dash Mihok), die ich gerne behalten hätte. Aber so weit ich mich erinnere, gibt es nicht einmal eine deleted scene, eine nicht verwendete Szene, die sie zu einem DC hinzufügen könnten. Ich denke, sie wissen auch, dass ich nicht guten Gewissens einen DC promoten könnte, wenn sie ihn nicht mit

dem Score von Christopher Franke veröffentlichen, schließlich war das die einzige kreative Auseinandersetzung, die wir hatten.

Bei einem Budget von ca. 35 Millionen Dollar spielte der Film im Kino nur ca. 10 Millionen weltweit wieder ein. Wie wichtig ist generell ein Box Office Erfolg für dich? Bringt das Selbstvertrauen oder ist das nur wichtig, um weiter im Geschäft zu bleiben und vernünftige Offerten zu bekommen?

Ja, es spielt eine große Rolle. Ich habe eingewilligt den Film zu machen, um meine Karriere voran zu treiben. Stattdessen katapultierte er mich ein paar Schritte zurück. Ich habe nicht erkannt und es gab mir auch keiner den Rat, dass es besser ist, Independent-Filme zu machen, die kaum Geld machen, aber auch keins verlieren, wegen ihres kleinen Budgets. Wenn dein Studiofilm Geld macht, sogar wenn er von den Kritikern zerrissen wird, dann ist deine Karriere sicher. Wenn dein Studiofilm Geld verliert und ein Kassenflop ist, dann spielt es keine Rolle wie sehr die Kritiker den Film mögen oder ob er zum Kultfilm wird. Deine Karriere wird einen Schlag abbekommen.

Warum war der Film ein kommerzieller Misserfolg? Siehst du die Verantwortung in erster Linie beim Studio, die den Film durch schlechtes Marketing und einem ungünstigen Starttermin im Dezember, zu dem eigentlich mehr familienfreundliche Weihnachtsfilme laufen, vernachlässigt haben oder woran lag es?

Wenn ich vielleicht einen weniger aufregenderen Film abgeliefert hätte, wäre niemand auf die gloriose Idee gekommen, ihn im Dezember zu starten. Ich glaube, dieses Datum und die Art der Werbung haben seine Chance zunichte gemacht. Die richtigen Leute blieben fern und die wenigen falschen Leute, die auftauchten, waren natürlich enttäuscht.

Wusstest du, dass der Film in Deutschland nie ins Kino kam, sondern direkt auf DVD/BD vermarktet wurde?

Ich bin das von meinem guten, alten Heimatland gewohnt. Ich erinnere mich daran, als ich in Europa war und überall in Paris und London Poster von Green Street gesehen habe, während in Deutschland niemand je von diesem Film gehört hatte. Ich bin ein wenig enttäuscht, aber das ist das Geschäft. Deutsche Verleiher interessieren sich nicht dafür, ob ich eine Deutsche bin oder nicht. Sie bewerten nur den Film und ihre Chance ihn zu vermarkten.

Bist du informiert über die Einspielergebnisse aus DVD/BD und TV? Dort müsste der Film dann doch noch eine ganze Menge Geld gemacht haben, die ihn möglicherweise noch in die Gewinnzone brachten. (DVD Sales, Stand März 2010: 10,5 Millionen Dollar in Nordamerika) Verdienst du auch noch daran?

Ich bekomme etwas für Punisher, weil ich ein Mitglied der DGA (Director's Guild of America) bin, aber ich verdiene nichts an Green Street, weil der «nonunion», also «ohne die Gewerkschaft» war. PUNISHER kam letztendlich auf Plus-Minus-Null. Er verlor kein Geld, machte aber auch keins.

Wie war das bei PUNISHER: WZ, wenn man auf einmal sehr viel mehr Geld zur Verfügung hat? Was sind die Vor- und Nachteile eines Low Budget- und eines großen Studiofilms?

Es ist schlimmer als bei einem Indie-Film. Plötzlich denkst du, du könntest Geld ausgeben, aber du kannst es nicht wirklich. Ich habe einmal Kevin Feige gefragt, den Präsidenten von Marvel, warum es so scheint, als ob ich weniger Geld bei diesem Film zur Verfügung hätte, als bei meinen Indie-Filmen in der Vergangenheit. Er sagte, seiner Erfahrung nach kostet eine Flasche Wasser bei einem Indie-Film ungefähr 50 Cent, aber in der Minute, wo du einen Studiofilm machst, kostet die gleiche Flasche 8,50$. Ich denke, da hat er Recht.

Am Set von PUNISHER: WAR ZONE in Kanada

Du hast auch ein bisschen mit am Drehbuch geschrieben, wurdest dafür aber nicht in den Credits genannt. Wie hoch ist dein Anteil?

Mein Anteil war nicht sehr groß. Da waren so viele Autoren an Bord und plötzlich wollte das Studio noch ein paar neue dazuholen, drei Wochen vor Beginn der Pre-Production. Ich bot dem Studio an, dass ich ihre Veränderungswünsche selber einbauen würde, damit wir Zeit sparen.

Wie intensiv arbeitest du mit Storyboards?

Ich persönlich bin kein großer Fan von Storyboards. Bei PUNISHER hatte mein DP (Director of Photography) ein Storyboard-Software-Programm, das manchmal ganz praktisch war. Wir waren damit auch in der Lage Mini-Filme abzuspielen und obwohl sie nicht wirklich hilfreich waren, haben sie für viel Gelächter gesorgt.

Was machst du eigentlich zwischen deinen Filmen? Kannst du dich entspannen und mal die Füße hochlegen oder bist du eher rastlos, ständig beschäftigt und stets auf der Suche nach einem neuen Projekt?

Ich entspanne niemals. Zwischen meinen Filmen schreibe oder entwickle ich andere Projekte, versuche Kapital für meine Filme zusammen zu bringen, pitche

TV-Serien. Ich sage immer, bei Dreharbeiten zu sein, ist wie Urlaub für mich. Ich mag die hochgradige Konzentration, die man braucht, und die Leute nerven dich nicht mit anderen Projekten, wenn du drehst. Es bedeutet auch, dass du mit der Pre-Production fertig bist, die immer ein totaler Zirkus ist.

Trainierst du noch viel?

Ich praktiziere nicht mehr viel Martial Arts aufgrund der Mini-Kollektion von Schrauben in meinen Knien. Ich bin jetzt mehr so eine Yoga-Person.

Nach einem, wenn auch kleinen, Studiofilm hast du dich als nächstes für einen noch kleineren Independentfilm entschieden: LIFTED (2010). Warum gerade der? Hast du nach dem kommerziellen Misserfolg von PUNISHER: WZ keine vernünftigen Angebote mehr bekommen oder wolltest du ganz bewusst weg vom Studiosystem?

Zu meiner Überraschung bekomme ich immer noch einen ganzen Haufen von Drehbüchern. Aber sie sind jetzt sogar noch mehr actionorientierter und brutaler als vorher. Offensichtlich muss ich mir mit PUNISHER ein paar Fans gemacht haben. Folglich ist es nur normal, dass ich Drehbücher aus dem gleichen Genre bekomme. Aber ich habe meine Lektion gelernt und werde meinen Fehler nicht wiederholen. Es ist nicht das, was ich drehen möchte, noch war es jemals etwas, dass ich angestrebt habe. Natürlich ist es jetzt sogar noch schwieriger für mich auch nur annähernd an ein gutes Drehbuch für ein Drama zu kommen. Also habe ich mir gedacht, ich muss es selber schreiben und Geld in der Indie-Filmwelt beschaffen, in der die Leute sich immer noch an mich als die JOHNNY FLYNTON- und GREEN STREET-Filmemacherin erinnern.

LIFTED war eine Freude zu machen und wurde wunderbar. Der Film wurde vom Verleih Screenmedia übernommen und wird in den US-Kinos ab März 2011 laufen. Er bekam auch eine Menge Empfehlungen von Prominenten. Eine, auf die ich besonders stolz bin, ist die vom spirituellen Autor Eckhart Tolle, der den Film so beschrieb: «Eine wunderschöne Geschichte – erhebend, inspirierend und heilend.»

Durch Umwege und Hindernisse – sprich der Film – kam ich zurück auf den rechten Pfad. Das ist, worum es im Leben ohnehin geht.

Du hast LIFTED selbst geschrieben. Siehst du dich also nach wie vor auch als Autorenfilmerin, die bevorzugt eigene Stoffe verfilmt?

Ich betrachte mich mehr als eine Autorin denn als Regisseurin. Das Schöne im Prozess ist, wenn man die Geschichte erfindet. Dieser Moment, wenn sie in deinem Kopf geboren wird und plötzlich diese Charaktere deine Welt, ohne um Erlaubnis zu fragen, bewohnen. Du kannst nur Frieden finden, wenn du ihre Geschichte erzählst. Aber man kann sie leicht zu Papier bringen, während das Warten auf ein grünes Licht zur Umsetzung dich verrückt machen kann.

Warum noch ein Film über amerikanische Soldaten in Afghanistan, den «War on Terror» und die Auswirkungen auf die Familien daheim?
Ich habe sogar mehrere Drehbücher zu diesem Thema schon verkauft, aber sie haben es nie auf die Leinwand geschafft. Die Produzentin Lauren Shuler Donner (u.a. die X-Men-Reihe) optionierte ein Script, das ich vor ein paar Jahren geschrieben hatte und Devil Dogs hieß. Es war ein Heist-Film, aber mit Marines, die sich damit schwer tun, wieder an das Leben zu Hause zu gewöhnen, nachdem sie aus dem Irak zurückkamen.

Dann hatte ich einen TV-Piloten namens Semper Fi geschrieben, der von Gavin Polone als Option gekauft wurde. Es geht auch um Marines, aber mit weniger Action und mehr Ausschnitten aus ihrem Leben. Bedauerlicherweise sind die USA noch nicht wirklich bereit diese Art von Film zu sehen, wahrscheinlich, weil wir dieses Drama jeden Tag ausgebreitet in den Nachrichten sehen können.

Lifted ist aber weniger über den Krieg als über seine Konsequenzen auf die Familien der Soldaten. Trotz seines Themas ist es auch kein deprimierender Film. Er ist manchmal traurig, aber am Ende ist er erhebend.

Was hat dich noch daran interessiert? Das filmen im Guerilla-Style? Was meinst du genau damit?
Dieses filmen im Guerilla-Style bevorzuge ich sowieso. Selbst wenn ich 100 Millionen Dollar hätte, wäre ich nicht daran interessiert 20 Takes pro Einstellung zu machen oder eine Second Unit zu engagieren, die 3/4 des Filmes dreht. Wenn das Drehbuch toll ist und du das Glück hast, gute, ausgebildete Schauspieler zu haben, dann brauchst du nur zwei oder drei Takes maximal. Du brauchst keine ausgefallenen Kran-Einstellungen oder Kamerabewegungen, keine Special Effects. Eine Geschichte und Schauspieler. Das ist alles.

Was sagst du, wenn man dich mit Kathryn Bigelow vergleicht?
Natürlich ist es eine Ehre mit ihr verglichen zu werden. Die Leute haben mich mit ihr verglichen, seit ich in diesem Geschäft angefangen habe, noch vor ihrem Oscar-Ruhm. Sie ist großartig.

Siehst du denn Gemeinsamkeiten mit dem Schaffen von Bigelow, die immerhin für ihre maskulin wirkenden Filme wie Near Dark (1987), Blue Steel (1989), Point Break (1991), Strange Days (1995), K-19 (2002), aber auch dem Oscar-gekrönten Irak-Kriegs-Drama The Hurt Locker (2008) bekannt ist?
Die Gemeinsamkeit ist, dass wir beide keine «chick-films» («Mädchen-Filme») drehen. Ich würde es aber bevorzugen, wenn wir in der Zukunft an einen Punkt kommen, wo es genauso wenig überraschend ist, dass eine Frau bei einem Actionfilm Regie führt, wie wenn ein Mann eine romantische Komödie inszeniert.

Wie schaust du auf deine Filme zurück?
Zum großen Teil bin ich stolz auf meine Filme. Natürlich, wenn ich in der Zeit zurückgehen könnte, würde ich bestimmte Dinge anders machen, aber wirklich nicht viel. Ich denke sogar, dass meine Wahl bei PUNISHER Regie zu führen, obwohl nicht authentisch, dringend notwendig war.

Die Wahrheit ist, du kannst nicht wirklich viel von einem Erfolg lernen, aber eine ganze Menge von einem Misserfolg. Eine Nominierung für einen Academy Award zu bekommen, gerade als man aus der Tür kommt, war das Beste und zur gleichen Zeit das Schlimmste, was mir hätte passieren können.

Machst du in Zukunft mehr persönlichere und/oder künstlerische Filme als große Studiofilme, bei denen du eher Erfüllungsgehilfe ohne größeren Einfluss bist?
Ich habe noch nicht alle großen Studios abgeschrieben und ja, wenn ich an das Drehbuch glaube und wenn ich mit einem tollen Produzenten arbeiten kann, dann würde ich wieder einen Studiofilm machen. Ich hoffe auch, etwas so erstaunliches zu schreiben, dass es von einem Studio optioniert wird, welches glücklich ist mich Regie führen zu lassen, mit so viel kreativer Freiheit wie möglich. Das bringt die Verantwortung für den Erfolg zurück in meine Ecke, wo sie hingehört. Du kannst dich in Hollywood nicht über schlechte Scripts und die wenigen, guten, offenen Regieaufträge beschweren. Das endet bloß in Bitterkeit. Du musst deine Arbeit machen und deine eigenen Möglichkeiten erschaffen.

Was können wir in Zukunft noch von dir erwarten? GREEN STREET HOOLIGANS und LIFTED Produzentin Deborah Del Prete sprach bei Gelegenheit von einem Fantasy-Projekt, das ihr beiden zusammen machen würdet, basierend auf einem englischen Roman. Was ist das für ein Stoff und ist er noch aktuell?
Deborah ist eine meiner liebsten Produzentinnen und sie versucht immer Projekte zu finden, die sie mit mir machen kann. Ich glaube, die Option für dieses spezielle Fantasy-Projekt ist abgelaufen, aber sie hat bereits eine Menge anderer Sachen optioniert. Tatsächlich bin ich mit dem Lesen hinterher und bekam heute eine E-Mail von ihr, in der sie sich beschwert, ich würde nicht schnell genug Stoffe lesen.

Was ist aus dem Film LIFE AND LYRICS geworden?
LIFE AND LYRICS (R.: Richard Laxton, 2006) war ein britischer Film, an dem ich arbeitete. Ich liebe das Filmemachen in England. Leider mussten sie das Budget von drei Millionen auf eine Million reduzieren, nur zehn Tage bevor wir anfangen sollten zu drehen. Ich dachte, es blieb mir nicht genug Zeit, um den ganzen Film noch einmal vorzubereiten und an das gekürzte Budget anzupassen. Ich stieg aus und sie verpflichteten stattdessen einen Regisseur von Fernsehserien. Er tat sein

bestes, aber im wesentlichen war die Kürzung in letzter Minute eine Enttäuschung für die Besetzung, die Produzenten und den Autoren. Es war wirklich niemand Schuld, aber manchmal ist es besser den Stecker bei einem Film zu ziehen und sich wieder neu aufzustellen, als um jeden Preis in die Produktion zu gehen.

Stehen sonst noch irgendwelche Projekte an?
Ein Drehbuch namens A House divided ist eines meiner Favoriten. Schauspieler lieben dieses Script, aber Finanziers nicht. Es ist ein wenig kontrovers und deprimierend und nicht im geringsten kommerziell, denn es geht um Religion in Amerika. Die Chancen stehen also schlecht. Wenn nicht gerade ein sehr berühmter Schauspieler sich dafür entscheidet, das als Lieblingsprojekt zu machen, wird es nie auf die Leinwand kommen.

Mal allgemeiner: Was sind insgesamt deine Erfahrungen mit Hollywood und dem Studiosystem?
Ich denke, das Studiosystem ist ein ziemlich mörderisches Geschäft, das keinen Blödsinn duldet. Immerhin sind die meisten Studios im Besitz von Konzernen, die nichts mit dem Erzählen von Geschichten zu tun haben, wie z.B. General Electrics oder AOL Time Warner. Wenn du darüber nachdenkst, ist das der ultimative Konflikt zwischen Kunst und Kommerz. Ich wette, es war hart genug für einen Autoren oder Regisseur den Studioboss Jack L. Warner (1892–1978) davon zu überzeugen, dass ein bestimmter Schauspieler oder eine bestimmte Szene notwendig für den Film sind, damit er erfolgreich wird. Aber versuche mal einen Typen in einem Anzug zu überzeugen, der normalerweise neue Kühlschrank-Protoypen genehmigt (wie bei General Electrics).

Andererseits sagen einige, wir sollten nicht die Hand beißen, die uns füttert. Aber füttern sie uns? Und mit was? Studios produzieren nur noch selten Originalstorys. Alles basiert auf irgendeinem Quellenmaterial, das bereits ein Publikum hat oder einen Markennamen mit Wiedererkennungswert. Deshalb ist auch ein Bazooka Joe-Film in der Entwicklung. Sie wollen das Risiko reduzieren, was ein guter Vorstandsvorsitzender oder Manager tun sollte, aber für Filmemacher ist das Risiko vermeiden der Todeskuss.

Ich glaube auch, dass sie die Art von Filmen machen, die eine garantierte Menge an Tickets verkaufen. Wenn also Menschen hinrennen um Iron Man 1&2 (R.: Jon Favreau, 2008/2010), Watchmen (R.: Zack Snyder, 2009), X-MEN (R.: Bryan Singer, 2000) und die 150. Version von Robin Hood (R.: Ridley Scott, 2010) zu sehen, dann sind die Führungskräfte der Studios vielleicht auf der richtigen Spur. Vielleicht sollten die Konsumenten ein wenig wählerischer sein und nicht nur deshalb eine Kinokarte kaufen, weil sie den Titel wiedererkennen? Studio Executives machen nur Geschäfte und wenn sie keine guten Geschäfte machen, werden sie gefeuert. Wenn sie aufhören Tickets für Markenware oder Remakes zu verkaufen, werden sie die auch nicht länger produzieren.

Wenn ich an die Filme denke, mit denen ich aufgewachsen bin: GHOSTBUSTERS (R. Ivan Reitman, 1984), THE GOONIES (R.: Richard Donner, 1985), BACK TO THE FUTURE (ZURÜCK IN DIE ZUKUNFT, R.: Robert Zemeckis, 1985), etc., dann würde keiner von denen heute eine Chance haben, gemacht zu werden, weil sie originell sind. Stattdessen bekommen wir ein Remake von GHOSTBUSTERS, was nicht am mangelnden Talent von Autoren liegt.

Ich hoffe, die Zukunft des Filmverleihs wird sich durch den Einfluss des Internets zum Guten ändern. Es wird das Spielfeld neu abstecken, so dass Filmemacher in der Lage sein werden, ihre Filme produzieren und dem Publikum präsentieren zu können, ohne den Ring der Hohen und Mächtigen in Hollywood küssen zu müssen. Ich bin sicher, dass unsere zukünftigen klugen Cyber-Generationen wählerischer sein werden, was sie sehen, und sie werden Stolz darüber empfinden, ihre Unterhaltung zu finden, statt etwas Simples zu verdauen, nur weil es auf ihre Bedürfnisse hin angepasst wurde. Hoffe ich jedenfalls.

Befindet sich Hollywood deiner Meinung nach in einer Krise und ist sie künstlerischer oder auch finanzieller Art?
Es gibt eine Krise, aber sie ist weder künstlerischer noch finanzieller Art. Das Problem ist, Studios wissen nicht mehr, wie sie Filme vermarkten müssen. Deshalb gehen sie weniger Risiken mit Markenwiedererkennung und einem schon existierenden Publikum ein.

Ich habe darüber nachgedacht und kann ihr Dilemma verstehen. Vor einiger Zeit noch entschieden sich die Leute, welchen Film sie sich am Wochenende ansehen werden, indem sie die Zeitung aufschlugen. Hin und wieder sahen wir einen Trailer im Fernsehen und das beeinflusste unsere Auswahl. Aber heutzutage, denke mal nach: In einer vierköpfigen Familie geht jedes Mitglied zu einer anderen Quelle, um über den Film der Woche etwas zu erfahren. Die beiden Kinder gehen ins Internet, aber auf total verschiedene Seiten, Mama wird eine telefonische Programmauskunft anrufen und Vater wird vielleicht die Zeitung aufschlagen, wenn er altmodisch ist. Vergiss TV-Trailer, denn bei 400 Fernsehsendern kannst du unmöglich alle buchen! Selbst wenn du Werbezeit während einer Hit-Show kaufst, die meisten Menschen haben Tivos oder Festplattenrecorder und schauen keine Werbung mehr.

Heutzutage muss ein Studio mindestens 30 bis 40 Millionen Dollar ausgeben, um einen Film zu vermarkten, der ein US-weites Publikum erreichen soll. Kein Wunder, dass sie eine kleine Hilfe mit der Namenswiedererkennung mögen. Stell dir vor, da ist ein süßer kleiner Film, der für vier Millionen gemacht wurde, aber der keine bekannten Stars hat und nicht auf einem Buch oder so etwas basiert. Das Studio weiß, damit sie diesen unbekannten Titel wirklich, wirklich in das amerikanische Bewusstsein bekommen, müssten sie mindestens 40 Millionen Dollar für die Werbung ausgeben. Plötzlich muss der Film wenigstens 44 Millionen einspielen, damit er nicht als Verlust betrachtet wird. Wow.

Das Problem ist, es ist auch keine Zeit mehr da, um Mundpropaganda zu entwickeln, weil dein Film nicht sofort Geld macht und deshalb umgehend aus den Kinos rausgeschmissen wird, um Platz für andere Filme zu schaffen, die Geld machen. Es ist eine harte Schlacht, aber ich glaube, es weht der Wind der Veränderung. Etwas wird passieren. Irgendein junges Internet-Marketing-Genie wird mit etwas ankommen und plötzlich werden wir eine neue Quelle haben, der wir alle trauen können, wenn wir uns über Filme informieren wollen. Es wird etwas sein, dass vom Geschmack des Konsumenten diktiert wird und nicht von Kühlschrank-Managern. Es wird ein ausgeglichenes Spielfeld sein, wo alle Filme vorschlagen können und die besten Filme steigen an die Spitze, basierend auf landläufiger Meinung und unabhängig vom Werbebudget oder einer prominenten Besetzung. Das ist mein Traum und ich schicke ihn hiermit in das Universum.

Wirst du jemals einen Film in Deutschland machen?
Ich würde definitiv einen Film in Deutschland machen, wenn auch nur, um meine sich beschwerenden Neffen zum Schweigen zu bringen. Ich habe die Rechte an einem deutschen Buch und dieser Film sollte wirklich in Deutschland gedreht werden. Ich arbeite derzeit daran. Ich habe eine Gruppe von Investoren hier in den USA, an die ich mich wenden könnte, wenn ich einen Indie-Film machen möchte, der etwa eine Million Dollar kostet. Aber ich bin mir nicht sicher, ob sie willens sind, in eine deutsche Produktion zu investieren. Wir werden sehen. Mein Ziel ist es, die Story in Deutschland zu behalten.

Hast du je etwas von den Erfahrungen und Berichten der anderen Deutschen in den USA gehört?
Ich hatte nichts gehört. Ich hatte auch nie irgendwelche deutschen Filmemacher-Freunde, weil ich nie in der deutschen Filmindustrie gearbeitet habe. Ich nehme an, sie hatten schlimme Erfahrungen? Nun, sie sind nicht die einzigen. Es gibt sehr viele bekannte, aufstrebende und vielversprechende Regisseure aus aller Welt, die mit ihrer ersten Studio-Erfahrung kläglich scheiterten. Hast du je gehört, wie Guillermo Del Toro über seine Erfahrungen bei MIMIC (1997) spricht? Ich bin überrascht, dass er es wagte wieder einen Studiofilm zu machen. Ich denke, es ist ein bisschen wie Roulette spielen. Deine Chancen zu gewinnen sind so gut, wie auf Rot oder Schwarz zu setzen.

Wer sind deine Vorbilder und welchen Einfluss haben sie auf deine Sichtweise des Filmemachens?

Ich habe immer Lasse Hallström sehr gemocht. Er hat eine ruhige, sanfte Art des Geschichten Erzählens. Ich kann nicht glauben, dass sein wundervoller Film HACHI (auch bekannt als HACHIKO, 2009), es nie in die amerikanischen Kinos geschafft hat. Ein weiteres schändliches Ereignis in der aktuellen Filmgeschichte.

Ich liebe auch Michael Mann und mein filmischer Stil ist definitiv von ihm beeinflusst. In JOHNNY FLYNTON habe ich versucht den negativen Raum zwischen im Streit liegenden Charakteren zu nutzen, wie Michael Mann es in THE INSIDER (1999) tat. Völlig beeindruckt war ich ebenfalls von David Finchers Regietalent bei THE SOCIAL NETWORK (2010). Ich meine, das war ein Film über Computer-Nerds, der wirklich, wirklich langweilig hätte werden können. Aber er schaffte es, ihn aufregend zu machen.

Hast du einen Stil oder stilistische Vorlieben?

Weil ich inmitten von Schauspielern studiert habe, denke ich, ich bin mehr ein «Actor's Director», ein Regisseur der Schauspieler, als ein technischer. Das einzige filmische Werkzeug, das ich nutze, ist in Widescreen/Breitwand (2,35:1) zu drehen, damit ich, wie erwähnt, den negativen Raum zwischen Charakteren nutzen kann, die einen Konflikt haben.

Zum Beispiel hier: Im ersten Screenshot von GREEN STREET sind sich Bruder und Schwester (Elijah Wood und Claire Forlani) sehr fremd und haben eine schwierige Beziehung. Es ist Distanz zwischen ihnen und ich gehe oft soweit, dass ich absichtlich einen Charakter vom Rahmen oder Frame abschneiden lasse, wie hier Elijah Wood. Da setzt im Unterbewusstsein der Zuschauer ein sehr angespanntes Gefühl ein.

Im Laufe der Geschichte kommen sich Bruder und Schwester dann näher. Das stelle ich dar, indem ich die ehemaligen fremden und distanzierten

Charaktere nun in der Mitte des Frames zeige und jetzt treten sie gegen Gefahren und Konflikte, die von außen kommen, zusammen an.

Hast du noch Zeit regelmäßig ins Kino zu gehen?
Ich versuche oft ins Kino zu gehen, um meine Filmemacher-Kollegen zu unterstützen. 2010 haben mir gefallen: THE KIDS ARE ALL RIGHT (R.: Lisa Cholodenko, 2010), MOTHER AND CHILD (MÜTTER UND TÖCHTER, R.: Rodrigo García, 2009) und INCEPTION (R.: Christopher Nolan, 2010).

Was sind deine Lieblingsfilme?
Ich würde THE INSIDER von Michael Mann und GOOD WILL HUNTING (1998) von Gus Van Sant als meine absoluten Lieblingsfilme bezeichnen und hier ist etwas, das alle überraschen wird: Ich liebe, liebe, liebe die SISSI-Filme (R.: Ernst Marischka, 1955, 1956, 1957).

Ich habe auch eine Leidenschaft für Ottfried Fischer in PFARRER BRAUN (seit 2003). Nichts macht mich glücklicher als eine Episode dieser Serie zu sehen. Das ist der einzige Grund, warum ich eine Satellitenschüssel habe. Ich mache es offiziell und verkünde: Ich würde bei einer Folge dieser Serie kostenlos Regie führen, so sehr liebe ich sie.

Ein Schlusswort?
Was könnte ich sonst noch hinzufügen? Wie wäre es mit meinem Lieblingszitat:

> «If stories come to you, care for them. And learn to give them away where they are needed. Sometimes a person needs a story more than food to stay alive.»
>
> («Wenn Geschichten zu dir kommen, pflege sie. Und lerne sie dorthin zu verschenken, wo sie gebraucht werden. Manchmal braucht ein Mensch eine Geschichte mehr als Nahrung, um am Leben zu bleiben.»)
>
> *Barry Lopez (als Badger, in* CROW AND WEASEL*)*

Filmografie

2010	LIFTED
2008	PUNISHER: WAR ZONE
2005	GREEN STREET HOOLIGANS (auch bekannt als HOOLIGANS)
2002	JOHNNY FLYNTON (Kurzfilm)
2001	PITCHER PERFECT (Kurzfilm)
2001	FOOL PROOF (Kurzfilm)

Martin Weisz

Los Angeles, November 2010

Bitte erzähle zuerst etwas von deinem persönlichen Hintergrund.
Ich wurde am 27. März 1966 in Berlin geboren, bin verheiratet mit Cordula Weisz (geborene Betz) und habe zwei Kinder. Ich habe aber auch noch zwei Kinder aus erster Ehe.

Du hast mit Deiner Frau zusammen die Firma Weird Pictures gegründet, die Werbung und Musikvideos produziert. Auch bei Rohtenburg *war sie Produzentin. Wie ist das, praktisch jeden Tag zusammen zu arbeiten? Lässt sich so Arbeits- und Familienleben besser miteinander vereinbaren?*
Das fragen uns viele, weil üblicherweise Produzent und Regie immer ein Team sind, bei dem der Regisseur sagt: «Ich will mehr!», und der Produzent sagt: «Nein!» Normalerweise denkt man, ich bekomme vom Produzenten nicht, was ich brauche. Wenn es aber der Lebenspartner ist, dann weiß ich, dass sie mir das Maximum gibt. Wenn ich noch drei Filmrollen haben will und meine Frau sagt mir, wir haben es wirklich nicht, dann bin ich mir sicher, es ist so und es gibt keine Diskussionen. In dieser Hinsicht funktioniert es sehr gut, weil man ein Vertrauensverhältnis hat. Aber es ist natürlich ein sehr hektisches und sehr chaotisches Leben, weil man keinen Ruhepunkt hat. Wenn wir für den Job irgendwohin müssen, dann immer mit Kind und Kegel, d.h., die ganze Familie ist unterwegs. Wir drehen viel Werbung und Musikvideos und wenn wir da durch die Gegend fliegen, ist das immer mit den zwei Kindern. Aber dafür ist immer was los, sagen wir es mal so. Es macht aber auch viel Spaß. Außerdem ist es das, was man immer machen wollte. Wir beiden können uns es nicht mehr anders vorstellen.

Die Firma *Weird Pictures* gehört nur uns beiden. Wir haben sie seit 1996, um selber damit Werbung zu produzieren und wir produzieren jetzt auch unseren ersten Spielfilm damit. Bei Rohtenburg war Cordula auch Produzentin. Das war eine schöne Sache, weil es der erste Spielfilm war und es dabei ziemlich hilfreich ist, mit seiner Frau zusammen zu arbeiten. Das war schon eine ganz gute Sache.

Wie bist du zum Film und Filmemachen überhaupt gekommen?
Ganz normal, aber was ist schon normal. Ich habe angefangen mit freier Kunst, in Braunschweig an der HBK (Hochschule für Bildende Künste), das war glaube ich 1987. Ich habe dort angefangen und wollte eigentlich immer Industriedesign machen, also angewandte Kunst, aber ich hatte dort einen Rektor, der gesagt hat, dass er uns durchfallen lässt, wenn wir nicht zumindest ein anderes Fach belegen, außer dem, was wir machen wollen. Ich bin dann über meinen Kunstprofessor ziemlich schnell in die Bildhauerei und Malerei abgerutscht. Ich habe zwei Jahre lang frei gearbeitet, aber ich hatte immer wieder, auch durch das Industriedesign, Interesse an Medienkunst. Ich habe mich in der Medien-Klasse in Braunschweig eingeschrieben und habe dort zwei Semester studiert. Das war die Medienkunst und Filmklasse gewesen. Ich habe dort die erste Filmkamera überhaupt in den Händen gehabt, erste Sachen entwickelt und Kurzfilme gedreht. Aber immer sehr viel mit dem Medien-Kunst-Gedanken.

Durch die *Prix Ars Electronica*, wo ich etwas ausgestellt habe, kamen Leute auf mich zu sprechen und so bin ich mehr und mehr in diese Schiene gerutscht, bis ich dann irgendwann mein erstes Musikvideo für einen befreundeten Sänger und seine Band gedreht habe. Die *Metronome*, das Plattenlabel in Hamburg, hat mir gesagt, sie zahlen mir 5000 Mark für ein Video. Aber ich hatte eigentlich von Tuten und Blasen überhaupt keine Ahnung. Ich hatte nur Ahnung durch meine Filmklasse. Ich habe mir das Equipment, wie es alle machen, aus der Uni gemietet und bin am Wochenende mit den Jungs raus zu einem Baggersee gefahren und habe dort ein Video gedreht. Terry Hoax «Policy of Truth», das war 1991 mein erstes Musikvideo. Das war eigentlich unglaublich, denn damit fing alles an.

Witzigerweise kam mein erstes Video, das ich je gedreht hatte, direkt bei MTV auf Heavy Rotation. Das war totaler Zufall. Das Plattenlabel *Metronome* war begeistert ein Video auf Heavy Rotation zu haben und dann haben die mich eingeladen. Die Firma war eine Tochterfirma von der *Polygram* und ich habe mich mit denen hingesetzt. Die meinten, es wäre erst ihr drittes Video, das sie je auf Rotation hätten. Sie hätten da noch eine andere Band, aus Hannover übrigens, die nennt sich *Fury in the Slaughterhouse*. Ich habe also mein zweites Video für die gemacht und dafür haben sie mir schon 15.000 Mark gegeben. Das war für mich, ich war 26 oder so, eine Menge Geld. Ich dachte: Wow, wie jetzt? Damit kann man Geld verdienen? Das ist ja unglaublich!

Ich habe es also gemacht und es kam wieder auf Heavy Rotation. Das war eine unglaubliche Erfolgsquote. Daraufhin haben sie mir gleich das nächste gegeben. Von da an ging das so schnell. Ich habe auf meiner Uni auf einer Arschbacke noch ein Semester weiter durchgezogen, aber ich habe dann nie wirklich abgeschlossen. Das war spannend. Ich habe nach den ersten fünf oder sechs Jobs gemerkt, dass ich einfach Lust dazu hatte. Ich bin also einfach reingerutscht.

Ich hatte damals meine erste Company bei einem Kumpel im Kelleratelier gegründet. Die nannte sich *Weisz & Friends*, weil ich eigentlich allein war und für die Jobs meine Freunde beschäftigt habe. Wir haben das erste Jahr zehn oder 15 Videos gedreht. Wir haben dann im nächsten Jahr einen alten Freund, Torben Ferkau, als Partner dazu genommen. Der hat dort produziert. Wir haben relativ schnell noch andere Regisseure dazu genommen, den Fritz Flieder, Andreas Kiddess und noch einen neuen Produzenten.

Und auf einmal explodierte das total. Es kam VIVA und es wurden Musikvideos ohne Ende gedreht. Jede Plattenfirma wollte eins haben. Wir hatten also ziemlich schnell einen Fulltime-Job. Wir haben ein großes Büro gemietet und die Company wurde größer und größer. Mehr und mehr wurde im Ausland gedreht. Wir haben die ersten vier Jahre nur durchgehend gearbeitet.

Irgendwann kam auch die erste Werbefirma auf uns zu, die *Markenfilm* aus Hamburg. Die hatte mir einen Ein-Jahres-Deal angeboten, den ich auch gemacht habe. So sind wir auch in die Commercials reingerutscht. Das ging alles immer ziemlich einfach und schmerzlos.

Das einzige woran ich mich erinnern kann, ist, dass wir tierisch viel gearbeitet haben, dass wir für gar nichts Zeit hatten. Das war ein Job nach dem anderen, jahrelang. Das gibt es heute wohl nicht mehr so. Das war damals eine andere Zeit.

War einen Spielfilm zu machen schon länger ein Wunsch von dir?
Ich habe in den Videos angefangen auch immer eine Story zu erzählen. Das ist mir selber gar nicht so aufgefallen, aber die Leute sagten zu mir, ich drehe immer diese kleinen Filmchen. Also kam die Frage: Hast du Interesse mal einen Film zu drehen? Natürlich hatte ich das. Ich habe drei oder vier Kurzfilme gedreht, aus denen wir auch Musikvideos geschnitten haben. Und wir haben die Filme bei Kurzfilmfestivals eingereicht.

Ich hatte aber von Anfang an den Traum einen Film zu machen. Wenn du damit anfängst und Regie machst, dann haben natürlich 99% der Leute den Wunsch, einen Film zu drehen. Außerdem habe ich schnell gemerkt, dass ich größtes Interesse daran hatte, Geschichten zu erzählen. Es war für mich spannend zu schauen, wie man diese Emotionen, Charaktere und Menschlichkeit rüberbringen kann. Das hat mich immer fasziniert und interessiert.

Ich habe also schon seit langer Zeit an Drehbüchern gearbeitet und wollte eigentlich immer einen Film drehen. Wir haben auch angefangen daran zu arbeiten. Wir haben gesagt, ja wir machen den und versuchen schon zu casten, aber um ganz ehrlich zu sein, der Grund warum wir es nie gemacht haben, war, weil wir extrem beschäftigt waren. Wir hatten mal eine Woche Zeit und haben herumgesponnen, wir drehen ihn, aber dann kam der nächste Job und da ging es weiter mit den Videos.

Als wir dann später nach Los Angeles gezogen sind, kam innerhalb eines Monats eine Firma direkt auf mich zu und hat gesagt, sie würden mich gerne für Musikvideos und Commercials vertreten. Ich habe bei denen unterschrieben und sie haben mir einen Manager besorgt. Die Person, die sie mir zugeteilt haben, ist bei AMG gelandet, was eine Riesen-Management-Company gewesen ist. Das war mein erstes ‹Signing› im Filmbereich. Die haben mir damals schon ständig Drehbücher angeboten, aber das waren nie die Sachen, die ich machen wollte. Damals war es auch so, dass ich gesagt habe, hey, ich muss es nicht übers Knie brechen einen Film zu drehen, nur um einen Film zu drehen. Ich habe erst einmal versucht dort drüben in Sachen Werbung und Musikvideos Fuß zu fassen.

Die ersten Drehbücher sind sowieso anders als das, was man sich vorgestellt hat, weil man zwar ständig welche zugeschickt bekommt, das aber teilweise sehr kommerzielle Projekte gewesen waren. Ich wusste nicht, ob ich das wollte. Ich hatte damals THE CROW – Teil 2 oder 3 geschickt bekommen. Sie wollten, dass ich es mache, aber ich habe es in letzter Sekunde wieder abgesagt. Ich war mir nicht sicher, ob es das richtige war.

Was ist 60 SECONDS (2002) für ein Film?

Das ist der erste Kurzfilm, den ich in L.A. gemacht hatte. 60 SECONDS haben wir zum Spaß gedreht. Ich habe den Film selber geschrieben und Cordula hatte den auch schon produziert. Wir wollten schauen, ob wir das alles selber machen können. Wir hatten nämlich die Idee, ob wir nicht auch einen ganzen Spielfilm selber drehen.

Wie bist zum Film ROHTENBURG (2006) gekommen?

Wie die auf mich gekommen sind, weiß ich auch nicht, aber wahrscheinlich weil Marco Weber, der Produzent von Senator Film, und ich, einen gemeinsamen Bekannten haben. Marco fand meine Arbeiten gut und meinte, wir müssen einen Film zusammen drehen. Wir hatten vorher ein Projekt zusammen: 20 KEYS, eigentlich ein Superprojekt, dass ich mal wieder aufstöbern will, weil ich das geliebt habe. Aber es hat nicht geklappt. Zwei Monate vor dem Dreh ist es wegen der Finanzierung geplatzt. Es gab bestimmt zehn oder 15 Projekte die nicht geklappt haben. Es ist eben schwierig bis ein Film wirklich zum Dreh kommt. Und bei einem Independentfilm kann eine Menge passieren.

Das Angebot für ROHTENBURG kam aber überraschend. Wir waren gerade in Spanien im Urlaub, mit der ganzen Familie. Ich bekam einen Anruf von Marco,

Martin Weisz

Martin Weisz (links mit Viewfinder) bei den Dreharbeiten von Rohtenburg

ob ich Zeit und Lust hätte einen Film mit ihm zu drehen. Er hätte da etwas, was er unbedingt drehen will, es ist finanziert, es soll sofort losgehen.

Er sollte mir das Drehbuch mal rüber schicken, aber als ich gesehen habe, worum es ging, habe ich gesagt: Ach nee, ich weiß nicht. Das ist nicht mein Ding. Er hat mich gefragt, ob ich es schon gelesen habe. Ich: Nein, allein wegen des Themas hätte ich kein Interesse dran. Er meinte aber, ich müsse es lesen, was ich getan habe. Es hat mich wirklich überrascht, dass es anders war, als das, was ich erwartet habe. Ich hatte erwartet, vermutlich wie die meisten Kritiker, einen Hannibal-Lector-Horrorfilm zu sehen und war überrascht, dass es eher eine Charakterstudie und eine Lovestory war. Ich fand es dann extrem spannend, weil es so anders war. Ich hatte zurückgeschrieben und es hieß sofort, lass uns treffen.

Wir haben dann, weil es mit dem ersten Drehbuch Probleme gab, ein neues geschrieben. Wir haben uns einen neuen Autor genommen, den T. S. Faull, und angefangen, es neu zu erarbeiten. Das ging alles superschnell. Wir haben das neue Drehbuch innerhalb von sechs Wochen fertiggestellt und zwei Wochen später ging es auf die Reise. Während des Schreibens haben wir gecastet und ich finde, wir haben einen super Cast bekommen. Das lag wohl auch daran, dass das Script sehr unerwartet war. Deshalb waren wohl alle im Team daran interessiert. Wir kamen im Januar 2005 in Deutschland an, das war ein schöner Schock, im Schnee, und wir haben im März angefangen zu drehen. Das ging alles ruckzuck.

War es schwer einen Genrefilm dieser Art in Deutschland zu produzieren?
Ehrlich gesagt, war es ziemlich einfach, weil das Geld von einem privaten Finanzier kam. D.h. Marco hatte Kontakt zu einem Finanzier und der fand das Thema interessant und hat deshalb das Geld zur Verfügung gestellt. Wir haben null Filmförderung oder irgendwelche Pre-Sales machen müssen, wir haben einfach das Geld bekommen und den Film gemacht.

Warum hat der Film massive Veränderungen durchgemacht? Eine Nebenfigur (Nikolai Kinski) wurde ganz und ca. 20 Minuten an Material von Keri Russell wurden aus der finalen Fassung entfernt.
Das hängt mit den anderen Sachen zusammen, die passiert sind. Der Film sollte eigentlich nur ein kleines Arthouse-Movie sein. Das Budget war insgesamt ca. 1,5 Millionen Euro und letztendlich hat niemand mit dem Film groß gerechnet. Es sollte nur ein kleiner Film über diese beiden Personen, eine bizarre Lovestory, sein. Während wir gedreht haben, kam diese ganze Presse auf. Es gab schon ohne Ende Leute, die das alles auf den Armin-Meiwes-Fall (der sogenannte «Kannibale von Rotenburg») zurückgeführt haben. Aber das Originaldrehbuch hatte viel mehr mit Keri Russells Charakter und dem von Nikolai Kinski und deren parallele Geschichte zu tun.

Aber durch diese ganze Auseinandersetzung mit dem Meiwes-Fall und der Presse, die wir schon bekommen hatten, fanden unsere Produzenten die Publicity natürlich gut. Sie sind später, als wir mit dem drehen fertig waren und in Los Angeles den Schnitt gemacht haben, auf die Presse eingegangen. Es wurden schon Interviewtermine mit Thomas Kretschmann und Thomas Huber gemacht. Die Produzenten haben sich mehr und mehr darauf eingestellt, mit dem Film wirklich Geld zu verdienen, also eine kommerziellere Schiene einzuschlagen.

Der Film wurde dann als zu lang für das harte Thema empfunden und man wollte ihn kommerzieller machen. Das war eine Produzenten-Entscheidung, also haben sie entschieden, ihn zu kürzen. In meiner Schnittfassung war er 125 Minuten lang, ihn also runter auf 90 zu bringen waren 35 Minuten! Das ist eine Menge Material, das da herausgeschnitten wurde. Da ging es eigentlich nur um Nikolai Kinski und Keri Russell, weil man die Story von den beiden Jungs natürlich nicht herausschneiden konnte. Sie haben also das meiste aus der Keri-Story herausgeschnitten und aus der Kindheit der beiden Männer, Oliver und Simon.

Ich finde das sehr schade, weil ich einen Film gemacht habe, der komplett anders aussah. Aber na ja, wenn du deinen ersten Film machst, hat man als Regisseur kaum eine Chance. Es sei denn, man hat den Final Cut, was vielleicht Martin Scorsese oder Steven Spielberg in manchen Projekten haben, aber es ist schwierig ihn zu bekommen, erst recht als «First Timer». Deshalb konnten die Produzenten

Martin Weisz (rechts) und sein Hauptdarsteller aus ROHTENBURG: *Thomas Kretschmann*

im Grunde genommen damit machen was sie wollten. Man kann dann sagen: «Ich finde das nicht schön.», was ich auch getan habe, aber letztendlich haben sie die Macht und sie haben die Entscheidung getroffen es kürzer zu schneiden. Anschließend haben sie gemerkt, dass die Figur von Nikolai nicht mehr viel bringt, da dachten sie, dann kann man ihn auch ganz herausschneiden. Damit haben sie die ganze Geschichte zwischen Nikolai und Keri verloren, was sehr schade ist.

Das ist als Regisseur hart. Man hat sein Baby, hat ein Jahr daran gearbeitet und natürlich regt man sich auf. Es gab ziemlichen Stress, denn ich habe darum gekämpft meine Schnittfassung durchzusetzen. Es ging hin und her, aber da ich keine Chance hatte, musste man sich letztendlich damit abfinden. Man hat ja keine Wahl.

Um den Film gab es juristische Auseinandersetzungen.
Der Film war irgendwann fertiggestellt, alles war wunderbar, man hatte sich damit abgefunden. Der Film sollte dann in Deutschland auf 300 Leinwänden herauskommen, was ziemlich viel ist. Senator hat auch Werbung gemacht, Plakate gedruckt, eine Synchronisation und die Kopien hergestellt. Die haben viel Geld dafür ausgegeben. Es gab eine Premiere, wir sind nach Deutschland geflogen, wir waren auch bei meiner Familie, meine Eltern besuchen usw., und eine Woche vor dem Start kamen auf einmal diese Anrufe, dass das alles gestoppt wird. Es gäbe

da eine Klage vom Anwalt des Armin Meiwes (aufgrund der angeblichen Verletzung von Persönlichkeitsrechten).

Das war ein ziemlicher Schlag ins Gesicht, aber ich hatte als Regisseur damit nicht so viel zu tun. Diese ganzen Gespräche zwischen Senator und den Anwälten vom Meiwes, das habe ich alles gar nicht so sehr mitbekommen, weil ich schon mehrere Angebote für andere Filme hatte. Das war für mich alles total neu. Dann haben sie es wirklich hinbekommen, den Film und den Kinostart zu stoppen. Sie haben den Film nicht verboten, sondern sie haben gesagt, bevor es nicht geregelt ist, wer da Recht hat und wer nicht, gibt es die Entscheidung ihn momentan nicht zu zeigen. Das war für Senator ein ziemlicher Hammer, wegen der ganzen Kosten für das Marketing, die Kopien, usw., deshalb sind sie auch in die nächsthöheren Instanzen gegangen und haben gesagt, sie werden das schon irgendwie hinbekommen.

Im Ausland galt das «Verbot» aber nicht. Der Film kursierte also weltweit und erregte auf Festivals Aufsehen, wo er auch diverse Preise gewann.
In Amerika gab es ein paar Käufer, die wegen des Ärgers in Deutschland zurückgetreten sind. Von den ganzen Märkten, die den Film hätten haben wollen, gab es am Schluss nur noch drei oder vier, die gesagt haben, es ist ihnen egal, sie werden den Film zeigen.

Was dann kam, habe ich nicht mehr so mitbekommen, weil die Produktion von THE HILLS HAVE EYES II begann. Drei Wochen nachdem ich aus Deutschland zurück war, bin ich nach Marokko geflogen. Sie haben mich immer auf den neuesten Stand gebracht, aber ich hatte schon viel Stress mit dem neuen Film. Sie haben mir immer gesagt, sie gehen in die nächste Instanz, aber das ging drei Jahre so. Der Film kam in der Zeit in Japan, Spanien, England, Australien und anderswo heraus.

Der Film hieß früher übrigens immer BUTTERFLY. Da gibt es eine Szene im Film, in der es heißt: «We look like a butterfly.» Es gab eine Einstellung der Wand, wo der Schatten von den beiden wie der eines Schmetterlings aussah. Aber dann gab es von den Anwälten vom Film THE BUTTERFLY EFFECT (R.: Eric Bress, J. Mackye Gruber, 2004) einen Brief, dass wir den Namen nicht benutzen dürfen. Also mussten wir ihn ändern. Da haben die Produzenten gesagt, wir nennen ihn «Rotenburg», wegen der Stadt. Aber ich dachte schon, dass wird nicht passieren, das ist Schwachsinn. Und siehe da, die Stadt Rotenburg hat den Titel zwei Wochen später auch wieder zurückgewiesen. Da gab es wieder Briefe von den Anwälten. Also musste der Titel erneut geändert werden, diesmal in GRIMM LOVE. Das wurde der internationale Titel. Der Film hatte also drei Titel und die Kopien mussten auch dreimal geändert werden. In Deutschland hieß er letztendlich dann doch ROHTENBURG (mit ‹H› wie ‹Roh› als Wortspiel).

Warst du stets darüber informiert, wann er wo lief?
Nein, ehrlich gesagt nicht. Wir waren ja drei Monate in Marokko. Alles was die Produzenten mit Festivals gemacht haben, war genau zur Drehzeit von THE HILLS HAVE EYES II. Als wir den Preis vom Festival in Sitges, Spanien gewonnen haben, war das mein letzter Drehtag von HILLS. Es sollte eigentlich so sein, dass die mich übers Wochenende rüberfliegen, aber es ging irgendwie nicht wegen des Drehplans. Das wäre zu knapp geworden. Ich wäre rübergeflogen und hätte die Filmpreisverleihung mitgemacht, hätte dann aber gleich wieder direkt zurückfliegen müssen. Ich hätte nur ca. vier Stunden Zeit gehabt, weil es nur zwei Flugverbindungen zu diesem kleinen Kaff gab, wo wir gedreht haben.

Dann haben wir es so gemacht, dass die Produzenten mich angerufen haben. Ich war beim drehen, mein Assistent hat mir mein Telefon gebracht, die Produzenten waren gerade auf der Bühne zur Preisverleihung und haben das Telefon an das Mikrofon gehalten. Ich stand da blöd am Set in Marokko, mit allen Schauspielern um mich herum, die sich gefragt haben, was da los ist. Ich musste eine Rede an die Zuschauer halten, die ich nicht sehen konnte. Es war eine schlechte Verbindung, aber ich habe die Zuschauer Beifall klatschen gehört. Das war eigentlich ganz witzig. Ich habe also in Sitges den Preis für die «Beste Regie» bekommen. Das war eine doppelte Freude.

Kamen relativ schnell Anfragen und Angebote aus den USA oder wie lange dauerte das?
Es gab mehrere Anfragen und Angebote, aber ich kann mich nicht mehr wirklich an Details erinnern. Es gab ein gutes Drehbuch namens VILLAIN. Meine Agenten bei Endeavour hatten das von einem neuen, jungen Autor: Joshua Zetumer. Das war ein unglaubliches Drehbuch, der Hammer und ich hätte das total gerne gemacht.

Zwei Wochen später oder so kam direkt von Marianne Maddalena, der Partnerin von Wes Craven, das Drehbuch zu THE HILLS HAVE EYES II. Wes hatte GRIMM LOVE gesehen und fand ihn super. Er meinte, ich solle HILLS machen und hatte mir das Script zugeschickt. Das Drehbuch war ehrlich gesagt ziemlich cool. Ich habe es geliebt, weil alles mit dem Militär und in den Untergrundminen ablief. Ich dachte mir, wenn ich das gut mache, alles in Dunkelheit und wie ALIEN (R.: Ridley Scott, 1979) mit viel Gegenlicht und schön atmosphärisch, daraus könnte man was Ordentliches machen und damit einen Schritt weiter kommen. Aber das war meine zweite Erfahrung des Lebens. Nach dem ersten Film, der gebannt wurde, kam ein Studioprojekt mit so vielen Produzenten. Es war das nächste Erwachen, damit umzugehen, auf einmal fünf Köche zu haben, die dir alle erzählen was dazu gehört und alle eine andere Meinung haben. Die jeden

Tag zu dir kommen und dir sagen: «Das muss so gemacht werden und das so.» Irgendwann ist man dann total entnervt.

Aber von Anfang an: Nach dem Angebot hatte ich mich mit denen getroffen, denn vom Drehbuch her war es ein Superprojekt, aber das ist es meistens. Das Drehbuch ist am Anfang gut, man denkt, da kann man was daraus machen. Mein Manager und mein Agent haben mir dazu geraten, es sei gut, mal einen Studiofilm zu machen. Der Film hatte einen sicheren Starttermin, er sollte auf 2500 Leinwänden herauskommen, er hat ein gutes Marketingbudget, was heutzutage auch extrem wichtig ist. Du kannst gerne einen Film drehen, aber wenn du kein Marketingbudget hast, wird den Film niemand sehen. Nach meinem ersten Film, den keiner gesehen hat, wäre es nicht schlecht, auch mal einen Film zu machen, den man überall sehen kann und der auch sicher in die Kinos kommt. Das war auch der Anreiz, denn nach dem ersten Film, ein kleines Arthouse-Movie, jetzt mal ein Popcorn-Movie. Wenn die mir anbieten, den für 15 Millionen zu drehen, dann drehe ich das mal. Dahingehend war das total interessant und eine super Erfahrung. Es war auch ein toller Einstieg, weil man sehen muss, macht so etwas Geld oder nicht.

Stört es dich, dass es ‹nur› ein Sequel zu einem Remake ist und kein originärer Stoff?
Ob das ein Sequel war oder nicht, war mir total egal. Es gibt ohne Ende Franchises und Sequels dort. Und irgendwo muss man auch mal in eine Studioproduktion einsteigen. Es war mir nicht so wichtig.

Zwischen ROHTENBURG *und* THE HILLS HAVE EYES II *verging scheinbar nicht viel Zeit. War das Projekt bereits vorbereitet und hatte schon grünes Licht?*
Ja, das war komplett fertig. Bei Sequels ist es oft so. Wes Craven hatte einen «Negative Pick-up-Deal» mit einem Studio. Er macht das Drehbuch fertig, die zahlen das Geld und dann kann er drehen wie er es will. Er liefert den Film ab und die haben eigentlich nichts kreativ da zu melden. Die haben zwar immer wieder Sachen gesagt, lasst uns das so oder so machen, aber letztendlich haben Wes und seine Company Craven/Maddalena Films die ganze Macht. Wes liefert nur am Ende das Filmnegativ ab. Fox hat nichts zu sagen, zum Schnitt oder was auch immer. Der perfekte Deal, den sich jeder wünscht.

Ich habe mich einmal mit den Produzenten von der Firma von Wes getroffen. Marianne Maddalena und Peter Locke. Locke ist jemand, der damals den ersten Film mit Wes gemacht hat, als Schauspieler und Produzent, den originalen THE HILLS HAVE EYES (HÜGEL DER BLUTIGEN AUGEN, 1977) von Wes Craven selbst, und auch Teil 2, THE HILLS HAVE EYES – PART II (IM TODESTAL DER WÖLFE, 1985). Dadurch dass er damals Producer war, hatte er einen Vertrag, dass er alle Rechte an den folgenden Filmen wie Sequels, Remakes oder was auch immer

Produzentin Marianne Maddalena und Martin Weisz am Set in Marokko

hatte. Marianne als Partner von Wes Craven war aber die Produzentin, mit der ich wirklich zu tun hatte. Ich habe mich also mit ihnen getroffen und sie fanden das Meeting gut. Fünf Tage später haben sie sich mit Wes getroffen und ihm erzählt, wie ich den Film drehen wollte. Wes fand alles gut und dann haben die mich bei Fox direkt als Regisseur vorgestellt. Die haben gesagt, ja, er ist toll, lasst uns anfangen. Vier Wochen später stand ich schon in Marokko. Erst einmal eine Woche um nach Drehorten zu suchen und dann zurück für ca. zwei Wochen nach L.A. zum Casting. Danach bin ich mit Kind und Kegel für ein paar Monate nach Marokko gegangen.

Das war wohl auch die Idee: in Marokko so weit wie möglich von Fox entfernt zu sein. Keiner vom Studio kommt jemals da raus, d.h. sie können da machen was sie wollen. Letztendlich ist man da auch im totalen Nirwana, abgeschnitten von allem. Man kann seinen Agenten ab und zu mal über das Telefon erreichen, aber sonst? Das war spannend, reizvoll und ein cooles Abenteuer. Sie haben ja schon den ersten Film dort gedreht, das erste Remake THE HILLS HAVE EYES (2006, R.: Alexandre Aja).

Das ging alles so schnell. Innerhalb von zwei Wochen musste der Vertrag unterschrieben sein, damit alles klappt. Es musste alles Non-DGA laufen, es war also kein Film über die Gewerkschaft, sonst würden sie es nicht machen. Es waren viele knallharte Voraussetzungen, aber alle haben immer wieder gesagt, das wird gut, also bin ich auch ein bisschen reingeschubst worden. Irgendwann hat man sich schon gewundert: Wes war nicht da, denn er hatte damals noch seinen eigenen Film BUG (später, 2009/2010 als MY SOUL TO TAKE realisiert) und sein Sohn Jonathan Craven hat das Drehbuch zu Ende gebracht.

Als ich da war, war alles ein bisschen komisch, weil man mit Wes überhaupt nichts mehr zu tun hatte, aber das ist wohl auch Absicht gewesen. Jetzt im Nachhinein weiss man mehr und versteht wie die solche Projekte durchziehen. Sie warten, bis Wes einen Film hat und dann ziehen sie auch los und machen die anderen Projekte der Firma, damit er nicht dabei ist.

Am Anfang, ich habe es nicht mitbekommen, weil alles so gut lief, da gingen hinter den Kulissen irgendwelche Sachen zwischen den ganzen Produzenten ab. Zusammen mit Wes und seinem Sohn als Autoren – da gab es viele Köche am Brei, die alle was anderes wollten. Es lief aber gut, wir haben unseren Drehplan eingehalten, alles war cool und wir hatten mit dem jungen Cast viel Spaß.

Bis es eines Tages hieß, dass Wes vorbei kommt. Da waren die Produzenten alle total aus dem Häuschen. Ich wusste nicht wieso, ich dachte nur, ist doch okay. Er war zu mir bisher immer ganz nett gewesen, es war alles ganz leicht. Ich meinte, er dreht doch einen Film, aber die sagten, sein Film wäre verschoben. Er kam also raus, wir haben ein Meeting gemacht, alles war wunderbar. Aber die ganzen anderen Produzenten waren total nervös, weil er für den nächsten Morgen noch ein Meeting anberaumt hatte. Es ging darum, wer die ganzen Szenen des Drehbuchs verändert hatte. Die anderen Produzenten sagten, ich wäre das gewesen. Ich: Wie bitte? Ich habe damit gar nichts zu tun, das waren die Produzenten. Die haben mit dem Finger auf die jeweils anderen gezeigt, aber letztendlich hieß es immer: Martin, Martin, Martin. Irgendwann dachte ich, wisst ihr was? Ist mir egal! Wes hat dann gesagt, es spielt keine Rolle, lasst uns das ändern und weitermachen. Er hat 12 Seiten neu umgeschrieben, sechs davon hatten wir schon gedreht. Die mussten also noch einmal gedreht werden. Ich konnte das alles nicht fassen!

Wir waren dann im Drehplan zwei Tage zurück. Der Drehplan wurde jeden Tag geändert, die Szenen neu einstudiert. Ab da war jeden Tag nur noch Chaos. Viele aus dem Team, meine Darsteller und meine Crew, haben sich auch gefragt, was zur Hölle wir da eigentlich machen? Das wäre wie im Kindergarten.

Die Produzenten haben sich untereinander weiter in die Haare bekommen und die Schauspieler wurden aus ihren Charakteren herausgerissen. Ich drehte mit ihnen und versuchte das so beizubehalten, wie wir es die Hälfte des Drehs schon hatten und dann kam Wes und sagte nein, so hätte er sich die Figuren aber nicht vorgestellt, wir drehen das jetzt mal so. Das war einfach ein einziges Desaster.

Am Anfang wollte mein Agent ja noch mit dem Alexandre Aja reden, um zu erfahren, wie das beim letzten Mal alles so gelaufen ist, aber der war immer beschäftigt. Wir haben dann später erst mitbekommen, dass es im Jahr zuvor beim Dreh des ersten Remakes genauso abgelaufen ist. Die Crew, die ein Jahr zuvor beim Dreh des ersten Films dabei war, hat gesagt, es war das gleiche Desaster, nur dass Wes zu dem Zeitpunkt seinen RED EYE (2005) gedreht hatte und wirklich nicht da war. Aber, so habe ich das mitbekommen, umso mehr gab es dann danach den totalen Stress und deshalb hat Wes nun von vornherein gesagt, dieses Mal macht er es anders.

Sie haben mir z.B. gesagt, ich könne mit meiner Cutterin Sue Blainey meinen Film fertig schneiden, meinen Director's Cut erstellen, mit meinem Material, so wie ich ihn zu Ende stellen wollte. Aber die haben von Anfang an mit ihrem Team eine eigene Version geschnitten. Wes hatte von Anfang an seinen eigenen Cutter (Kirk M. Morri) in Los Angeles. Das ist, was viele Menschen nicht verstehen. Die denken, der Regisseur hat alle Strippen in der Hand und ist der Chef. Bei einem Studiodreh ist man aber, gerade wenn man es mit einem zu tun hat wie Wes, der selber Regisseur und Autor ist und einen «Negative-Pick up-Deal» hat, nur angeheuert. Man macht seine Fassung und keinen interessiert es.

Alle machten, was sie wollten, es gab total viele Nachdrehs, wo sie ohne mich komplett neues Material gedreht haben, was überhaupt nichts mit dem Film zu tun hatte, für den ich unterschrieben hatte. Diese Szenen haben den Film komplett in etwas Slapstickhaftes und Schlechtes verwandelt. Das war schon erschreckend, weil wir auch beim Schnitt ein gutes Ergebnis erzielt haben und einen guten Film hatten.

Wir haben von den anderen gar nichts gesehen, wir haben nur von unserem Cast mitbekommen, dass das alles eine Katastrophe ist, was die noch nachgedreht und nachvertont haben. Wir hatten unsere Fassung weitergeschnitten und haben uns gefragt: Warum eigentlich? Der Film ist doch gut!

Es kam raus, dass Wes das Script von Anfang an gar nicht so drehen wollte, wie es sein Sohn geschrieben hatte. Im Grunde hat er versucht, seine eigene Drehbuchfassung wieder zu erstellen und seine Art von Horror-Comedy mit reinzubringen, mit lustigen «Hahaha-haste-nicht-gehört»-Elementen. Das war überhaupt nicht der Film, den ich machen wollte und sollte. Wir wollten einen ehrlichen und harten Film machen.

Sechs Wochen vor dem Release haben sie gesagt, sie hätten ihre Fassung fertig, sie würden sie mir zeigen wollen. Meine Cutterin ist nach der Hälfte rausgegangen. Die war so angepisst, die fragte nur: Was zur Hölle ist das? Das hat nichts mit uns zu tun. Das war so verschnitten, so lieblos, so ohne Verstand für irgendwelche Szenen und einfach so zusammengekleistert.

Das war schon schade, denn eigentlich war alles super gedreht. Wir hatten die Szenen schön aufgelöst, hatten gutes Material, coole Szenen. Als wir durch-

Martin Weisz (ganz links) beim drehen einer Effekteinstellung, die aus seiner Wunschfassung entfernt werden musste

gedreht sind und auch gesagt haben, das sei eine Frechheit, haben sie dann noch eingelenkt, weil sie nicht wollten, dass das an die Öffentlichkeit kommt. Es ist immer schlechte Publicity für einen Film, wenn der Regisseur seinen Namen wegnimmt und keinerlei Werbung dafür macht. Sie haben also eingelenkt, sich meine Version angeschaut und dann doch noch, zwei Wochen vor Schluss, mehrere Teile von unserem Schnitt übernommen. Ich muss sagen, das hat den Film ein bisschen gerettet. Hätten sie den Film gezeigt, den sie zuerst geschnitten haben, wäre das ein Oberdesaster gewesen.

Hättest du deinen Namen zurückgezogen, wenn sie den Film in ihrer eigenen Fassung herausgebracht hätten?

Das war die erste Reaktion, die wir ihnen übermittelt haben, nachdem wir den ersten Schnitt von ihnen gesehen hatten und zum Glück haben sie eingelenkt. Ansonsten wäre es, glaube ich, schon zu einem Problem geworden.

Wie war das hinterher für dich?

Bei der Premiere und wann ich immer die Sachen von denen gesehen habe, tat das weh, weil es einfach schlecht ist. Man fragt sich immer: Warum? Das hätte ein viel besserer Film sein können. Aber es war eine wichtige Erfahrung, ich habe viel gelernt. Es reicht eben nicht aus, einen guten Dreh zu machen und was abzuliefern. Letztendlich sind es die Leute, die dahinter stehen, die so einen Film komplett zerstören können. Die haben die Macht und sie können sagen, genauso wird es gemacht und dann wird es eben so gemacht.

Was aber noch erstaunlicher als alles andere war: Der Film hat sogar noch Geld verdient. Ich dachte nur: Wow! Aber ich finde, man hätte viel mehr Geld mit ihm verdienen können. Trotzdem war es erstaunlich, dass er allein in den USA 20 Millionen eingespielt hat, weltweit dann 35 oder 37 Millionen Dollar. Also fast 40 Millionen. Und auf DVD erst. Nach vier Wochen war er schon bei ca. 27 Millionen. Dann gab es keine Zahlen mehr. Warum, weiß ich auch nicht. Die

Zahlen für den Heimvideomarkt wurden gestoppt. Ich glaube schon, mit TV und allem hat er bestimmt insgesamt um die 70 Millionen verdient.

Wir haben das Ding für 15 Millionen Dollar gedreht, minus «the top». Wir haben ihn also für ca. acht Millionen «below the line» gedreht und die haben damit einen ganz guten Schnitt gemacht. Ich glaube, es war einer der wenigen Filme von Fox Atomic (2006–2009), der für sie Geld verdient hat. Es war also gut einen Film draußen zu haben, der fett plakatiert und beworben wurde, weltweit rauskommt und Geld macht. Dahingehend war das schon eine gute Erfahrung, zu lernen, wie das alles abläuft und funktioniert, aber auch enttäuschend zu sehen, wie das System diese Sachen durchzieht.

Die haben sogar die Farbbestimmung, was eines der wichtigsten Sachen ist, auch noch total versaut. Der Film sah noch nicht mal gut aus, obwohl wir ihn sehr visuell gedreht hatten. Die haben nicht mal den DP (Director of Photography, der Chefkameramann) Sam Mc-Curdy oder mich in die Farbbestimmung

Martin Weisz (links) und DP Sam McCurdy bei den Außenaufnahmen

reingenommen. Die haben den Film vom Colourist ohne Aufsicht einfach bearbeiten lassen. Das war unglaublich, aber so läuft das bei denen eben ab.

Wie war sonst die Arbeit mit Wes Craven?

Ich habe ihn anfangs kaum gesehen und als er ans Set kam, habe ich ihn auch kaum gesehen. Er hat immer sein Ding gemacht, seine Überarbeitungen des Drehbuches und uns neue Seiten gegeben. Er ist alle drei Tage mit ein paar Schauspielern irgendwo hingegangen und hatte neue Szenen und neue Dialoge so gedreht, wie er sie haben wollte.

Hast du dich deshalb zum Film nicht viel und vor allem ausführlich geäußert? Warum gibt es z.B. keinen Audiokommentar von dir zum Film?

Natürlich nicht, weil es diesen Stress gab. Die hatten dann Angst, dass ich was sage. Die haben später alles hinter einem netten Tuch versteckt. Auf der Pressekonferenz wurde immer alles schön auseinander gehalten. Damit ich da niemals

Mist erzähle. Aber sie haben sich schon ziemlich daneben benommen. Wie sie das durchgezogen haben, war schon ziemlich peinlich.

Kannst du noch irgendwas vom Dreh in Marokko erzählen?
Praktisch jeder aus Cast und Crew musste durch die Super-Marokko-Bakterien-Rache, also harter Durchfall für drei Tage, manche sogar zweimal. Wir nannten das «The Zaat», aufgrund des Namens des Drehortes Quarzazate. Teilweise war morgens die Abfahrt mit den Autos immer ein Wartespiel:

Q: «Hey, where is Tom?»
A: «He has the Zaat.»
Q: «And Michael?»
A: «Zaat.»
Q: «Shit.»
A: «Yes, I know.»

Das war teilweise schon sehr lustig. Wir hatten z.B. eine Dialogszene, in der wir einen Schwenk von einem Darsteller zum nächsten geplant hatten. Wir wollten also erst den rechten Schauspieler drehen und dann zu dem linken herüber schwenken, um dessen Antwort zu filmen. Wir haben also alles geprobt und waren dann drehfertig. Wir fangen an zu drehen, jeder schaut auf den rechten Schauspieler und alles läuft gut. Dann, Schwenk nach links und… Nichts, leeres Bild. Alle wundern sich, wo der Darsteller geblieben ist, bis die Meldung vom Second AD kam, dass «The Zaat» wieder einmal zugeschlagen hat und der Schauspieler während des Takes schnell zur Toilette gerannt ist. [lacht]

Wie wichtig ist ein Box Office-Erfolg für dich?
Mir selber ist das eigentlich egal, aber es ist natürlich wichtig für das Studiosystem und wichtig, um den nächsten Film zu machen. Deshalb war es gut, dass er Geld verdient hat.

Viel Ablehnung und Hass ist dir für THE HILLS HAVE EYES II *(speziell in Internet-Foren) entgegen geschlagen? Auch die offiziellen Kritiken waren nicht gerade gut. Wie gehst du generell mit Kritik um?*
Die ganzen Horrorfilme bekommen eigentlich alle schlechte Kritiken. Natürlich, wenn ich Kritiker lese, die zu THE HILLS HAVE EYES II sagen: «Was soll das sein: Horror oder eine Komödie?», sage ich: «Ja, das ist total richtig, aber sprecht mit den Produzenten darüber. Das ist nicht der Film, den ich gedreht habe. Diese ganze blödsinnige Comedy da drin, die passt da überhaupt nicht rein und das haben auch viele bemängelt. Das ist auch total richtig. Abgesehen davon fand ich den Film ja auch nicht wirklich gut. Wir haben einen viel besseren Film fertiggestellt, den du aber nie zu sehen bekommen wirst.»

Ablehnung oder Hass gibt es immer, bei fast jedem Film und in manchen Sachen stimme ich auch zu. Ich ärgere mich genauso, denn ich habe mir das auch nicht so vorgestellt. Es gibt aber zig-fach mehr positive Kommentare, was auch immer wieder witzig und verblüffend ist. Letztendlich wird man es niemals allen Menschen recht machen können, was man viel mehr bei GRIMM LOVE sehen kann. Da streiten sich die Leute in den Foren und einer meint, der Film sei super und ein anderer meint, es sei der letzte Müll. Da sieht man sehr gut, wie unterschiedlich die Meinungen teilweise sind.

Wenn die ganze Publicity und Presse losgeht, dann bekommst du viel Post von Leuten, die schreiben, sie lieben den Film, sie sind große Fans, bla bla bla, aber du bekommst auch ein paar Mails, die werde ich auch nicht vergessen, z.B. von Mädels, die die Vergewaltigungsszene hassen. Da sage ich auch, wisst ihr was, ich stimme euch zu, aber ich habe die Szene so nicht gedreht und sie war eigentlich immer nur als DVD-Material gedacht.

Ich kann das schon verstehen, aber die meisten Leute wissen eben nicht, dass man als Hire-for-Fire-First-Time-Studio-Regisseur nicht wirklich viel zu melden hat. Man wird da engagiert, man dreht seinen Film ab und dann können die damit machen, was sie wollen. Das passiert nicht nur mir, sondern bei 90% der Fälle. Das ist leider nichts Neues.

Hass habe ich dadurch aber nicht bekommen, denn man bekommt so viele positive Rückmeldungen, dass man sagt, die paar negativen interessieren mich dann nicht wirklich. Da kümmert sich kaum ein Regisseur darum. Ich glaube nicht, dass es jemanden wirklich stört. Also, mich auf jeden Fall nicht. Und die Kritiken für diesen Film eh nicht. Horrorfilme bekommen immer schlechte Kritiken, deshalb werden sie oft auch gar nicht mehr der Presse, den Kritikern, vorgeführt. Die wissen schon warum.

Waren eine R-Rated-Fassung fürs Kino und eine Unrated-Version für DVD/Blu-ray von Anfang an vertraglich vorgesehen?
Das war von vornherein klar. Die machen alle mit der Unrated-Version Geld. Deshalb drehen sie von vornherein Szenen, von denen sie wissen, dass die nicht in die R-Rated-Kinofassung kommen. Es hieß immer schon beim drehen, die Szene ist für die DVD.

Der Film ist recht blutig. Das macht auch einen Teil seiner Schauwerte aus. Wie stehst du generell zu Gewalt in Filmen?
Ich bin eigentlich kein Freund von diesen ‹Torture-Porn-Movies›. Ich liebe Suspense, also psychologischen Thrill und Spannung. Alles was im Kopf abgeht, ist der viel größere Horror. Alles was du nur siehst, siehst du so, wie es ist. In dem Moment ist es ein schockierendes Bild, aber es ist sofort vorbei. Alles was

du nicht siehst, aber vielleicht hörst, kannst du dir selber vorstellen und deine Vorstellung ist immer effektiver als das, was du sehen kannst. Ich bin also kein Freund von diesen Filmen, die mehr Blut und Gore auf die Leinwand packen. Im Gegenteil, ich liebe die Klassiker wie z.B. Scarface (R.: Brian DePalma, 1983), wo mit der Kettensäge der Arm abgeschnitten wird, aber du gar nichts siehst. Du hörst nur Geräusche und siehst das Blut, was gegen die Wand fliegt. Das ist zehnmal mehr Horror als ein ekelhaftes Blutbad zu sehen, aber unglücklicherweise scheint es momentan ein totaler Trend zu sein und durch die Abstumpfung versuchen alle immer härter, brutaler und goriger zu sein. Das Ratingboard (MPAA) scheint sich auch immer mehr daran zu gewöhnen. Es wird eben immer mehr so etwas gedreht, was eigentlich schade ist. Deshalb hatte ich meine beiden Nachfolgeprojekte geliebt. Die sind das genaue Gegenteil. Zurück zum klassischen Horror und Thrill, wie bei Alfred Hitchcock, The Big Master, von dem ich sowieso der totale Fan bin. Umso mehr war es schade, dass die leider zerfallen sind.

Was gibt es für Vor- und Nachteile in Hollywood und im Studiosystem?
Der Vorteil ist, der Film kommt raus. Du hast sehr gute Chancen, dass er ins Kino kommt und die Leute ihn sehen können. Dass eine Marketing-Kampagne dahinter steht, denn ohne funktioniert ein Film heutzutage gar nicht mehr. Das ist das bittere, dass es nicht nach Qualität geht, sondern wer hat den längeren Atem, geldmäßig, um irgendetwas zu vermarkten. Ein Film ist kein Film mehr, sondern ein Event. Die Kinder gehen rein, weil sie so viel Werbung, Poster, etc. dazu gesehen haben, dass sie praktisch reingehen müssen.

Das ist der Nachteil, denn es geht nicht um Qualität, den Stoff, die Story, sondern um das Spektakel, um die Event-Story, den Pitch. Es interessiert überhaupt nicht mehr, wie das Drehbuch ist. Ich kenne ohne Ende Leute hier in L.A., die Drehbücher überhaupt nicht lesen, gerade viele Produzenten. Die lesen nur die Zusammenfassung. Viele Filme sind nicht deshalb herausgekommen, weil ein Produzent meinte, das wäre ein super Film, sondern weil ein Praktikant das entdeckt hat. Die lesen nämlich in den Studios und Agenturen die Drehbücher und bewerten die. Aufgrund dieser Bewertung geht alles einen Schritt weiter oder eben nicht – was unglaublich ist. Eigentlich müssten die wichtigsten Leute den Stoff lesen. Das sollte der Grundstein der Entwicklung sein. Aber das ist teilweise verkehrte Welt. Bei Independent-Filmen ist das anders, wenn du ein neues Drehbuch bekommst, dann liest du es. Wenn es gut ist, schön, wenn nicht, dann nicht. Das weiß man ja ziemlich schnell. Es gibt also so manche Lücken im Studiosystem, die ich bis heute nicht verstanden habe.

Martin Weisz (vorne) am Studioset von THE HILLS HAVE EYES *II in Marokko*

Unter welchen Umständen kannst du dir eine Rückkehr nach Deutschland vorstellen?
Ich habe kein Problem nach Deutschland oder irgendwohin ins Ausland zu gehen. Es ist immer das Material. Ich hatte 2008 in Deutschland mal einen kleinen Film an der Hand. Das war eigentlich ein guter Stoff. Das hat alles nicht geklappt, aber ich würde auf jeden Fall gerne in Deutschland einen Film drehen.

Welchen Unterschied des Arbeitens siehst du in Deutschland und den USA?
Da gibt es garantiert einen Unterschied, aber weißt du was, in Deutschland hat man sich mittlerweile ein bisschen angenähert, z.B. das Drehsystem mit dem 1st AD (Assistent Director = Regieassistent). Aber was uns aufgefallen ist, dass man in Deutschland einen Arbeitsvertrag hat. Das haben wir in Amerika noch nie gesehen. Wenn du jemanden anstellst und mit dem nicht klarkommst und feuerst, wird er trotzdem bis zum Ende bezahlt. Das gibt es in Amerika überhaupt nicht. Wenn du hier einen Art Director einstellst und nach zwei Wochen feststellst, dass das überhaupt nicht hinhaut, dass er eine ganz andere Vision vom Film hat als du, dann kann man ihn gehen lassen und natürlich bezahlt man ihn nicht weiter. Das passiert eben, das ist ein kreatives Arbeitsumfeld. Das gibt es immer, dass verschiedene Leute verschiedene Vorstellungen haben. Wir fanden das in Deutschland extrem merkwürdig, denn wir hatten Leute, bei denen wir gesagt haben, wir glauben, der ist nicht richtig für den Job, lasst uns den austauschen.

Dann kam die Antwort, nein, nichts mit austauschen, der wurde angeheuert, der muss bis zum Ende dabeibleiben. Die haben vielleicht keinen Bock auf den Job, erzählen dir das Blaue vom Himmel, unterschreiben aber, ziehen das durch bis zum Ende und werden bezahlt. Das ist ganz merkwürdig und wir haben es nicht ganz verstanden. Ansonsten sind aber der Dreh und der Ablauf ganz ähnlich.

Was hältst du von der deutschen Film- und TV-Landschaft?
Ich denke, es gibt eine ganz lebendige Filmlandschaft. Unglücklicherweise, und deshalb bin ich auch in Amerika, ist mein Genre und das, was ich liebe, in Deutschland nicht so sehr vertreten. Diese ganzen Thriller und Suspense-Sachen, dunkle Filme oder die ein bisschen skurril sind. Das was man jedoch an erfolgreichen Filmen aus Deutschland sieht, sind viele Komödien. Aber ich habe jetzt ein paar Filme aus Deutschland gesehen, die ich extrem gut fand und die sich mit der Immigration beschäftigen, Ausländer in der zweiten Generation und deren Probleme. Diese deutschen Komödien sind nicht mein Fall, aber die machen in Deutschland anscheinend das Geld. Das ist nicht so meine Welt. Deshalb kann ich mir kaum vorstellen, dass ich momentan ein Angebot in Deutschland bekommen würde, was in meinem Genre wäre. Aber wer weiß, was die Zukunft bringt.

Glaubst du, dass Hollywood in einer Krise steckt?
Ja, auf jeden Fall. Nicht unbedingt ganz Amerika, da ist alles noch okay, aber Hollywood. Das liegt auch daran, dass viele abhauen. Alle Filme, die ich gedreht habe, entstanden nicht in Hollywood. Es ist zu teuer. Kalifornien hat keine steuerliche Förderung. Alle anderen Staaten wie Georgia, Louisiana, New Mexico, die geben alle ohne Ende Unterstützung. 25 bis 40% von allem, was man in diesem Staat ausgibt, bekommt man zurück. Das gibt es in L.A. nicht. Da kann man nicht mithalten. Mehr und mehr Produktionen gehen weg, Post-Produktionsfirmen haben gerade zugemacht. Sie können einfach nicht mehr mithalten mit den ausländischen Deals und Finanzen. Und die kreative Krise kommt dazu.

Was sagst du zum anhaltenden Trend der Remakes, Sequels, Reboots und 3-D? Ist das ein Weg aus der Krise oder gar ein Symptom dafür?
Es ist ein Symptom. Wenn du dir die ganzen Remakes anschaust, denkst du: Ach komm, nicht schon wieder! Wo ist der originelle Stoff? Wo sind die Filme, die wie früher original entwickelt wurden? Jetzt drehen sie einen neuen Spider-Man-Film: THE AMAZING SPIDER-MAN (R.: Marc Webb, 2012)! Die alten sind gerade mal ein paar Jahre alt (R.: Sam Raimi, 2002, 2004, 2007). Fällt denen nichts Neues ein? Kann man sich nicht hinsetzen und einen neuen Superhelden ausdenken? Das kommt auch durch die wirtschaftliche und finanzielle Krise. Da sagen die Studios, sie machen lieber einen neuen SPIDER-MAN und machen sicher Geld, als

irgendwas Neues zu riskieren. Sie wissen, SPIDER-MAN ist ein Franchise und wird immer Geld machen, wegen der ganzen Kids und den Comic-Büchern. Lieber dafür 100 Millionen ausgeben und kein Risiko haben, als zwei oder drei neue für das Geld zu machen. Das ist das Problem, dadurch kommt die Kreativität total zu kurz. Ich hoffe, es verbessert sich. Also mit Sequels, Reboots und so etwas kommen sie garantiert nicht aus der Krise. Dafür brauchen sie originelles Material.

Du wurdest im Zusammenhang mit dem Film THE CREVICE genannt. Was war das für ein Projekt?

Direkt nach THE HILLS kam das nächste Angebot: THE CREVICE. Das war ein cooles Projekt. 35 Millionen Budget, alles ging klar. Wir hatten noch eine Drehbuchüberarbeitung mit dem Autor gemacht, wir hatten uns mit den Produzenten getroffen, Alcon Entertainment, und die waren sehr nett. Ich hatte das erste Mal das Gefühl, das könnte echt ein super Film werden. Das Budget wurde aufgestellt, es wurden Drehpläne erstellt, wann wir nach New Mexico zum Dreh gehen. Dann hatte leider die Firma Alcon, die mit Warner Bros. einen Output-Deal hatte, ein Finanzierungsproblem, was unser Projekt gestoppt hat. Das kann auch passieren. Das war schade, weil es ein schönes Projekt war. Aber es wurde über Nacht abgehakt.

Was ist aus CLOCK TOWER geworden? Der Film war jahrelang angekündigt und dann ist er wieder ganz plötzlich vom Radar verschwunden.

Das war ein tolles Projekt, aber es war auch wieder eine dieser unglaublichen Erfahrungen in Hollywood. Es wurde mir zugetragen und zuerst habe ich es überhaupt nicht gemocht. Es war eine schreckliche Interpretation des Videospiels und ich habe abgelehnt. Die Produzenten wollten mich aber trotzdem treffen und hören, warum ich es ablehne. Ich habe ihnen dann erzählt, dass der Film für die Fans überhaupt nicht interessant sein kann. Das war alles zu weit hergeholt und so Hollywood-interpretiert. Die Hardcore-Fans würden eine Videogame-Adaption bekommen, die sie hassen werden. Nichts aus dem Spiel wurde übernommen, keiner kümmert sich darum. Das ist ganz oft so in Hollywood, dass die sich die Spiele überhaupt nicht anschauen. Die Produzenten kaufen sich einfach die Rechte und den Titel, haben aber eigentlich kein Interesse sich damit zu beschäftigen, was in diesem Spiel vorgeht. Sie kreieren einfach eine neue Story und vom Spiel bleiben nur der Titel und die Charaktere. Das habe ich ihnen erzählt, sie haben es so hingenommen und fanden es interessant.

Dann habe ich das Projekt nach acht Wochen noch einmal geschickt bekommen. Mein Agent meinte aber, ich sollte es noch mal lesen, sie hätten es überarbeitet. Schon nach der ersten Seite fragte ich mich: Was ist das? Das ist ja ein komplett anderes Drehbuch! Und das war es auch. Wegen des damaligen Streiks der Autoren konnten sie nicht daran arbeiten und haben stattdessen ein anderes Drehbuch gekauft, das eine ähnliche Story hatte, und haben es dann auf die Story des Spiels angepasst. Das war schon unglaublich, wie gut das durch Zufall zusammenpasste und ein schönes Drehbuch ergeben hatte. Ich war angenehm überrascht und habe gesagt, ich hätte Interesse daran. Wir haben uns getroffen und sie fanden meinen Input auch super. Wir haben daraufhin einen Vertrag gemacht. Die Finanzierung kam zustande, auch Senator ist witzigerweise mit eingestiegen, als sie gehört haben, dass ich den Film machen will. Es ging schnell voran. Wir hatten innerhalb von drei Monaten eine neue Fassung mit meinem Input, meiner Überarbeitung.

Marco Weber, der mittlerweile bei Senator war, war nun wieder mein Produzent geworden. Ich kannte Marco ja von damals, als wir wegen dieser Umschnitte bei ROHTENBURG aneinander geprallt sind. Ich habe ihm gesagt, ich hätte an so etwas keinerlei Interesse mehr. Daraufhin sagte er, das wäre okay, dieses Mal würde er mich kennen und wissen, dass ich das hinbekomme. Er würde mir vertrauen, ich könnte es dieses Mal machen, wie ich es will. Sie haben mich wirklich total in Ruhe gelassen. Ich glaube, das wäre ein Hammerfilm geworden. Alle, die das Drehbuch, das Concept Artwork und alles andere gesehen haben, waren total begeistert. Ich glaube, dass auch die Fans ziemlich darauf eingestiegen wären.

Wir fingen an zu casten und da gab es viel hin und her, denn viele Leute wollten rein, aber passten nicht für die Finanzierung, andere hatten Zeitprobleme oder wollten die Story ändern. Der Film hatte ein bisschen Furore bekommen und viele Foren spekulierten schon was die Story wohl sein könnte.

Unser Setting war in Boston, Massachusetts, stets kalt und regnerisch, mit grauem Himmel. Eine düstere Stimmung, die vom Videospiel übernommen werden sollte.

Wir sind schnell darauf gekommen im Studio zu drehen, was für mich hervorragend war, weil ich ein großer Hitchcock-Fan bin, der auch seine Filme zu 80% im Studio gedreht hat. Die haben uns das alles so machen lassen. Wir haben eine Riesen Pre-Production gemacht und wir hatten in den Studios in Culver City die zwei größten Bühnen gehabt. Tim Burton hat dort zur gleichen Zeit gerade ALICE IN WONDERLAND (2010) gedreht. Wir hatten unsere Bühnen direkt neben ihm. Da gab es immer einen tierischen Heckmeck, weil die am Drehen waren und die unseren Krach hörten. Da gab es immer Stress, denn wir müssten aufhören zu hämmern, damit die drehen konnten.

Wir haben dort im Studio ein zweistöckiges Viktorianisches Haus gebaut, mit Bäumen, eine ganze Krankenhaus-Inneneinrichtung und einen Eingang, ein Hotelzimmer, den ganzen Clock Tower. Im Grunde wurde der komplette Film gebaut. Wir hätten dort die Stimmung perfekt erschaffen können und das immer gleich, was draußen nie klappt. Nachtdreh, Nebel, man hat immer zu wenig Drehzeit. Wir bräuchten nur das Licht anknipsen und hätten den perfekten Dämmerungs-Effekt. Der ganze Film sollte in der Stimmung gedreht werden.

Aber: Vier Wochen vor dem Dreh sind plötzlich Gelder verschwunden und finanzielle Probleme aufgetaucht. Wir kamen eines Morgens zum Studio und die Gelder, um die Crew zu bezahlen, waren verschwunden. Die Payroll Company hat dann die Gewerkschaft alarmiert und die Crew abgezogen. Daraufhin ist auch Sony ausgestiegen. Innerhalb einer Woche war der ganze Film zerstört, kurz vor dem Dreh, nach über einem Jahr Vorbereitung. Alle Sets standen schon. Das waren Megasets, wunderschön, ‹to-die-for›.

Das war eine bittere Erfahrung, weil es ein Film war, auf den ich mich gefreut habe. Ich glaube wirklich, das wäre ein guter Film geworden. Ich wusste gar nicht, was ich machen sollte, weil das ein Schlag vor den Kopf ist. Man hatte sich gefreut, das ist der Film, den man immer machen wollte. Das war ein Traumfilm für mich, ich liebte ihn einfach.

Dann musste man sich damit abfinden, dass der Film zerstört wurde, obwohl die Produzenten ankamen und gesagt haben, sie bekommen den Film wieder zusammen, mit anderen Investoren. Aber nach ein paar Wochen wurde klar, dass das leider nicht so einfach war. Es ging alles den Bach runter und das Projekt ging in einen langen Rechtsstreit mit vielen beteiligten Parteien und den Geldgebern, so dass ich das Projekt nach anderthalb Jahren verlassen habe.

Ich hatte danach erst einmal keinen Bock. Ich war so genervt, dass ich gar nichts mehr machen wollte. Ich habe trotzdem wieder Commercials und Musik-

Martin Weisz

Concept Artwork von CLOCK TOWER

videos gedreht, einfach um davon wegzukommen. Das war mein Jahr 2009 und ein harter Schlag.

Ich habe zu meinem Agenten gesagt, lasst uns wieder von Null anfangen. Schon mittendrin bei CLOCK TOWER habe ich angefangen mit meinen eigenen Projekten. Nach diesen sechs Monaten Pause, habe ich meine eigenen Sachen nach vorne getreten und gesagt, was die machen, kann ich auch selber. Ich habe dadurch wieder Schub bekommen. Ich wollte zwei kleine Filme machen und zwar so, wie ich will, ohne den ganzen Finanzärger. Einfach gute Filme.

Wie sieht es mit zukünftigen Studioprojekten aus?
Anfang 2010, Januar oder Februar, fing ich wieder an Drehbücher zu lesen und da waren auch wieder ein paar ganz tolle Projekte dabei. Ich habe zwei Sachen von einem Autor, Andrew Alexander, DREAMT und GRAVITY, angenommen. Für DREAMT versuchen wir Geld zusammen zu bekommen und das andere, GRAVITY, ist schon unter Dach und Fach. Wir haben gerade einen Deal abgeschlossen, sind momentan an der Überarbeitung des Drehbuchs, dann kommt das Casting und Ende 2011 soll der Dreh beginnen.

Das ist ein gutes Timing, weil ich noch ein anderes Projekt habe, wo wir gerade am besetzen sind. Dies ist unser erster eigener Film, der sich SATURDAY NIGHT SPECIAL nennt. Wir drehen den zusammen mit einer Firma in Michigan, für ganz kleines Geld. Vier bis fünf Millionen Dollar Budget, aber ich habe volle kreative Freiheit. Ich produziere mit denen zusammen. Sie finanzieren und ich mache mit meiner Frau zusammen die «down and dirty»-Produktion, also auch vor Ort. Aber das Kreative ist in meiner Hand. Ich freue mich schon darauf, das wird eine super Sache, aber auch viel Arbeit. Und spannend, weil es mal was anderes ist, wenn man selber produziert und selber macht, was man will. Wir haben auch noch das Projekt SUBCITY in der Hand. Beide sind von unserer eigenen Company entdeckt oder entwickelt und geschrieben wurden.

Wer sind deine Vorbilder?
Ich habe so viele Vorbilder und es gibt so viele Genres. Ich liebe einfach Film, ich kann praktisch nicht ohne leben.

Was sind deine Lieblingsfilme?
Ich liebe komplizierte, anspruchsvolle, durchdachte Filme mit Suspense und Thrill. Und ich bin ein riesiger Sci-Fi-Fan, also BLADE RUNNER (R.: Ridley Scott, 1982), das ist einer meiner All-Time-Favourite-Movies.

Laut einem Interview sind deine Lieblingshorrorfilme: THE EXORCIST (DER EXORZIST, R.: William Friedkin, 1973), DON'T LOOK NOW (WENN DIE GONDELN TRAUER TRAGEN, R.: Nicolas Roeg, 1973), THE TEXAS CHAINSAW MASSACRE (R.: Tobe Hoo-

per, 1974), THE OMEN *(R.: Richard Donner, 1976)*, THE SHINING *(R.: Stanley Kubrick, 1980) und* DRESSED TO KILL *(R.: Brian De Palma, 1980). Warum gerade diese?*
Die Frage im Interview lautete eben, Lieblingshorrorfilme. Aber mehr als das liebe ich eben Science Fiction: ALIEN, 2001 – A SPACE ODYSSEY (R.: Stanley Kubrick, 1968). Stanley Kubrick sowieso. Ich weiß gar nicht, wie oft ich 2001 gesehen habe. Auch THE SHINING und wie ich jede Einstellung immer wieder auseinander genommen habe. Ich glaube auch nicht, dass man nur eine Figur als Einfluss hat. Außerdem, nicht alles sind geniale Arbeiten. Manche sind es, manche aber auch nicht. Ridley drehte BLADE RUNNER, der Kampf gegen das Studio, er war der Zeit voraus und dann macht er etwas wie WHITE SQUALL (1996). Auch Kubricks letzter, EYES WIDE SHUT (1999). Aber es gibt so viele unglaublich gute Filme, ich weiß gar nicht, wo ich dort anfangen oder aufhören würde. Von Andrej Tarkowskijs STALKER (1979) oder SOLARIS (1972) über Terrence Malicks DAYS OF HEAVEN (IN DER GLUT DES SÜDENS, 1978) oder Jean-Luc Godards À BOUT DE SOUFFLE (AUSSER ATEM, 1960), die Liste wäre endlos. Ich liebe einfach Filme und Stories.

Hast du noch Zeit regelmäßig ins Kino zu gehen? Oder schaust du mehr zu Hause auf DVD oder Blu-ray?
Ich schaue mir ständig welche an und renne dauernd ins Kino. Selbst mit den beiden Kindern, die ich noch in den USA habe, komme ich dazu, ein oder zweimal die Woche. Ich habe aber mittlerweile meinen eigenen HD-Digital-Projektor zu Hause. Ich habe mir in den letzten zehn Jahren fast jeden Tag einen Film angeschaut und ich habe stets eine Liste von Filmen, die ich mir noch anschauen muss. Ich arbeite meistens bis 22 Uhr und anschließend schaue ich noch einen Film, von 22 Uhr bis Mitternacht oder von 23 bis 1 Uhr.

Hast du einen Stil?
Ja, sicherlich liebe ich die dunklen und visuellen Umsetzungen. Ich liebe komplizierte und bizarre Charaktere, alles, was nicht sofort zu durchschauen ist. Ein Spiel mit Realität und Symbolismus. Ich denke, das zeigt sich eigentlich deutlich in 60 SECONDS und ROHTENBURG und vielen meiner Musikvideos. Außerdem arbeite ich immer visuell und versuche auch durch die Einstellung und Auflösung sowie Lichtgestaltung und Production Design eine Stimmung oder Gefühle zu vermitteln.

Machst du weiterhin noch viele Musikvideos und Commercials?
Nur noch selten. Das Musikgeschäft ist so im Keller, denn die Plattenfirmen haben kein Geld mehr. Alle zwei Monate schreibe ich mal an einem Video. Ich schreibe aber auch gerne für jemanden, der kein Geld hat, wenn es ein super Track ist oder ein toller Künstler und sie einen einfach machen lassen. Aber mittlerweile ist es

so, dass sie wenig Geld haben, aber trotzdem noch alles drehen wollen, wie sie es sich vorstellen. Was dann aber fünfmal so viel kosten würde, wie sie sich leisten könnten. Wir machen das nur noch so zwei- bis dreimal im Jahr. Ich würde es ja gerne machen, aber es geht kaum. Commercials drehe ich auf jeden Fall, aber es ist hier in Amerika auch gerade ein harter Fall, wegen der Wirtschaftslage. Es wird zwar nicht weniger gedreht, aber nur noch für halb so viel Geld. Was okay ist, es ist immer noch ein guter Job, aber der Markt ist hart geworden.

Ein letztes Wort?
Ich bin dankbar für den coolen Trip bisher. Es ist einfach ein toller Job und ich hatte viel Spaß. Ich liebe es und ich hoffe, dass die nächsten Filme entsprechend was werden. Aber das denkt man bei jedem Film: Der nächste wird besser, der nächste wird besser, der nächste wird besser. Der Horror daran ist, jeder Filmemacher denkt am Anfang immer, er kann einen guten Film machen. Dann beginnt die Produktion und es kommen so viele Dinge anders, als man es gedacht hätte. Alles ändert sich täglich und wenn man dann endlich nach einem halben Jahr noch den Film drehen kann, den man sich vorgestellt hat, dann kann man wirklich seinen Film drehen. Wenn man wenigstens machen könnte was man will. Ich glaube, dann würden Filme sehr viel besser aussehen. Alles, was man versucht, ist endlich mal seinen Film zu machen, den man Leuten so zeigen kann, wie man ihn sich immer vorgestellt hat. Ich glaube, erfolgreich sind meistens die Filme von jenen Leuten, die ihre Vision durchsetzen konnten. Denen nicht immer reingeredet worden war, die ihre Vorstellungen von Anfang bis Ende durchziehen konnten. Das sind runde und gute Filme. Ich hoffe, dass ich das, bei einem meiner zukünftigen Filme, auch erreichen kann.

Filmografie

2012 SATURDAY NIGHT SPECIAL
2007 THE HILLS HAVE EYES II
2006 ROHTENBURG (auch bekannt als GRIMM LOVE)
2002 60 SECONDS (Kurzfilm)

Christian Alvart

Berlin, Juli 2010 / September 2011

Beginnen möchte ich, wie bei jedem, mit einem kleinen biografischen Hintergrund.
Ich wurde am 28. Mai 1974 in Hessen geboren, in einem Kaff, in dem ich nicht gewohnt habe, deshalb ist das nicht so wichtig. Ich bin relativ viel mit Büchern aufgewachsen und nicht so sehr mit Filmen, wie ich es mir gewünscht hätte, weil ich in einer sehr strengen, religiösen Familie gelebt habe. Meine Eltern verboten mir teilweise sogar ganz, Filme zu sehen. Das Spannende ist, wenn man eine Affinität zum Film hat, aber nur ab und zu einen Film sehen darf oder auch mal heimlich, dass es den Effekt noch verstärkt oder das Gegenteil bewirkt. Sobald ich alt genug war, um mir solche Sachen zu besorgen, habe ich die *Cinema* und die ganzen anderen Zeitschriften dazu gelesen. Ich hatte mir dann ausgedacht, wie die Filme wohl sind.

Damals gab es noch, das ist ein bisschen aus der Mode gekommen, das Buch zum Film, in dem das Drehbuch zu einem schlechten Roman umgeschrieben wurde. Die habe ich immer gelesen, damit ich mitreden konnte. Ich habe es auch geschafft, die ganze Zeit zu bluffen. Meine Spielkameraden und die in der Schule haben gar nicht gewusst, dass ich die Filme oft nicht sehen durfte. Trotzdem war ich der, der gefragt wurde, wer hat in welchem Film mitgespielt und auch welche Meinung ich zu einem Film hatte. Das war ein ganz schräges Hochstaplerleben, das ich mit Film am Anfang verbunden habe.

Ich hatte manche Filme auch auf Audiokassetten aufgenommen. Früher hatte man als Jugendlicher keine eigenen Filme zu Hause. Das war so in der dritten, vierten Klasse. VHS war noch nicht so verbreitet, weil es noch den Formatstreit gab. Ich habe die wenigen Male, wenn ich was schauen durfte, mir die Sachen auf Audiokassetten aufgenommen und immer abends gehört und mir den Film dazu vorgestellt. Ich denke, das war ganz gut für die visuelle Vorstellungskraft. Dazu habe ich andauernd viel gelesen. Ich finde, das gehört auch zum Filmemachen dazu. Also wirklich viel gelesen. Ich habe z.B. in der Schule heimlich unter dem Tisch gelesen. Während alle anderen irgendwelchen Mist gemacht haben, hatte ich immer ein Buch in der Hand. Ich bin auch regelmäßig gegen Laternenmasten gelaufen, weil ich beim Laufen auch gelesen habe. Da rennt man in alle möglichen Hindernisse hinein.

Dann ging es los, dass ich, als wir in den Frankfurter Raum gezogen sind, angefangen habe, selber zu experimentieren. Ich habe Filme auf Video gedreht und sie mit zwei Videorecordern geschnitten. Das weiß ja jeder, wie toll das geht. Das war alles sehr, sehr roh. Auch für die Schule habe ich, statt Arbeiten zu schreiben, einen Film gedreht.

Ich kam so in eine Szene, die damals in Frankfurt sehr aktiv war. Die Amateurfilmszene, das Fantasy Filmfest, all die Geeks und Fans, ohne dass es damals schon so hieß. Wir versuchten in Pressevorführungen reinzukommen und am Wochenende etwas zu drehen. Das war dort so eine Subkultur. Da hat jeder beim anderen ausgeholfen.

Was spannend war und wovon ich heute noch zehre, ist, dass man kein Budget hatte, für nichts. Und trotzdem hohe Ansprüche. Deswegen hat man sich Sachen selber gebaut. Wir hatten Freunde, die haben selbst ein Schienen-Dolly-System gebaut. Oder ein Freund von mir wollte unbedingt in Cinemascope drehen, aber wir hatten ja nur auf Super 8 gedreht, da haben die Adapter gebaut, um Scope-Linsen auf die Super 8-Kamera draufzusetzen. Da wurde unheimlich viel selber gemacht. Auch Monster gebaut und sonst was.

Mein Problem bei meinen eigenen Filmen war, dass ich immer viel zu hoch hinaus wollte. Was den Cast anging, wie viele da mitmachen, wie lang und komplex die Geschichten sind. Die sind oft daran gescheitert, weil irgendwer keine Lust mehr hatte, der aber die Hauptrolle gespielt hat. Man kam nicht mehr weiter, weil die Leute einen fünfmal versetzt hatten. Die fingen an zu lügen: «Ich kann nicht, mein Vater erlaubt es nicht.» Da hat man immer abgebrochen und dachte, eigentlich kann ich jetzt auch schon viel mehr und man müsste noch was Besseres machen. So hat sich eine jahrelange Ansammlung von halbfertigen Filmen ergeben, die mich frustriert hat.

Dann gab es noch einen kurzen Ausflug in ein anderes Metier, weil ich ja in den Kreis des *X-TRO*, eines Underground-Filmmagazins, reingestolpert bin. Zunächst als Leser und Fan. Ich fand das super und wollte denen helfen, denn ich hatte gehört, die haben Ärger. Ich wollte nicht, dass die einfach die Sache einstellen. Ich fand es gut und wollte es weitermachen. Aber ganz schnell stand ich allein mit dem Projekt da. [lacht] Das hat mich noch einmal ein paar Jahre davon abgelenkt, was ich eigentlich wollte. Als ich dann Abi und Zivildienst fertig hatte, habe ich gesagt, okay, jetzt geht es glücklich ans Filmemachen. Ich wusste schon immer, dass ich das machen wollte. Das war für mich gar keine Frage. Es war immer klar: Filmemachen, schon mit zwölf Jahren.

Ich bin dann nach Berlin gezogen, habe hier als Runner angefangen, als Aushilfe, und habe mich hochgearbeitet zum Set-Aufnahmeleiter bei zwei Kinofilmen. Dann dachte ich: a) ich weiß jetzt wie ein professionelles Set läuft, im Vergleich zu unseren. Und b) ich muss noch mal dieses lange Kapitel mit unfertigen Filmen abschließen, denn ich hatte nichts zum vorzeigen. Ich habe noch während meines letzten Films als Set-AL, das war ANGEL EXPRESS (1998) von Rolf Peter Kahl, in drei Wochen ein Script geschrieben. So wie früher: Meine Freunde und ich machen einen Film... Was kann man machen, was kann man leisten. Ich habe die meisten Kontakte von früher angerufen und gefragt, wollen wir nicht noch mal? Wir sind Mitte 20 und haben trotz all der vielen Dreharbeiten nichts zu zeigen. Wir sollten noch einmal etwas versuchen. Dieser Film wurde dann CURIOSITY & THE CAT (1999).

Das tolle an dem Film war, dass er als reiner Amateurfilm gestartet, finanziert und gemacht wurde, aber im Laufe der Produktion eine Professionalität entwickelt und einen Verleih gefunden hat und somit auch herauskam. Er wurde in viele Länder verkauft, lief im Pay-TV, usw. Der Film hat mir sogar einen Strich durch die Rechnung gemacht. Es sollte gar nicht mein erster professioneller Film werden, sondern mein letzter Amateurfilm. Und dann ist er auch noch auf dem Max-Ophüls-Festival nominiert worden. Da war mir klar, dass ich nicht mehr auf eine Filmhochschule zu gehen brauche. Das Ziel, den Abschlussfilm als ersten Langfilm zu machen, habe ich schon geschafft. Dann hatte ich sozusagen den Salat.

Hast du es nie bereut, nicht auf der Filmhochschule gewesen zu sein?
Nein, obwohl ich glaube, dass es Spaß machen kann. Man bekommt einerseits die Instrumente an die Hand, man bekommt ein Budget, man kann sich ausprobieren. Aber was ich auf jeden Fall jemandem raten kann, der diesen Beruf anstrebt, ist hinzugehen und sich die Netzwerke aufzubauen. Einfach weil man mit einem ganzen Jahrgang an Produzenten, Kameraleuten und Cuttern zusammenarbeitet und diese Leute oft ihr ganzes Leben zusammen arbeiten. Zumindest anfangs, bis sich das Netzwerk erweitert.

So etwas hatte ich aber nicht, denn ich kam so weit von außerhalb. Ich habe im Familienkreis keinen, der so etwas macht, hatte die Religion zu überwinden, hatte kein Geld in der Familie. Für mich war das ein Do-it-yourself-Programm, von Anfang an. Das war für mich irgendwie klar: Du gehst nicht auf die Filmhochschule, bei dir ist das immer irgendwie anders. Es war so eine Art Akzeptanz dabei und ich habe mich auch nicht beworben. Es hat nicht sein sollen. Es gibt schließlich auch viele negative Seiten an Filmhochschulen, das muss man auch mal sagen. Wenn du mich fragst, ob ich es bereue, dann denkt man an die Momente, die man dort nicht mitgenommen hat. Es ist aber auch eine unheimliche Beschneidung und Konformität, was die Leute dort lernen, wie man Filme macht.

Angeblich machen sollte.

Ja, genau. Es gibt eine ganz große Kategorisierung und Verachtung gegenüber bestimmten Filmformen, die die Professoren dort einfach nicht mögen. Jetzt, da ich Filmemacher bin, treffe ich die Professoren in der Branche auf Augenhöhe und kann mich herrlich mit denen streiten. In diesen Momenten bin ich erleichtert, dass die mir nicht vier Jahre des Lebens zur Hölle machen konnten. Wenn man ein dickes Fell hat und «ja, ja» sagt und das mitnimmt, was die einem beibringen können, sich aber nicht verbiegen lässt, dann kann es eine gute Erfahrung sein. Aber ich glaube, jemand, der Filme so liebt wie ich, hätte es schwer. Ich glaube, nur die Akademie in Ludwigsburg würde das fördern. Jedoch höre ich selbst von da auch Sachen, dass nicht alle glücklich sind. Man muss auch sagen, die Filmhochschulen spucken jedes Jahr 30 neue Regisseure aus und die meisten machen nach dem ersten Film keinen weiteren mehr. Es ist alles andere als eine Garantie, dass man hinterher im Beruf arbeitet.

Damals in der Schule, da gab es eine Zeit, in der man ins BIZ, ins Berufsinformationszentrum des Arbeitsamtes, gefahren ist. Da habe ich auch gesagt, ich will Regisseur werden und da haben die mir so ein Heft in die Hand gedrückt, über das Berufsbild des Regisseurs. Dieses Heft, ich habe es noch irgendwo in einer Kiste, weil ich es unbedingt aufheben muss, handelt echt 80% davon, warum man nicht Regisseur werden sollte. Man hat eine kürzere Lebenserwartung, viel Stress, man ist höchstwahrscheinlich arbeitslos, es gibt viel mehr Regisseure als Jobs. Das ist sehr lustig. Und was man alles können muss. Da stockte mir der Atem.

Hast du aus Curiosity & The Cat eigentlich einen Gewinn gezogen?

Aus Curiosity habe ich keinen finanziellen Gewinn gezogen, aber ich habe aus jedem Film immer andere Gewinne gezogen.

Hat dir dein Debüt irgendwas gebracht, also hat er als Visitenkarte funktioniert?

Ja natürlich, ohne Curiosity säße ich jetzt nicht hier. Der hat mir wahnsinnig viel gebracht. Erstens habe ich ganz viele Kontakte aufgebaut, die andere in der Filmhochschule aufbauen. Einer der wichtigsten Kontakte, die ich da hergestellt habe, war z.B. mit meiner Herstellungsleiterin Susanne Kusche, die dann auch Antikörper (2005) mit mir gemacht hat und die für mich, bei meinen deutschen Filmen ganz, ganz wichtig ist. Sie ist inswischen selber Produzentin. Zweitens, Antikörper habe ich nur machen können, weil ich Curiosity gemacht habe. Ich habe einen Produzenten für mein nächstes Drehbuch gefunden und warum sollte mir irgendwer glauben, dass ich Regie führen kann, wenn ich keinen Film abzugeben habe.

Ich war mit dem Film auch auf vielen internationalen Festivals. Ich weiß heute, damals noch nicht, dass sogar ein paar Leute in Hollywood den Film schon gesehen hatten. Das konnte ich mir gar nicht vorstellen und ich habe davon auch nichts mitbekommen. Dass sich jemand diesen Film, für den ich 25.000 Euro in bar hatte, außerhalb von Deutschland irgendwer anschaut. [lacht] Es hatte aber noch nicht gereicht, zu Recht, dass ich dann Einladungen nach Hollywood bekommen habe. Wenn ich heute Leute treffe, sagen die, ja, den haben sie damals gesehen und gesagt, sie warten mal, was als nächstes kommt.

Warst du bei den internationalen Festivals dabei?
Bei einigen schon. Das war so ein tolles Jahr. Man war jung, man hatte mit 24 seinen ersten Film fertig, was echt früh ist für seinen ersten Langfilm. Man kriegt Reisen gesponsert, man fliegt z.B. nach Südkorea.

Wer sponsert so etwas?
Meistens zahlt das Festival alles vor Ort. Wenn du ein wichtiger Gast bist, auch die ganze Reise. In Korea haben die alles bezahlt außer die Flüge. Mein Weltvertrieb hat mir einen Tipp gegeben, wo ich über ein seltsames Kontingent ganz billig mit Korean Airlines fliegen kann. Die Koreaner, die in Berlin leben, haben mit Korean Airlines einen Deal, dass sie günstig nach Hause fliegen können, und aus dem Kontingent kam ich an eine Karte ran. Man war jung, ich war es gewöhnt, mir zu überlegen, wie ich überhaupt an was zu fressen kam, denn ich hatte totale Schulden wegen des Films. Ich habe sogar den Offenbarungseid geleistet. Das war finanziell ein richtig großes Risiko und erst einmal auch ein großes Desaster, weil Filmrückläufe so langsam sind. Ich habe mittlerweile alles bezahlt und habe keine Schulden mehr deswegen, aber es sind erst einmal richtig, richtig harte Zeiten gewesen. Deshalb war es für mich ganz normal zu sagen, wie komme ich an ein billiges Ticket ran. In der Zeit nimmt man trotzdem alles einfach mit und man lebt in einer schizophrenen Welt, weil man einerseits in einer Abbruchbude lebt und andererseits in Südkorea, während man beim Festival ist, vor 3000 Leuten spricht, in einer Limousine herumgefahren wird und man von einem Personal Assistent 24 Stunden lang betreut wird. Das ist auch heute noch manchmal so. In meinem Leben zumindest, diese schizophrenen Zustände, in denen man ganz andere Sorgen hat und immer wieder in diese Momente hineingeworfen wird, die völlig bizarr sind.

Was hast du eigentlich zwischen 1999 und 2005, bis ANTIKÖRPER *herauskam, getrieben?*
Ich war auf der Flucht vor meinen Gläubigern. [lacht] Ich habe 2004 ANTIKÖRPER gedreht, also war 2003 finanzieren und davor schreiben. Das ist ja immer ein längeres Abenteuer. Aber 2003 wusste ich schon, dass ich 2004 den Film mache.

Außerdem habe ich, um meine Schulden abzutragen, angefangen, mich als Drehbuchautor zu verdingen und zu prostituieren. Ich habe alle möglichen Jobs angenommen. Ich habe damals für DER PUMA (2000) geschrieben, eine Kampfsport-Serie für RTL und für WOLFFS REVIER (2004).

DER PUMA ist gar nicht bei Imdb vermerkt.
RTL machte eine erste Staffel, die Kampfsport auf der einen Seite hatte, mit Donnie Yen als Action-Regisseur, und auf der anderen Seite superkonventionell, im Grunde wie DER ALTE, die Krimistorys erzählt, mit dem jeweiligen Folgen-Regisseur. Das hat überhaupt nicht zusammengepasst und war auch überhaupt keine Welt, in der Kampfsport funktionierte. Das war völlig hanebüchen. Der Produzent hat das damals genauso gesehen und hat dann junge Leute gesucht, die eine Genreaffinität haben und auch ein bisschen verrückter sind, damit auch die Fälle und die Folgen besser zu den Action-Sequenzen passen. Da kam also ein neues und junges Team und hat eine gesamte Staffel entwickelt. Ich habe drei Folgen entwickelt, zwei schon komplett mit Abnahme und dann wurde aufgrund der ersten Staffel, weil die nicht so gut lief, das ganze Ding wieder abgeblasen. Es steht deshalb nicht bei Imdb, weil dort nur gedrehte Sachen stehen. Aber wenn du mich fragst, was hast du gemacht, für mich war die Arbeit dieselbe. Es waren zwei abgenommene Folgen und eine dritte, an der ich gesessen habe, die kurz darauf gedreht werden sollten und die alle toll fanden. Sie sind allerdings nicht mehr gedreht worden. Außerdem habe ich zu der Zeit auch KILLER QUEEN gemacht. Der war auch kurz vor dem Dreh.

Das Projekt KILLER QUEEN ist mittlerweile so eine Art Running Gag in deiner Filmografie.
Ich stand 2002 ganz kurz vor den Dreharbeiten des Films. Er war mit Norman Reedus besetzt, Asia Argento und Alain Delon hatten Interesse. Es war ein Supercast und dann ist über Nacht das ganze Ding zusammengebrochen. Der Fonds des Finanziers, nicht der Film. Wir haben noch zwei Monate versucht den Film auf die Beine zu stellen, aber wir haben es nicht so schnell hinbekommen. Das war das erste Mal, dass für mich ein großer Film geplatzt ist.

Als Reaktion, es war ja ein englischsprachiger Film und für deutsche Verhältnisse ein großer Actionfilm, habe ich einen kleinen, persönlichen Film geschrieben: ANTIKÖRPER. Da war ich so frustriert über diesen misslungenen Popcorn-Kino-Versuch, dass ich gesagt habe, ich mache was ganz kleines, dreckiges. Die Ironie der Geschichte war ja, dass ich dachte, das ist so ein kleiner, düsterer Krimi-Stoff, der quasi antikommerziell ist und niemanden im Ausland interessieren würde. Dass mich dann *der* Film nach Amerika bringen würde – ANTIKÖRPER anstelle von KILLER QUEEN – das war für mich einfach unfassbare Ironie.

Christian Alvart

Wie hat man dich bei der deutschen Filmförderung mit so einem Projekt empfangen? Ich weiß aus Erfahrung, dass Genrefilme keinen guten Stand haben.
Es war schon so, dass viele Förderungen abgesagt haben, aber wir hatten immer das Glück, dass die letzte Option zugesagt hat. Es war genau die eine Förderung in jedem Bereich, die man gebraucht hat. Ich glaube, es ist immer schwirig mit der Förderung und solchen Projekten. Die Leute, die es gefördert haben, sind richtige Fans gewesen. Ich habe mit meinem Drehbuch das Glück gehabt, bei der Förderung immer auf jemanden zu treffen, der das Buch liest und so begeistert war, dass er dann Fürsprecher wurde und auch die anderen umstimmte. Dazu gehörte auch Kirsten Niehuus, die damals noch ganz neu beim Medienboard Berlin-Brandenburg war. Die Leute, die mich damals gefördert haben, die kennen mich heute noch, weil das für die nicht nur irgendein durchgewunkenes Projekt war, sondern die mussten dafür in ihren Gremien kämpfen. Man braucht in jedem Board einen Fan, der so überzeugt davon ist, dass er kämpft. Hoffentlich hast du keinen Hasser, der so überzeugt davon ist, dass du es nicht machen darfst. Das lustige war, dass die Leute, die ANTIKÖRPER gelesen haben, das Buch so krass fanden und später, als sie ihn fertig gesehen haben, festgestellt haben, das ist ja gar nicht so hart. Das war in der Vorstellung der Leute viel perverser und ekelhafter. Sie fanden es zurückhaltend gemacht und gar nicht so abartig.

Schon Hagen Bogdanski hat mir damals von einem Director's Cut erzählt, den es geben soll, aber der hat bis heute nicht das Licht der Welt erblickt.
Das ist eine rein finanzielle Sache. Es ist wie so oft, wie es in der Filmwelt läuft. Es gibt einen längeren Director's Cut, der enorm viel länger ist. Ich glaube 37 Mi-

nuten. Das Spannende im Schneideraum war, dass dieser DC allen gefallen hat, aber eindeutig zu lang für eine kommerzielle Auswertung war. Du kannst keinen Thriller ins Kino bringen, der 2 Stunden 40 Minuten lang ist.

Michael Mann konnte es mit Heat *(1995), Tony Scott mit* Man on Fire *(2004), Martin Scorsese mit* Shutter Island *(2010), Christopher Nolan mit* Inception *(2010).*

Ach na ja, das sind immer die Ausnahmen von der Regel. Bei uns wäre es Selbstmord gewesen. Es ist auch teuer. Die ganze Postproduktion wird teurer, je länger ein Film ist. Jede Minute kostet viel mehr Geld. Die Kinobesitzer können ihn zweimal am Tag weniger spielen. Es ist also eine ganz große Entscheidung und es war klar, dass das nicht geht. Ich fing also an den Film sukzessive kürzer zu machen und habe dabei zum ersten Mal dieses Phänomen festgestellt: Es gibt nicht viele richtige Längen für einen Film. Der Film wurde durch die Kürzungen wirklich immer schlechter. Er hat enorm verloren. An inhaltlichem Zusammenhalt, an Rhythmus, an Spannung. Ich habe aber weiter gekürzt und dann hat man gemerkt, oh, langsam wird er wieder besser. Jetzt nähern wir uns einer anderen richtigen Länge, die auch funktioniert. Das war dann bei 2 Stunden 7 Minuten, was auch noch sehr lang ist. Ich hatte eigentlich das Mandat von *Kinowelt* und den Produzenten unter zwei Stunden zu kommen. Es war also immer noch ein Kampf das durchzusetzen. Aber es war die andere richtige Länge für den Film. Deswegen kann ich eigentlich nicht sagen, dass es einen Director's Cut gibt, weil es zwei Längen für diesen Film gibt, die beide spannend sind. Der längere Film enthält viel mehr noch von den Frauen, auch von der Geliebten, das war eine viel größere Rolle. Die kürzere Fassung hat sich mehr auf den straighten Thriller konzentriert.

Es war schön, dass die Kölmels und Boris Schönfelder [die Produzenten, Anm. d. Aut.] die lange Fassung so toll fanden, dass sie bezahlt haben, dass das Negativ gedubbed wird. Folglich von allem, was zerschnitten werden muss. Die haben das konserviert, damit vielleicht irgendwann mal, diese lange Fassung in voller Qualität abgetastet werden kann. Dann kann er einmal im Kino laufen und wird anschließend auf DVD herausgebracht. Aber der Film muss ein Hit sein, damit sich das lohnt und außerdem sind die Kölmels gar nicht mehr bei *Kinowelt*. Ich müsste das also mit *Kinowelt* neu verhandeln. Es müsste jemand hinkommen und sagen, lass uns das machen, das ist einer unserer guten Standardtitel. Ich weiß, dass das so ist. Ich kann immer noch mit neuen Projekten zu denen hingehen, einfach weil ich Antikörper gemacht habe, der bei ihnen ein guter Titel ist. Aber so, dass sie zu mir gekommen sind und gesagt haben, wir müssen unbedingt noch mal 10.000 Euro ausgeben und die Langfassung herausbringen, so weit war es aber auch noch nicht.

Konzentriert sich die Langfassung allein auf Konflikte und ist somit mehr ein Drama?
Genau, aber natürlich sind bei 37 Minuten auch Thriller-Momente rausgeflogen. 20% waren Thriller-Momente und 80% Drama-Momente. Das kann man so sagen, wobei ich ja finde, bei ANTIKÖRPER geht das Hand in Hand. Da entwickelt sich aus dem Drama wieder der Thriller. Die Figurenentwicklung sorgt dafür, dass am Schluss dieser Showdown stattfindet.

Das Ende von ANTIKÖRPER *ist kontrovers und wurde vielfach diskutiert. Dabei hattest du ursprünglich mal ein anderes Ende im Kopf, hast es aber nie wirklich zu Papier gebracht. Später hattest du einen Kampf mit deinen Produzenten und Finanziers um das Ende. Kannst du mehr dazu sagen?*
Als ich den Film gepitched habe, hatte der Film noch das Ende, bei dem er seinen Sohn erschießt, und dann, als er feststellt, dass dies ein Fehler war, wenn seine Frau und der Kommissar an diese Klippe kommen, er einfach einen Schritt zur Seite macht und runterspringt. Das ist zwar toll, wenn man das in einem Pitch verkauft hat und Geld dafür bekommt, aber je mehr ich geschrieben und mich in das Buch hineinentwickelt habe, um so größer wurde mein Widerwillen zum Stoff: «Wer will das sehen? Das ist alles nur Dreck und Schmutz.» Es war alles so negativ. Es hat mich dann genervt, obwohl es ein sehr persönlicher Stoff war. Da werden viele Argumente aus meiner Entwicklung ausgetragen, weil ich aus so einer religiösen Familie komme. Ich habe dann gemerkt, nachdem ich mich darauf konzentrierte und alles analysiert habe, dass ich eigentlich alles ganz gut finde, nur das Ende nicht. Es ist natürlich eine Wertung, wie dieser Konflikt zu betrachten ist. Die Figur des Michael glaubt an das Gute und hält an religiösen Regeln fest. Ich habe gemerkt, dass meine Rebellion über das Ziel hinausschießt und hatte so ein Problem mit dem Ende. Ich fand das wirklich schlimm.

Für einen Horrorfilm, den ich mal mit 18 oder 19 gedreht habe, habe ich Scouting gemacht. Es ging um einen Serienkiller, der sich in einer Free-Climber-Seilschaft versteckt, weil er auf der Flucht ist. Dabei bringt er einen nach dem anderen von dieser Gruppe um. Das war eine mehr action-orientierte Variante von SHOOT TO KILL (MÖRDERISCHER VORSPRUNG, R.: Roger Spottiswoode, 1988). Für diesen Film bin ich ganz viel durch die Taunuswälder gelaufen und da ist mir passiert, dass ich da alleine stand, ein Reh ankam und vor mir stehenblieb. Das war so ein magischer Moment. Da fand bei mir eine richtige Realitätsverschiebung statt. Ich habe mir gedacht, man kann in diesem Moment einfach nichts Böses planen. Man ist so ergriffen von dieser fast Heiligkeit des Momentes. Genau das fiel mir wieder ein und deswegen habe ich es in dieses Ende geschrieben. Ich dachte, wenn es wirklich so wäre, dass du vorhast deinen Sohn zu töten und dann kommen Rehe auf die Lichtung, dann machst du das nicht. Das braucht gar keine Erklärung, da muss keiner kommen und irgendeinen Dialog schwafeln. In diesem Moment hältst du inne und es zieht deinem gesamten Vorhaben den Boden unter den Füßen weg.

Der Kampf kam erst später. Ich habe das Buch abgegeben und das kam super an. Mit dem Buch sind wir durch die Förderung, mit dem Ende haben wir einen Verleih gefunden. Das war also kein ständiger Kampf. Der kam erst, als es ums Drehen ging und man einfach mit Rehen nicht drehen kann. Das beweist wie magisch dieser Moment ist, weil sie so etwas eigentlich nicht machen. Vielleicht gibt es irgendwo dressierte Rehe, aber wir hatten keine zum mieten. Wir haben versucht das zu drehen, aber es war eine absolute Katastrophe. Deshalb mussten wir die Rehe digital erzeugen. Wir hatten als Low Budget-Film aber kein Geld mehr dafür. So kam jetzt zu dieser ohnehin gewagten Szene – sie mutet dem Publikum ja etwas zu – dass sie technisch nicht einwandfrei war und da haben die Produzenten und der Verleih Angst bekommen. Sie haben den Film einigen Leuten gezeigt und da gab es immer mal wieder einen Zyniker, der laut aufgelacht hat und dann war die Gewissheit da, dass es Leute geben wird, die bei der Szene lachen werden. Ich wusste das auch und das war für mich eine der mutigsten Regieentscheidungen im Leben, da nicht nachzugeben und einfach zu sagen, die Leute, die lachen, das ist mir egal, sollen sie. Mir geht es darum, dass diese wahre und von mir tief empfundene Szene so ist, wie ich finde, dass sie sein muss. Ich will auch nicht die ganzen Zyniker bedienen, die zu mir gekommen sind und sagten, der Film wäre voll geil, wenn er seinen Sohn abgeknallt hätte.

Den ganzen Film über hat mein Intellekt gesprochen. Alles was aufbegehrt hat, meine gesamte Jugend lang, in meinem religiösen System. Trotzdem gibt es eine Sehnsucht nach etwas. Es gibt einen Grund, warum Menschen religiös sind. Dieser Grund ist natürlich sehr abstrakt und verklausuliert im Film, aber die andere Seite sollte im Film auch noch einmal zur Geltung kommen.

In der Tat, ich finde das Ende ist die mutigste Szene, die mutigste Entscheidung des ganzen Filmes, nicht das angeblich Kranke und Perverse, das darin behandelt wird.

Es sind viele Leute zu mir gekommen und die glauben, sie wüssten, ich wäre schon viel weiter, wenn ich das nicht gemacht hätte. Auch der ehemalige *Kinowelt*-Verleih-Chef kommt heute noch zu mir und sagt, er finde den Film so geil, wenn nur das Ende nicht gewesen wäre. Ich kenne aber die ganze Geschichte und kenne auch die Reaktionen aus der ganzen Welt und ich wäre wohl nicht mal nach Hollywood gekommen, wenn ich das andere Ende gemacht hätte. Das glaube ich. Ich bin sicher, der Film ist deswegen weltweit so angenommen worden, vor allem auch auf Festivals. Ich habe manchmal zwei Stunden mit Zuschauern über den Film geredet und ich habe gemerkt, dass das ganz wichtig ist. Es war eine Entscheidung aus dem Bauch heraus und mit dem Herzen, die man nicht unterdrücken soll. Wenn du denkst, du hast ein cooles Konzept und dann rebelliert dein Magen und dein Herz sagt dir, das ist irgendwie scheiße, das funktioniert so nicht, dann musst du es anders machen. Wenn dir dann fast so etwas wie eine Erleuchtung kommt, so war das für mich damals, dann muss man das durchziehen.

Glaubst du nicht auch, dass das jetzige kontroverse Ende länger im Gedächtnis bleibt als ein zynisches, brutales Ende, bei dem er ihm in den Kopf geschossen hätte und dann gesprungen wäre? Er wäre dann vielleicht nur ein weiterer düsterer Reißer geworden, der für den Moment vielleicht cool wäre, aber am nächsten Tag schnell vergessen sein würde.

Die Kontroverse balanciert etwas aus und eröffnet eine Diskussion. Statt ihn einfach nur zu einem weiteren nihilistischen Film zu machen.

In der Tradition von Seven *(*Sieben*, R.: David Fincher, 1995)? Zu dem allerdings das düstere Ende sehr gut passt.*

Genau, das ist auch noch was. Es hätte mich auch genervt, wenn es so Seven-mäßig gewesen wäre. Es ist ein Film, den ich wirklich super finde, aber den gibt es schon.

Hast du dir mehr bezüglich der Rezeption von Antikörper *erhofft? Im Kino blieb der Film mit ca. 170.000 Zuschauern unter den Erwartungen und die Branche reagierte mehr als verhalten.*

Der Film lief im April 2005 auf dem Tribeca Filmfestival in New York. Über drei Monate vor dem deutschen Kinostart. Da hatte er sensationelle Reaktionen, denn er wurde noch viermal wiederholt. Ich hatte sofort Einladungen nach Hollywood und ich hatte mich mit den Leuten von Tribeca Productions getroffen. Da ging dieser ganze Hype los, wie anscheinend bei jedem Regisseur, der aus dem Ausland kommt und einen Film zeigt, der den Leuten gefällt. Da ist anscheinend immer derselbe Trubel los. Ich bin dann nach L.A. gegangen und hatte mein Management und meine Agentur und hatte mich schon um große Filmprojekte beworben und auch Dinge angeboten bekommen. Ich war also geistig schon ganz woanders. Aber immer wenn ich nach Deutschland kam, war es ganz anders. Es war so, als gäbe es den Film nicht. Als er endlich rauskam, war es wie ein Rufen im Wald, das verhallt. Er hat einfach nicht so viel Aufsehen erregt wie im Ausland. Was ich schade finde.

Es ist immer schwer Leute ins Kino zu bringen. Da kann man immer drüber streiten, was ist die richtige Kampagne, was ist die falsche. Wie bewirbt man einen Film, an den *Kinowelt* total geglaubt hat und ihn mit rund 180 Kopien ins Kino bringen wollte. Sie haben in dem Sinne viel richtig gemacht, dass sich mehr Leute an diese Kampagne erinnern können als an die von Pandorum oder Case 39, die wesentlich größere Kampagnen waren, aber keiner mitgekriegt hat.

Das kontroverse Ende in ANTIKÖRPER: *mit Wotan Wilke Möhring und Hauke Diekamp*

ANTIKÖRPER hatte weniger Geld dafür. Die Leute sind zwar nicht reingegangen, [lacht] aber sie haben sich die Kampagne gemerkt.

Natürlich habe ich mir mehr erhofft. Aber es war schon wie bei CURIOSITY zuvor, dass der Film ANTIKÖRPER mir persönlich wahnsinnig viel gebracht hat. Ich will mich auch nicht beschweren, denn ich kann nicht sagen, dass ich Pech mit dem Film gehabt habe. Natürlich hätte ich auch gerne in meinem Heimatland einen Hit gehabt, aber für mich war der Film so super und was er für mein Leben gebracht hat und auch heute noch bringt.

Ich kann den Film noch heute für meine anderen Projekte irgendeinem Schauspieler auf der Welt schicken und ich weiß, dass der sich danach mit mir treffen wird. Nicht, weil ich selbst den Film so einschätze, sondern weil ich schon so viele Jahre mit der Erfahrung lebe, wie die Leute auf den Film reagieren. Wenn man das immer wieder erlebt, bekommt man so eine Sicherheit. Bei meinen neueren Filmen, da fehlen mir diese Erfahrungswerte, wie sie bei Schauspielern ankommen, ich weiß es nicht. Deshalb schicke ich ganz gerne, wenn die Leute sagen, schick mal einen Film, immer ANTIKÖRPER, weil der schon seit fünf Jahren gut ankommt.

Du hattest schneller eine bessere Ausgangsposition als andere. Die anderen, die auch rübergingen, fragten sich, warum das Telefon nie bei ihnen klingelt. Niemand nahm

ihre Filme wahr, es gab in Deutschland keine Angebote für Folgeprojekte, nicht mal eine lausige Serie.
Das ging mir aber auch so, nur dass ich da schon weg war. Aber es war schon frustrierend, dass in Deutschland gar nichts kam. Es ging erst los, als der Film im ZDF lief. In Deutschland haben die Leute in der Branche auch nicht die richtige Berufsauffassung, zumindest in der Masse, es gibt bestimmt Ausnahmen. Nämlich zu sehen, was die Kollegen so machen. In Amerika, wenn am Wochenende die Filme angelaufen sind oder auch schon vorher die Pressevorführungen waren, sind die nächsten Tage, Montag bis Mittwoch, beim Lunch die Filme die Themen. Da kann keiner sagen, habe ich nicht gesehen. Das kann er einmal sagen, aber nicht dauernd. Es ist ganz klar, dass man da die Filme schaut. Das gehört mit zum Job. Selbst wenn einer floppt gehört es mit zum Job. Wenn ein Film kein Erfolg ist, fällt er auf der Wichtigkeitsskala nach unten, weil man die erfolgreichen immer sehen muss. Die weniger erfolgreichen arbeitet man aber auch aus anderen Gründen ab, man will ja wissen, wer ist gerade gut im komponieren oder als Kostümbildner. Also muss man die Arbeiten kennen. Das ist ein Riesenunterschied zwischen Deutschland und den USA. Die Wahrnehmung der anderen Arbeiten in der Branche ist viel höher, witzigerweise sogar der Leute im Ausland. In meinem Fall, in Mennan Yapos Fall. Wenn die Leute hören, es gibt einen Film, den sie gesehen haben müssen, von einem obskuren Typen aus Paraguay, dann schauen die sich den alle an.

Wie läuft das auf einem Festival so? Kommen wirklich die Studioleute auf einen zu, schütteln einem die Hand und drücken einem eine Visitenkarte in die Hand mit der Bemerkung: «Melden sie sich mal bei uns!»?
Ja, also bei mir war das so. Nach jeder Vorführung. Produzenten, Studioleute, Manager. Der Manager, der da kam, ist auch heute noch meiner.

Welche Scripts gingen als erstes durch deine Hände?
Es gibt ja verschiedene Stadien: Das unterste ist, dass dein Agent dir ein Script gibt, das kursiert und sagt, wenn dir das gefällt, können wir uns bewerben. Das lesen viele und manche Deutsche, die das erste Mal da sind, verwechseln das mit einem Angebot. Das ist aber wirklich nur der allererste Schritt. Dann gibt es als nächstes, dass der Produzent dir ein Script schickt, von dem er hofft, dass er mit dir als Regisseur zusammen eine Vision entwickelt, die das Studio überzeugt. Oder manchmal hat er das Studio vom Stoff schon überzeugt und nun will er dich als Regisseur vorschlagen. Als oberste Liga gilt, dass das Studio dir etwas schickt oder dich einfliegt und gerne möchte, dass du das machst. Ich hatte damals das große Glück, dass ich relativ schnell alle drei Optionen hatte. Ich hatte auch Angebote für sehr, sehr große Filme. Also echte Angebote. Ich wurde vom Studio zum Gespräch geladen und hatte wirklich gute Chancen den Film zu machen.

Um mal auf Deutschland zurückzukommen. Ich hatte ja ein Nachfolgeprojekt mit demselben Produzenten und mit demselben Team, das ich gerne machen wollte. Da war der Bayrische Rundfunk der Hauptfinanzier. Der Film ist später auch gemacht worden, aber ohne mich. Das war Nordwand (R.: Philipp Stölzl, 2008). Ich habe zusammen mit meinem Produzenten in München dem Bayrischen Rundfunk Antikörper im Kino vorgeführt, das war lange, bevor er im Kino rauskam. Mit der Reaktion: Das ist ja alles schön und gut, aber ich sei ja noch jung und der Nachfolgefilm wäre viel zu groß für mich. Der sollte fünf Millionen kosten. Ich solle doch erst einmal einen Polizeiruf 110 für sie machen. Das war im direkten Kontrast zu einem ernsthaften Angebot von einem großen Studio, den neuesten Teil ihres 80-Millionen-Franchises zu machen. Das war einfach so ein krasser Kontrast. In Amerika gibt es dieses positive: Wir brauchen junge Leute für unsere großen Sachen, weil die Alten es nicht bringen. Wir brauchen junges Blut. In Deutschland heißt es, du bist noch jung, hast einen kleinen Film gemacht, drehe erst einmal ein oder zwei Polizeiruf 110 und dann kannst du vielleicht irgendwann einen großen machen.

Du hast denen nicht gesagt, dass das lächerlich ist? Sie vertrauen dir keine fünf an, aber du hast gerade Angebote über 20, 40 oder 80 Millionen.
Nein, das geht die auch gar nichts an.

Auch nicht um solchen Schwätzern die Absurdität ihrer Argumente vorzuführen?
Ja, aber das sind ja nur Argumente. Tatsache ist ja, dass die dich nicht wollen. Man weiß ja gar nicht, was wirklich alles dahinter steckt. Sie wollen dich nicht, fertig. Da kannst du jetzt diskutieren, aber dann machst du nur einen noch schlechteren Eindruck. Den besten Eindruck machst du, wenn du weggehst und einen anderen Film machst. Das ist das Allerbeste. Da zu diskutieren, bringt gar nichts.

Wie gesagt, den großen US-Film wollte ich nicht machen. Das war nur der vierte Teil von irgendwas, wo du einfach weißt, du bist ein Rad im Getriebe. Wenn es erfolgreich ist, wird es nicht dir zugeschrieben, weil es schon vorher erfolgreich war, und wenn es nicht erfolgreich ist, dann warst du es. Du kannst eigentlich nichts gewinnen, außer ein bisschen Geld. Aber selbst das Geld ist ja genormt. Du bekommst für deinen ersten Studiofilm immer dieselbe Summe. Darum ist es egal, ob der Film 20 Millionen kostet oder zehn. Da ist praktisch kein Unterschied.

Kommen wir wieder zurück. Es gibt also drei Stufen: Sachen, die man gelesen hat, Sachen, für die man sich beworben hat und Sachen, die man angeboten bekommt. In diesem ersten Jahr gab es Filme, die habe ich drei- oder viermal vom Studiochef angeboten bekommen. Also der absolute Traum. Aber es waren immer Sachen, die ich nicht machen wollte. [lacht]

Verfolgst du hinterher, was daraus geworden ist?
Klar, die schaue ich mir alle im Kino an, weil man immer was lernen kann. Ich schaue mir alles im Kino an, was ich gelesen habe. Ich kann dann immer sehen, was ist für ein Film in meinem Kopf entstanden und was für ein Film ist es jetzt geworden. Man lernt immer was über die Branche, über die Besetzung, über die Metamorphose, die ein Film durchmacht. Ganz besonders schaue ich mir die Filme an, die ich konkret abgelehnt habe. Mein erstes Angebot in Hollywood war der Film VACANCY (MOTEL, 2007) von Nimrod Antal. Das war ein Film, der wurde mir damals wirklich oft angeboten und ich habe abgelehnt. Ich hatte damals überlegt, Mensch, das ist dein erstes Angebot, vielleicht ist es dein letztes. Das weiß man ja nicht. Ich habe mal überlegt, es umzuschreiben, so dass es mir mehr liegt. Ich habe dann ein bisschen daran gearbeitet, aber ich habe gemerkt, ich komme da keinen Schritt weiter. Die Leute hatten sich damals 100% in den Kopf gesetzt, dass der Film PG13 sein muss und dass es ein sophisticated Thriller ist und kein Horrorfilm. So hat es das Studio empfunden. Aber das war ganz klar ein Horrorscript. Das Paar wird immer erschreckt, aber es passierte nichts. Ich dachte die ganze Zeit, wann geschieht endlich mal was? Ich habe versucht, das so zu navigieren, dass da Situationen entstehen, in denen nicht wirklich was Schlimmes passiert, aber es eng wird. Aber als ich gemerkt hatte, selbst das wollen sie nicht, habe ich abgesagt. Sie kamen dann wieder mit der Besetzung. Mal war es Sarah Jessica Parker, mal eine andere. Alle möglichen Leute waren besetzt. Sie kamen wirklich immer wieder. Am Anfang hatte ich noch darüber nachgedacht, weil ich noch nichts hatte. Später kamen aber schon viel bessere Angebote. Da fiel es natürlich leichter abzulehnen.

Das Angebot, was ich am ehesten bereue abgelehnt zu haben, aber auch nicht wirklich, weil ich den Film auch nicht gerade aus kreativen Gründen machen wollte, war ein Dreamworks-Projekt. Das war vielleicht ein Fehler, denn für eine Karriereentscheidung muss man immer parallel beides bewerten um weiterzukommen. Erst einmal war es ein Hit und wenn ich für die was Gutes abgeliefert hätte, könnte ich danach etwas machen, was vielleicht mehr auf meinem Mist gewachsen ist. Da denke ich, vielleicht war das nicht so schlau. Es ist dann anders gekommen und es hat ein anderer Regisseur gemacht und der hat es auch gut gemacht. Ich will jetzt nicht den Eindruck erwecken, dass die anderen Regisseure dann zweite Wahl sind. Deshalb nenne ich auch nicht die Titel.

Es ist mir auch schon passiert, dass die Executives wussten, dass ich es nicht machen will und mich trotzdem noch treffen wollten und versucht haben, mich zu überreden es zu machen. Normalerweise sagen die Leute, wenn der Regisseur keine Leidenschaft für das Projekt hat, dann hast du ein Problem. Du willst ja, dass der Regisseur am allermeisten an das Projekt glaubt. Deshalb ist es auch so, wenn ich mich für ein Projekt bewerbe, was noch Probleme hat, bei dem ich finde, dass daran noch gearbeitet werden muss, muss ich als erstes immer zeigen, dass ich daran glaube, bevor ich anfange daran herumzumäkeln. Weil die Amis Mäkelei gar nicht so mögen. [lacht] Die akzeptieren das nur, wenn du die richtigen Punkte kritisierst, aber eigentlich auch nur, wenn du dafür eine Lösung hast. Wenn ich reingehe und meinen Ansatz für ein Projekt pitche, dann muss ich zu allem, was ich bemäkele, sofort sagen, wie ich es machen würde, dass es super wird. Sonst sagen die sich, na toll, kritisieren, dass dieses oder jenes nicht funktioniert, kann auch unser Lektor. Vom Regisseur erwarten sie, dass er kommt und sagt, was er richtig machen will.

Hast du zuerst CASE 39 oder PANDORUM angeboten bekommen?
Zuerst PANDORUM.

Die Überarbeitung des Drehbuches von PANDORUM hat also so lange gedauert, dass CASE 39 zuerst gedreht wurde?
Nein, zu dem Zeitpunkt habe ich an einem Dutzend Projekten gearbeitet. Aber das waren alles Entwicklungs-Deals, Sachen die noch finanziert werden müssen, Filme, die ihren Star suchen. Es war immer so, dass noch etwas fehlte. Dann gibt es dieses Phänomen, wovon mir meine ganzen Agenten und mein Anwalt und alle, die da drüben schon viele Jahre sind, erzählen: Jedes Jahr kommen hier Leute hin, die haben einen Film gemacht. Die haben den Hype, die treffen jeden in der Stadt so wie ich. Ich hatte ein Jahr lang jeden Tag fünf Meetings gehabt. Ob es nun ein Executive war oder ein Typ, der irgendwelche Novel-Estates vertritt, manchmal ein Studio-Kopf. Am Anfang noch ohne Agenten, später hatte ich meinen bei ICM. Es war jeden Tag und am allermeisten triffst du Produzenten, also ca. 80%.

Daraufhin kennen die dich alle und jeder schickt dir mal was. Anschließend machst du aber keinen Film und was dann oft passiert, ist, dass dann schon die nächsten kommen und alle treffen, dann schicken die denen was. Du bist irgendwann die Nachricht vom letzten Jahr. Als ich dann ein Jahr tatsächlich an Stoffen gearbeitet habe, aber kein Film konkret wurde, habe ich auch auf die Waage geschaut, was ist dein Traumprojekt und was musst du als Karriereschritt machen. Und so langsam wurde der Karriereschritt wichtiger. Sonst kannst du gar kein Traumprojekt mehr machen. Du musst immer irgendwie in der Balance bleiben. Wenn du zu lange auf das Traumprojekt wartest und deine Karriere zum Stillstand kommt, kommst du erst recht nicht zu einem Traumprojekt. PANDORUM war so eins von den Sachen, die zu meinen lieberen Projekten gehörte und die ich gerne machen wollte. Von meinen absoluten Hammer-Traum-Projekten, von den Büchern, die ich da gelesen habe und die mir die Schuhe ausgezogen haben, ist noch keines gedreht worden. Das ist auch so eine Erfahrung da drüben. Je besser das Projekt ist, umso unwahrscheinlicher wird es gemacht. Das bedeutet nämlich, dass es origineller und gewagter ist.

CASE 39 kam genau in diese Situation. Über ein Jahr nicht wirklich was gemacht und es war ein handwerklich relativ akzeptables Drehbuch. Es war natürlich kein origineller Über-Hammer-Stoff, aber hier war etwas anderes interessant. Bei so einem Stoff ist es genau andersherum. Da ist es nicht so, dass sie dich brauchen um einen Schauspieler oder eine Finanzierung zu bekommen, sondern da kam das Angebot von *Paramount* und zwar nicht irgendeiner Tochtergesellschaft, sondern richtig *Paramount*, und Renée Zellweger war schon besetzt. Sie suchen einen Regisseur und in zwei Monaten geht es los. Der Produzent fand mich toll und er hat mich vorgeschlagen. Es gab eine Bewerbungsrunde bei den Produzenten und dann bei den Studios. Dann haben die Produzenten und das Studio drei Regisseure ausgewählt, die sie am besten fanden. Diese drei wurden Renée vorgestellt, weil die natürlich das letzte Wort hat. Sie macht den Film nicht, wenn sie nicht mit dem Regisseur kann. Sie achtet auf die Chemie und auf die Vision, auf das, was man mit allem vorhat.

Ich habe mich mir ihr getroffen. Ich war der erste, weil sie mich zuerst treffen wollte, wegen ANTIKÖRPER. Das hatte ich schon mal als gutes Zeichen gesehen, wenn sie mich als erstes treffen will. Aber es gibt eine Million Sprüche in Hollywood, die irgendwelche Regeln sind. Für die es aber immer Ausnahmen gibt. Bei meinen Agenturtreffen hat es gestimmt: «The last guy in the room gets the job.» Der letzte ist immer der frischeste Eindruck. Deshalb war ich da auch ein bisschen nervös, dass ich als erstes sollte. Aber da sie das wollte, dachte ich, sie ist auf mich am meisten gespannt, weil sie meinen Film am besten findet. Also haben wir da gequatscht und das gleich drei Stunden lang, obwohl es nur 45 Minuten sein sollten.

Ich bin aus dem Hotel weggegangen und dachte: Ja, ganz klar, das lief so super, den Job kriegst du auf jeden Fall. Danach saß ich aber eine Woche im Hotel in Hollywood herum und es kam kein Anruf mehr und keine Entscheidung. Ich dachte, das kann nicht sein, das war doch eine gute Stimmung. Es war so geil, ich dachte, sie braucht die anderen gar nicht mehr treffen. Nach über einer Woche kam der Anruf von Kevin Misher, dem Produzenten: «You wanna make a movie?». Ich: «Yes!» Er: «You got the job!» Er hat mir dann erzählt, dass es genauso war. Mein Gefühl hat mich nicht getrügt, sie hat gleich nach dem Treffen gesagt, sie will die anderen eigentlich gar nicht mehr treffen. Da hat Kevin gesagt, das können sie nicht machen. Die haben sich das verdient und da hat sie die anderen noch getroffen. Die zwei anderen Meetings waren aber wohl sowieso nicht so dolle. So habe ich den Film bekommen. Und da das so ein Job war, der sofort losging, musste man eine Runde machen bei seinen ganzen anderen Projekten, die in der Entwicklung sind. PANDORUM war zum Beispiel schon in der Finanzierungsphase und ich musste sagen, Leute, ich bin jetzt ca. ein Jahr weg, diesen Film machen. Ich würde trotzdem gerne noch PANDORUM machen, wollt ihr auf mich warten? In diesem

Fall haben sie gesagt: Ja, wir warten. Ich habe das Projekt ja maßgeblich verändert. Zu diesem Zeitpunkt hatten wir das schon vollzogen, dass wir die beiden Projekte zusammengeschmolzen haben. Das Projekt ist auch in der Hierarchie innerhalb der *Constantin Film* enorm nach oben gestiegen. Zuvor war es eines von vielen B-Pictures, die man irgendwo im Schrank liegen hatte. Nach der Zusammenführung war es eines, an das sie geglaubt haben, deshalb haben sie auch auf mich gewartet.

Hast du ein Projekt aufgrund der Dreharbeiten verloren, hat jemand nicht gewartet?
Ja, natürlich. Aber dafür habe ich großes Verständnis, denn die Produzenten müssen immer aufpassen, dass ein Projekt nicht völlig abstirbt. Und niemand kann ihnen hundertprozentig garantieren – auch ich nicht – dass nicht ein Jahr später wieder ein tolles Angebot kommt, dass mich den Dreh erneut verschieben lässt. Da muss jeder Produzent für sich entscheiden, wie wichtig ich ihm als Regisseur für dieses Projekt bin. Egal wie er sich entscheidet, ich kann damit leben, denn zunächst habe ja ich mich einem anderen Projekt zugewandt.

Wovon hast du in diesem ersten Jahr gelebt?
Ich habe schon da etwas Geld verdient, an so manchen Development-Deals. Zumindest bei den vernünftigen Deals. Es gibt Projekte, die einfach so in den Sternen stehen, dass noch kein Geld da ist, aber die man trotzdem macht, weil sie super sind. Manchmal gab es Development-Deals, bei denen man wirklich dafür bezahlt wird, dass man als Regisseur mit dem Autor arbeitet und Notes gibt und Schauspieler trifft, um sie zu überzeugen, im Film mitzuspielen. Normal sind für so einen Deal 10.000 bis 15.000 Dollar. Das ist allerdings brutto. Davon geht ohne Ende Agentur, Anwalt, Management und Steuern ab. Das ist also wenig Geld. Ich hatte zwei solcher Deals und habe davon das Jahr gelebt.

Wo hast du gewohnt?
Zu dem Zeitpunkt habe ich noch in einem billigen Hotel gewohnt. Ich bin aber auch dauernd durch die Gegend und hin und her gezogen. Ich habe auch mal bei Kumpels und nicht immer im Hotel gewohnt. Die erste Zeit habe ich auf einer Luftmatratze geschlafen, bei einem befreundeten Typen, den ich hier mal kennengelernt habe, weil er mein Killer Queen-Buch gelesen hat. Über zehn Ecken hat mich mal einer angerufen, der bei Kevin Spacey gearbeitet hat, als der in Berlin Beyond the Sea (2004) gedreht hat. Er war Schauspieler und meinte, er hätte mein Buch gelesen und fände es toll. Sein Name sei Alex Splendore, ob wir uns mal treffen könnten. Mit dem habe ich mich da angefreundet und er hat mir Kevin Spacey vorgestellt. Wir haben einen netten Tag verbracht. Er wohnt in L.A. und war meine erste Anlaufstation. Bei ihm habe ich vier oder fünf Wochen

gepennt und dann ging es weiter. Bei Freunden von ihm, ab und zu mal im Hotel. Wenn du eingeflogen wirst, um z.B. Renée Zellweger zu treffen – ich war ja auch ab und zu mal wieder hier in Berlin – bezahlt das natürlich schon *Paramount*. Das Meeting und die ganzen Kosten, die dadurch entstehen, die habe ich natürlich nicht selber getragen.

Was ist mit CASE 39 *(2007) eigentlich los? Warum hat Paramount den Film so vernachlässigt, geradezu versteckt und somit wahrscheinlich kommerziell versenkt?*
Das ist eine lange Reihe von ganz vielen kleinen, banalen Gründen. Es gab niemals eine Entscheidung bei diesem Film, ihn zu versenken. Es ist einfach relativ passiv passiert. Es war ja so, der Film hatte einen Superhype während der Dreharbeiten, weil die alles geil fanden, was da so ankam. Die haben auch über mich in Hollywood viel herumerzählt, was mir geholfen hat. Das merkst du richtig, denn die Studios haben mir noch mehr Sachen geschickt.

Auch bis hin zum ersten Cut, den ich intern den Studiobossen vorgeführt habe, gab es einen Superhype. Der spätere Studioboss, zu dem Zeitpunkt President of Productions, hatte zu dem Zeitpunkt sich den Film angeschaut und war total begeistert. Das

Renée Zellweger mit Christian Alvart on Location bei CASE 39

ging die ganze Zeit bis zum ersten Testscreening und dort war es dann so, dass ich dachte, es läuft super. Es gibt da fünf Noten: *excellent, very good, good, fair* und *poor*. Ich weiß es nicht mehr ganz genau, aber es hatten ca. 60% *excellent* und *very good* angekreuzt, 20 bis 25 *good* und noch ein paar *fair* und auch *poor*. Da dachte ich, das ist ja Klasse. Über 60% sagen, der Film ist sehr gut oder exzellent. Ich musste dann, weil ich der Neuankömmling und naiv war, feststellen, dass das eine schlechte Note in Hollywood ist. Wenn man von einem Film etwas erwartet, dann muss er 70 oder 75% in *excellent* oder *very good* bekommen.

Das war ein Dämpfer, aber nicht schlimm, weil es eben doch einige gab, die gute Noten vergeben haben. Es war also kein Desaster. Aber es war so eine Einschränkung in diesem ununterbrochenen Erfolgslauf, den dieser Film hatte. Er wurde ohne Probleme gedreht, alle fanden die Muster geil, er ging keinen Cent über Budget. Alles wurde wie versprochen abgeliefert. Auch wie schnell Hagen

Bogdanski gedreht hat und was wir in der Zeit geschafft haben. Den Leuten stand echt der Mund offen. Wir haben uns so einen guten Ruf erworben, während der Dreharbeiten. Das war wie eine Lokomotive. Aber bei diesem Testscreening kam sie ein bisschen ins schlingern.

Da muss man als Regisseur ganz viel lernen: Dass man da das Heft aus der Hand genommen bekommt. Das alle möglichen Leute an deinem Film herumköcheln, herumdoktorn, Meinungen haben und mitreden. Es wird herumgestochert und auf einmal habe ich ein Jahr Post-Produktion gehabt. Schneiden, ausprobieren, testen, wieder schneiden, testen, ausprobieren. Neues Ende gedreht, wieder testen.

In dem Jahr ist auch viel mit dem Studio passiert. Das hat mit dem Film gar nichts zu tun. In der Zeit wurden alle ausgetauscht, die den Film gemacht haben. Ganz zum Schluss gab es noch den President of Productions, der Head of the Studio wurde. Der ursprüngliche Chef des Studios wurde gefeuert, bevor ich überhaupt fertig war. Das ging immer so weiter, es sind immer mehr Leute verschwunden. Am Schluss waren Leute da, die überhaupt keine Beziehung zum Film haben. Und Studiopolitik ist so, wenn dann der Film ein Hit wird, ist es der Hit des Vorgängers. Es ist nicht dein eigener. Deshalb hat auch keiner ein Interesse daran, diesen Film zu einem Erfolg werden zu lassen. Obwohl wir am Schluss gute Testscreenings hatten und alles funktioniert hat.

Man muss wissen: Es gibt *Paramount Domestic* in den USA und *Paramount International* mit Sitz in London. Das sind zwei unabhängige Leitungen. Die Europäer von *Paramount International*, die den Rest der Welt betreuen, hatten eine Vorführung des Filmes ganz früh nach dem letzten Testscreening und die waren total begeistert. Die haben gesagt, sie machen den Film zu einem Hit. Sie hatten Renée Zellweger, noch bevor sie ihre Flops hatte. Es war immer noch 2007. Auch *Paramount Domestic* hat aufgrund der Testscreenings gesagt, der Film kommt mit 2800 Kopien im Herbst 2007 ins Kino. Das wurde ganz offiziell angekündigt. Dann wurde der Termin ein bisschen verschoben und es gab im Studio interne Umstrukturierungen, was für Filme man wie herausbringt. Dann gab es sogar Sachen wie neue Steuergesetze, wie man welche Herausbringungskosten abschreiben kann. Da wurde der Film immer um ein paar Wochen verschoben. Es gab, weil der Film nur 20 Millionen Dollar gekostet hat, immer gerade ein wichtiges 80-Millionen-Dollar-Projekt oder auch Star Trek (R.: J.J. Abrams, 2009), ein 140-Millionen-Dollar-Film. Die sind zwar auch alle verschoben worden, aber meiner hat immer den letzten Termin bekommen, weil es einfach der unwichtigste Film war. In der Summe ist der Film irgendwann alt gewesen und es hat sich in Amerika keiner mehr dafür interessiert. Ich hatte das Glück, dass *Paramount International* gesagt hat, sie machen es jetzt. Sie warten nicht wie sonst auf den US-Start, sondern machen ihren eigenen. Aber dann fingen die auch an, ihn wegen irgendwelchem

Scheiß dauernd zu verschieben. Da war ich auch echt schon fertig mit den Nerven und hatte abgeschlossen mit dem ganzen Ding. Das kann man nur soundsoviel Jahre durchhalten, wenn die dir immer wieder einen Starttermin geben.

Es war wirklich nicht so, dass sie gesagt haben, der Film ist schlecht und wir müssen ihn verstecken. Dann wäre das ganz anders gelaufen. Dann hätten sie sofort gesagt, der Film bekommt einen Pseudostart mit 500 Kopien oder er geht Direct to Video. Du lässt doch deine Investition nicht liegen, wenn du denkst, dass sie eigentlich keinen Kinostart verdient hat. Und wenn doch, bringst du es auf DVD heraus. Aber die haben sich nicht entschieden irgendwas zu machen. Die haben es einfach immer vertagt. Was mir auch nicht geholfen hat, war, dass auch Renée auf einmal drei Flops hatte. Als ich den Film mit ihr gemacht habe, war sie in der Top Ten-Liste der meistverdienenden Stars und auf der Liste der Stars, die die höchsten Einspielergebnisse pro Dollar erzielen. Sie war auf Platz zwei dieser Liste vor Nicole Kidman, die damals auch noch top war. Nur Reese Witherspoon war vor ihr. Das ist jetzt schon längst nicht mehr so. Auch solche Sachen verschieben sich. Ich finde Renée großartig und wir haben auch ein anderes Filmprojekt miteinander, was wir machen wollen, aber was diese Liga angeht, von Millionen, die du bekommst, weil du die Leute ins Kino strömen lässt, da bist du immer nur kurze Zeit.

Wie hat sich der Film CASE 39 *im Laufe der Post-Produktion verändert? Was unterscheidet die jetzt bekannte Kinofassung von deinem ursprünglichen Director's Cut?*
Ich habe keinen wirklichen Director's Cut gemacht, obwohl es diesen Ausdruck «Director's Cut» gibt, der mit den DGA-Regeln (Directors Guild of America) zu tun hat. Du hast zehn Wochen Zeit für deinen DC, also den ersten Schnitt, den du vorführen musst. Das ist nicht das, was wir meinen, wenn ein DC auf einer DVD erscheint und wo der Regisseur sagt, so würde er ihn schneiden. Da zu diesem Zeitpunkt die Produzenten und das Studio mit einsteigen, arbeitest du ab da schon mit denen zusammen. Auch durchaus kollaborativ und positiv. Du versuchst eine Schnittfassung zu erstellen. Irgendwann geht es los, dass Sachen entschieden werden, die du nicht willst und dann gibt es keinen DC, weil du jetzt schon anfängst, mit Dingen leben zu müssen, die die machen.

Aber konkret zum Film: Es gibt ein paar rhythmische Fragen, die ich anders gelöst hätte. Es gibt sogar etwas, was ich herausgeschnitten hätte, weil ich es zu langatmig finde. Es ist also nicht nur so, dass ich immer alles länger haben will. Aber es stimmt, im Grunde wäre mein Film sieben Minuten länger. Manchmal will die amerikanische Empfindlichkeit über Dinge hinweghuschen, statt sie klar zu setzen. Die zwei größten Änderungen sind ein anderes Ende und die Todesszene von Ian McShane. Die war echt ein Highlight. Da habe ich zweieinhalb Tage lang eine große und aufwendige Actionsequenz gedreht, die aber in der Post noch sehr viel CGI brauchte. Die ist aufgrund dessen, dass der Zug ins schlingern kam und jeder mitredete und die Szene in Testscreenings überhaupt nicht funktioniert hat, weil die ganzen CGI-Sachen gefehlt haben, abgesägt worden. Da wollte keiner mehr die ca. 300.000 Dollar geben, um das fertig zu machen. Ich habe dann gezwungenermaßen in drei Stunden Ian McShane und die Hunde ein Jahr später gegen meinen Willen nachgedreht. Beide Enden sind auf der DVD/Blu-ray drauf und man kann sie sich selbst ansehen.

Der Trailer enthält viele Szenen, die nicht mehr im fertigen Film sind.
Ja, auch das meiste aus dieser Sequenz. Wenn Ian McShane von den Leuten und dem Auto gejagt wird, denkt er, er wird überfahren und springt über die Brüstung vom Parkhaus. Das war auch geil, weil das in einer Einstellung gedreht wurde. Von ganz oben bis zum Aufschlag ganz unten. Richtig aufwendig mit einem Descender und einem falschen Betonboden, so dass der Stuntmen wirklich aufschlagen konnte. Im Face-Replacement wurde dann Ian McShanes Gesicht draufgemacht. Das Problem ist, dass irgendwer bei *Paramount* irgendeine Schnittfassung dieser Szene auf die DVD gepackt hat, aber man hat sich einfach nicht mehr die Zeit genommen rauszusuchen, wie war die Szene, als sie mal gut war. Die Szene ist also auf der DVD, aber ob sie so ist, wie ich sie mal geschnitten habe, als ich sie gut fand, weiß ich nicht und natürlich fehlen die CGI-Sachen. Das sind alles Layouts, die da drauf sind.

Das krasse ist, als ich meine Idee gepitched habe, war diese Szene mit den Hunden noch im Drehbuch. In meinem Pitch habe ich gesagt, das mit den Hunden habe ich schon so oft gesehen. Der Film ist sowieso schon so THE OMEN-mäßig und dann auch noch die Hunde aus THE OMEN (R.: Richard Donner, 1976) herumrennen lassen? Da haben sie alle gesagt, ja cool, mach' was anderes. Dann habe ich was anderes gemacht und das war das erste, was mir wieder weggenommen wurde, als es gerade nicht so gut lief.

Was ist mit dem Ende? Reine Studioentscheidung oder basierend auf den Previews?
Das war eine Studioentscheidung, aber damit habe ich nicht so ein Problem gehabt. Ich wollte da nicht meinen ersten Film zum Autorenfilm erklären, sondern ich hatte mir die Aufgabe gesetzt, einen guten Job zu machen, so dass das Studio und die Produzenten mich positiv weiterempfehlen. Weil das da drüben ganz wichtig ist. Wenn du einen Job machen willst, wird immer gefragt, was war dein letzter und dein vorletzter und dann wird mit den Leuten geredet. Als ich Hagen herholen wollte, haben die sogar in Deutschland jeden angerufen, für den er je irgendwas gedreht hat. Sie haben gefragt, wie es sei mit ihm zu arbeiten, wie ist es mit seinem Zeitplan, seinem Budget, seine Persönlichkeit. Das wird alles gecheckt.

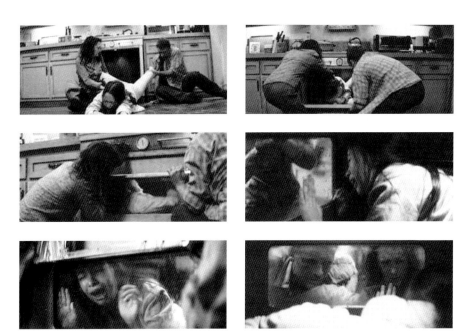

Die berüchtigte Backofen-Szene in Case 39: *Jodelle Ferland, Callum Keith Rennie & Kerry O'Malley*

Ich habe mir gesagt, okay, das ist ein Studiofilm, ich bin ein Studioregisseur, d.h. ich versuche im Rahmen meiner Möglichkeiten und meiner Integrität einen guten Film zu machen, der eine persönliche Note hat. Ich finde auch bei Case 39, obwohl ich die Gesamtstory nicht so wahnsinnig toll fand, war echt vieles im Detail drin, was mich auch fasziniert hat und was ich auch spannend fand umzusetzen. Eine meiner Lieblingssequenzen war die Ofenszene. Als ich die im Buch gelesen habe, konnte ich nicht glauben, dass *Paramount* mit Renée Zellweger so einen Film macht. Ich dachte, da gehen völlig durchschnittliche Amerikaner aus der Mitte des Landes ins Kino und schauen sich diesen Film an. Sie denken, mhm, CASE 39 mit Renée Zellweger, schön, und dann in Minute 20, wird erst einmal ein zehnjähriges Kind brutal in den Ofen gekloppt. Das hat mir schon so ein diebisches Vergnügen bereitet, mir das vorzustellen, wie die Leute dann da am Durchdrehen sind. [In der Ofenszene versucht ein Elternpaar ein Kind im Backofen zu verbrennen. Anm. d. Aut.]

Es gab noch ähnliche Sachen, bei denen ich dachte, da kann man als Regisseur was zeigen. Ich kann auch aus den Sachen, die ich eher durchschnittlich finde, noch mehr machen. Das wird in der Branche auch wahrgenommen. Es ist ja auch so, dass all die Leute das Script kennen. Wenn die Newsmeldung rauskommt:

Christian Alvart

Christian Alvart macht CASE 39, dann hat die Hälfte der Leute das Script dazu gelesen. D.h. in der Überlegung diesen Film zu machen, spielte eine Rolle, dass ich als Künstler bestimmt sechs oder sieben Sequenzen wahnsinnig faszinierend fand, dass ich es toll fand mit Renée zu drehen, die ich echt gut finde. Ich weiß, sie ist eine umstrittene Schauspielerin, aber ich finde sie super. Auch die Aufgabe, was mich an den anderen Kinder-Horror-Filmen gestört hat, dass die Kinder immer nur spooky auftauchen und spooky verschwinden, aber keine wirkliche Leinwandpräsenz entwickeln, hat mich gereizt. Die werden nur wie Gimmicks eingesetzt und nicht wie Charaktere. Das war das erste Buch, in dem das Kind wirklich was zu leisten hatte. Später kam ja noch ORPHAN (R.: Jaume Collet- Serra, 2009), aber der hier war das erste. Wenn du dir THE OMEN anschaust, da taucht dann Damien mal auf und steht böse in der Ecke, dann ist er wieder weg. Aber die Hauptfiguren sind andere. Hier war es mal so, dass ein zehnjähriges Kind neben Renée Zellweger einfach die Hauptrolle hatte und ihr Angst einjagen musste. Das fand ich für einen Genreregisseur eine wahnsinnig spannende Herausforderung, das hinzukriegen. Es gab also schon genug kreative Gründe, das zu machen. Aber es war trotzdem so, dass ich wusste, ich bin letztlich nicht der Chef und versucht habe, kompromissbereit zu sein, und dass es trotzdem am Schluss aber so schlimm wurde, dass man auch darüber nachdenkt, ob man es einfach hätte lassen sollen oder ob man geht.

Es gab auch einen Zeitpunkt, an dem ich gegangen bin. Dort kam ein neuer Vertriebsschef zu *Paramount* und der hat gesagt, wie könnt ihr diesen Film machen? Der muss heutzutage PG13 sein, das Zielpublikum wären Teenies. Da haben die drei Monate versucht, den Film auf PG13 zu schneiden. Ich habe gesagt, da muss ich nicht dabei sein, das wird nicht klappen. Dieser Film wird niemals PG13 sein, das ist einfach vom Stoff her nicht möglich in Amerika. Die haben mich schon bei den Dreharbeiten gezwungen, eine Szene zu drehen, in der das Kind nicht im Ofen landet, sondern nur fast und Renée und Ian kommen rechtzeitig.

Du unterschreibst ja in deinem Vertrag, dass du alles machst, um auch im Falle, dass das Studio das will, ein PG13 Rating zu ermöglichen. Da haben mir alle vom Studio gesagt: «Ja ja, das steht immer im Vertrag, aber wir wissen ja, wir machen einen R-Rated Film.» Nur, die Leute sind nicht mehr da, die gesagt haben, sie wissen es. Aber das musste ich erst lernen. An diesem Punkt bin ich nach Hause geflogen. Ich kam aber wieder und die hatten ihre PG13-Fassung, in der jede andere Anmerkung die irgendein Executive mal hatte und die ich immer erfolgreich abgeschmettert hatte, mit Zustimmung der anderen, ausgeführt wurde. Die Fassung wurde getestet und das Testscreening lief wirklich übel. Alle anderen waren ja eigentlich okay, nur nicht sensationell. Aber dieses, bei dem *Paramount* den Film für sich geschnitten hat, war wirklich schlecht. Da hat auch mein Manager sofort gesagt, das wäre aus kreativer Sicht schön für mich, weil die danach gesagt haben, ich könne es zu Ende machen. Sie haben mir also den Film zurückgegeben und gesagt, abgesehen vom Ende und dem Tod von Ian McShane, kann ich zurückgehen zu meiner letzten Fassung. Mein Management meinte aber auch, ich könne mich darüber nicht freuen, weil die jetzt Unrecht gehabt haben und das gibt denen kein gutes Gefühl über den Film. Es ist nicht so, dass sie sagen, sie hatten Unrecht und deswegen haben sie nun eine superpositive Einstellung. Sie haben nur gesagt, mach ihn fertig. Deine Testergebnisse waren besser, aber sonst... na ja.

Wenn du auf den Film zurückschaust. Bist du stolz auf ihn oder kannst du ihn dir nicht mehr anschauen?

Der Film hatte grundsätzlich ein relativ schwaches Konzept. Hat er schon immer gehabt. Ich habe z.B. schon immer gesagt, schon während meines Einstellungsgespräches, dass das alte Script kein gutes Ende hatte und auch das neue ist nicht besser. Ich finde viele Sachen aber auch ganz großartig. Ich habe den Film oft mit Publikum gesehen und wenn du einen Horrorfilm machst, bei dem die Leute kreischen, Schiss haben und danach fix und fertig aus dem Kino kommen, dann kannst du als Regisseur darauf stolz sein. Auf jeden Fall. Das ist das, was der Film versucht zu erreichen. Ich

Drehpause bei Case 39: *Jodelle Ferland, Renée Zellweger, Christian Alvart*

bekomme ja noch heute täglich irgendwelche Twitter-Meldungen, die sagen: «Oh my God, the scariest movie ever!» Da hat wieder irgendjemand den Film für sich entdeckt. Ich bin auch ganz stolz auf die Schauspielleistungen. Ich bin total stolz auf Jodelle Ferland, die das kleine Mädchen spielt. Die hat aufgrund von CASE 39 eine Rolle im dritten Twilight-Film Eclipse (R.: David Slade, 2010) bekommen. Ich finde manche Todesszenen super. Die Hornissen-Sequenz war in der längeren Fassung zwar noch ein bisschen besser, aber sie ist trotzdem immer noch ziemlich krass. Es gibt auf jeden Fall viele Dinge stolz zu sein. Das sind zweieinhalb Jahre meines Lebens. Ich habe aber auch ganz negative Dinge erlebt. Wir haben ja noch gar nicht über alles geredet. Wir haben nur über das große Ganze gesprochen. Ich habe im Detail richtig schlimme Sachen erlebt, aber ich habe auch richtig tolle Sachen erlebt. Deswegen kann ich jetzt nicht sagen, abgehakt und alles ist schlecht.

Kannst du für jeden Punkt Beispiele geben?
Was ich an Hollywood gut finde und was ich in Deutschland vermisse ist, dass es «the biz» ist, dass alles so superprofessionell ist. Im Negativen ist es genauso. Du wirst sofort alleine und fallen gelassen. Das Negativste war, dass persönliche, fast schon ins private gehende Sachen, politisiert wurden. Ein Beispiel: Ich bin ja mit Renée befreundet, weil ich sie auch menschlich super finde. Als ich ihr angeboten hatte, mal den Film zu zeigen, gab es ein riesen Donnerwetter, dass ich unabgesprochen dem Star den Film zeigen will. Das ist im Studio eine riesige Machtfrage. Wer zeigt dem Star den Film zu welchem Zeitpunkt? Für die ist das ein großes Ding, was Renée gar nicht will, weil sie für mich Renée ist. Für das Studio ist sie aber der Star und das war ein Riesenärger, den ich da bekommen habe. Dabei hatte ich noch gar nichts gezeigt. Ich hatte einen Termin gemacht, um ihn ihr zu zeigen und es dann dem Studio gesagt. Da gab es sofort ganz viele Anrufe. Und da wird es ganz schnell persönlich. Du wirst angeschrien und denkst: «Hallo?» Das gibt es in Deutschland wiederum nicht. Da wird das Zwischenmenschliche, so wie ich es zumindest kenne, noch viel höher bewertet. Der Umgangston ist in Amerika im Alltag viel freundlicher, aber in der Krisensituation wird in Deutschland wenigstens ein gewisses Niveau nicht unterschritten.

Wirklich angeschrien?
Ja, von Studioleuten oder Produzenten. Das habe ich aber bei beiden Hollywood-Filmen erlebt.

Wie ist das Arbeiten an einem amerikanischen Set? Dort gibt es strenge Hierarchien und genau definierte Arbeitsbereiche. Du darfst nicht mit jedem sprechen, du darfst nicht alles anfassen und irgend etwas selber machen. Du musst es deinem Assistenten sagen, der sagt es einem anderen und der wiederum sagt es dem, der es machen soll.
Das stimmt, aber man kann auch zu einem gewissen Grad einfach das Spiel nicht mitmachen und ein bisschen sein eigenes System aufzwingen. Natürlich nicht komplett, weil es die Gewerkschaften gibt, aber im kleinen Nukleus direkt am Set kann man das schon machen wie in Deutschland. Wir haben das einfach so gemacht. Es interessiert mich einfach nicht, ob es irgendeine Regel gibt, dass ich den Stuhl nicht verstellen darf. Das mache ich dann einfach.

Es ist aber schon so, das z.B. in Kanada, da sind die Gewerkschaften inzwischen noch strenger als in L.A., die Statisten in der Gewerkschaft sind. Wenn du als Regisseur zu einem Statist was sagst, ruft der sofort seine Gewerkschaft an und erzählt, er sei heute vom Regisseur inszeniert worden, er sei nun Schauspieler und er will eine Schauspielgage. Das kriegen die auch. Das ist wirklich ein Problem. [lacht]

Ist dir das mal passiert?
Ja, aber nur einmal. Dann hatte ich das kapiert. Man fühlt sich sonst schnell wie das Opfer eines Trickbetrügers, denn manche Statisten legen es richtig darauf an. Es gibt zwar diese vielen Regeln, aber das schöne war, dass ich Hagen dabei hatte und wir im Team unsere Arbeitsweise durchgedrückt haben. Normalerweise ist es so, dass der Kameramann nicht selbst schwenken darf. Das ist ein anderer Job und du nimmst dem Operator den Job weg. Wir haben in Kanada einfach einen Operator bezahlt, dafür dass er nicht arbeitet. Das war der Deal mit der Gewerkschaft. Das ist ein «shadow-deal». Man bezahlt einen Schatten und Hagen durfte selbst schwenken, während der Operator zu Hause bleibt. Das ist dadurch nicht teurer geworden, es ist dasselbe Geld ausgegeben worden, aber wir wollten diesen Typen einfach nicht da haben. Ich brauche eine hohe Geschwindigkeit am Set. So wie ich Filme auflöse, muss einfach das Set dreimal so viel schaffen wie normal. Das funktioniert zum Teil dadurch, dass ich das Team extrem klein und beweglich halte und gar nicht so vielen Leuten was erklären oder mit ihnen diskutieren muss. Hagen ist einer von denen, die das super können und der das widerum auf sein Kamerateam anwendet. Wir haben zwar nicht mehr den Durchschnitt von 37 Einstellungen wie bei Antikörper geschafft, aber immerhin noch 31. In Hollywood sind zehn normal.

Habt ihr am Set Deutsch miteinander gesprochen?
Fast nie, aber ab und zu ist es doch eingerissen. Das nervt die Leute tierisch, zu recht. Weil da ganz viele Profis am Set sind, die immer mit einem Ohr hinhören, was geredet wird. Die rennen manchmal schon los, weil sie sich sagen, vielleicht brauchen die gleich dieses Teil. Ich habe gerade nichts zu tun, ich hole das schon mal. Das machen viele ganz automatisch. Wenn du dann Deutsch redest, wissen die nicht was geredet wird und sind frustriert, obwohl es nur eine interne Diskussion zwischen Hagen und mir ist. Wir haben uns dann gezwungen auch interne Sachen auf Englisch zu bereden, aber das hat nicht immer geklappt. Dann hast du schon wieder an den Blicken gesehen, dass die frustriert sind, weil ihre beiden Chefs Deutsch reden.

Weil du gefragt hast, was das beste an Case 39 war: Das waren die Dreharbeiten. Wir hatten so tolle Dreharbeiten, mit allen Schauspielern, mit allen im Team. Die haben sich so reingesteigert und so an den Film geglaubt. Das war eine riesen Heulparade am letzten Drehtag, als die Crew sich voneinander verabschieden musste. Renée fand es auch so toll, die hat jedem in der Crew einen iPod geschenkt, mit einer Gravur, in der sie sich noch einmal bedankt. Den iPod gab es zu dem Zeitpunkt noch gar nicht. Das war einer, der erst drei Wochen später rauskam. Sie hat es irgendwie geschafft, dass Apple ihr den schon verkauft.

Also die Dreharbeiten waren echt großartig. Ich habe da so tolle Menschen kennengelernt und eine motivierte Hochleistungscrew gehabt. Das war echt schön. Ich habe auch Freunde gewonnen und zwei meiner Freunde waren eine Weile zusammen: Ich habe ja Bradley Cooper als Love Interest von Renée besetzt und da haben ganz viele mit mir diskutiert, das wäre unglaubwürdig. Als sie später zusammenkamen habe ich mir ins Fäustchen gelacht. [lacht]

Du hast gesagt, der Dreh wäre problemlos verlaufen. Was ist mit dem außer Kontrolle geratenen Feuer, dass den Set zerstört hat?

Du hast bei jedem Dreh Probleme. Technische Probleme, Unfälle, alles, was passieren kann, aber das ist so, wie ich funktioniere, für mich kein Problem. Das gehört dazu. Wo gehobelt wird, fallen Späne. Es ist keiner umgekommen, wir haben nichts Unwiederbringliches verloren. Das war kein Problem, sondern nur ein Hindernis. Wenn das Studio auf einmal das Interesse verliert, das ist ein Problem. So lange das Studio dich jeden Tag begeistert anruft und erzählt, wie toll die Muster sind, dann kann alles Mögliche passieren. Das ist letztlich egal.

Studioaufnahmen für Pandorum

Ich habe im August 2010 gefragt: Glaubst du, dass Case 39 *in den USA noch ins Kino kommt?*

Keine Ahnung, ich kann es mir nicht vorstellen. Ich habe eigentlich schon seit Jahren keine Fragen mehr zu diesem Film beantwortet. Die haben mir immer wieder was erzählt, aber sie wussten es selbst nicht. Ich kannte bestimmt 100 Leute bei *Paramount*, von denen ist keiner mehr da. Mich hatten noch manchmal die Executives angerufen, mit denen ich mich angefreundet habe, ich solle ihnen glauben, es liegt nicht am Film. Es ist immer nur irgendeiner banaler Quatsch. Ich habe es natürlich nicht geglaubt. Ich dachte, die finden den Film nicht mehr gut. Wenn sie wenigstens den Film nicht mehr gut gefunden und auf Video herausgebracht hätten. Das wäre für mich viel besser gewesen. Das Problem ist, solange den Film keiner sehen kann, denken die Leute sonst was wie der Film wäre. Meine Agenten haben Ende 2009 angefangen, weil es ihnen echt egal war, den Film überall hinzuschicken. An Executives, andere Studios, usw. Seitdem läuft es auch wieder viel besser.

Es entsteht das Bild eines schlechten Filmes. Nicht mehr als ein Gerücht, weil ihn kaum jemand gesehen hat.
Genau, weil der einfach nicht rauskommt. Jetzt schauen die den Film und sagen, hey, ist doch in Ordnung! Seitdem kriege ich auch wieder viel mehr Scripts und Angebote. Es war wirklich nötig, dass die das einfach getan haben, denn eigentlich macht man das nicht. Man verschickt keine Filme, bevor sie draußen sind. Aber wenn die so viele Jahre den Film nicht rausbringen, da mussten wir jetzt reagieren.

Also hat dir die Nichtveröffentlichung geschadet?
Ja, auf jeden Fall. Das schadet auch der Wahrnehmung. Ich komme ja selber aus der Presse und weiß, wenn ein Film drei Jahre nicht erscheint, setzen die Kritiker sich ins Kino und sagen, jetzt wollen wir mal sehen, warum dieser Film nicht herausgekommen ist. Es hat also nicht nur mir, sondern auch dem Film enorm geschadet. Ich bin mir sicher, es hat auch Renée geschadet. Ich bin so glücklich, dass Renée trotz allem zu mir hält. Dabei hatte ich echt Angst nach diesem ganzen Stress, denn Hollywood ist so eiskalt. Wenn man irgendwie eine negative Assoziation hat, dann kommt keiner zu dir. Selbst die Leute, die dir z.B. sagen, das hast du echt super für uns gemacht, wir sind total zufrieden, schade, dass es nicht geklappt hat. Das sind nicht die, die dir einen neuen Job anbieten. Weil auch sie immer ihr Projekt verkaufen und sich an einen Hype dranhängen müssen. Ich habe Renée ein neues Drehbuch gegeben, aber ich habe nicht mehr damit gerechnet, dass sie tatsächlich noch einmal einen Film mit mir machen würde. Nicht, weil wir uns privat nicht gut verstehen oder sie nicht an mich glaubt, in kreativer Hinsicht, sondern einfach, weil das ein Fehlschlag für sie war, mit dem ich nun mal assoziiert bin. Ich dachte, Hollywood ist so, die machen das nicht. Aber als sie mir dann zugesagt hat, dachte ich, sie ist einfach echt cooler als der Rest. Die lässt sich auch nicht von ihrem Team reinreden, sondern sie sagt, das machen wir.

Nachträglich: Der Film hatte doch noch einen kleinen Kinostart. Er lief in Deutschland im März 2010 und in den USA im Oktober 2010 an. Bei einem ungefähren Budget von 26 Millionen spielte er weltweit ca. 28 Millionen (laut boxofficemojo.com). War der Film also doch noch ein kleiner Erfolg?
In manchen Ländern war er sehr erfolgreich, in anderen nicht so. Es gab Länder, da startete er auf Platz zwei und das hat letztlich auch den US-Verleih sehr ermutigt. Leider haben sie ihn dann am selben Tag wie das nagelneue Horror-Remake LET ME IN (R.: Matt Reeves, 2010) gestartet, der einen viel größeren Hype hatte und die beiden Filme standen sich dann gegenseitig im Weg. Dass wir trotzdem noch am Box Office das bessere Ergebnis hatten, zeigt für mich nur, dass es mal ein großes Potential für den Film gab. Vielleicht etwa im Bereich von ORPHAN.

Aber genaue Zahlen habe ich mir nicht geben lassen. Ehrlich gesagt, habe ich mich mit dieser ganzen Sache nicht mehr sehr intensiv beschäftigt. Das ganze drohte für mich zur unendlichen Geschichte zu werden und ich wollte einen Schlussstrich ziehen. Das einzige, was ich über die finanzielle Seite sicher weiß, ist, dass der Film letztlich kein Verlust war und Geld verdient hat. Aber Erfolg ist was anderes.

Hat sich das Urteil der Leute aus der Branche, die Sichtweise auf den Film, grundlegend geändert?
Ja, aber schon früher, wie gesagt, als meine Agenten anfingen, den Film zu zeigen.

Du hast zwischendurch auch mal als Scriptdoctor gearbeitet?
Ja, aber das sind so Sachen, die vergesse ich gleich wieder. Man hilft und dann geht man wieder. Das passiert aber oft auch über Development-Deals. Man wird über den Deal als Regisseur bezahlt, aber in Wirklichkeit schreibt man das Buch um, was wegen der WGA schwierig ist. Man wird so also über einen Umweg bezahlt. Ich weiß nicht, wo du das gefunden hast, weil ich eigentlich nicht damit hausieren gehen darf.

Ist das nicht ungewöhnlich, dass man als Ausländer als Scriptdoctor eingespannt wird?
Ich habe ja das Script zu KILLER QUEEN als Beleg, für ein englisches Buch, das ich geschrieben habe. Das war immer die Arbeitsprobe. Dann geht es auch als Scriptdoctor darum, dass du deinen Pitch machst. Du gehst hin und sagst, so sehe ich die Probleme und dies sind meine Lösungen. Nur dann wirst du eingestellt. Nicht, weil du vorher was Tolles gemacht hast, sondern du musst auch hingehen und ganz klar sagen, so würde ich das ändern. Wenn die sagen, ist ja geil, wenn du den schreibst, wird das ein Superfilm, dann hast du den Job.

Hast du in den daraus entstandenen Projekten immer noch deine alten Ideen wiedergefunden?
Ja. Da kommt demnächst auch wieder ein Film mit Clive Owen, auf den bin ich ganz gespannt. Da war ich mal eine Zeit lang der Regisseur und ich sollte ihn mit Antonio Banderas machen. Da habe ich ganz viel umgeschrieben und bin mir sicher, ich werde noch Sätze finden, die von mir sind.

Kommen wir zu PANDORUM *(2010). Gleich als erstes die Frage: Stimmt es, dass die weibliche Hauptrolle eigentlich von Milla Jovovich gespielt werden sollte?*
[lacht] Das ist jetzt aber ein ganz heikles Thema.

Milla Jovovich scheint immer ein heikles Thema zu sein.
Ich habe nichts gegen Milla und kann gar nichts Negatives über sie erzählen. Es war eher negativ, was die Erfahrung angeht. Es war so, dass die Rolle, bevor ich

kam und das ursprüngliche Script umgeschrieben wurde, für Milla gedacht war. Das ist ja auch klar. Sie sind die Produzenten von RESIDENT EVIL und sie ist der Star ihrer erfolgreichen Reihe. Ergibt also Produzenten-technisch gesehen Sinn.

Und sie ist mit Paul W. S. Anderson liiert.
Genau, ist also total logisch. Ich bin dann ganz vorsichtig und, wie ich vorhin schon gesagt habe, man sollte nicht mäkeln.

Wir haben ja relativ wenig über Kreatives geredet, aber ich habe in meinen Filmen, das zieht sich durch alle, egal wie absurd die Voraussetzungen sind, ein Anliegen: Ich versuche in meinen Filmen, selbst wenn es um fliegende Untertassen gehen sollte, realistisch zu sein. Realistisch ist natürlich ein weites Feld, was ist das für wen? Jeder beantwortet das anders und manche meiner Zuschauer sagen, das ist unrealistisch. Für mich gibt es ein Level an Realismus, den ich versuche, meinen Filmen mitzugeben. Dass ich innerhalb dieser Welt an alles glaube. Wenn der Film in einem Sozialarbeiter-Milieu spielt, dann drehe ich ihn auch so. Ich benutze nicht gleich von Anfang an die Kameraeinstellungen eines Horrorfilmes, erst wenn sich der Horror reinschleicht. Ich überlege mir die ganze Logik. Bei PANDORUM habe ich jahrelang an diesen ganzen Space-Sachen gearbeitet. Trotzdem siehst du im Internet irgendwelche Fans, die glauben, dass irgendwas unlogisch ist. Sie wissen gar nicht, wie sehr das alles durchdacht ist, so dass es funktioniert und was für eine Technologie dahintersteckt. Jedenfalls versuche ich, dass die Leute zu einem gewissen Teil nicht sagen: «Oh, it's just a movie!» Dass sie nicht die ganze Zeit immer alles abhaken können, weil der Film so zufällig wirkt, so wie viele Actionfilme eben wirken.

Ich will, dass sie einsteigen in den Film. Für mich war es ein Problem, wenn ich einen Film habe, der versucht zu zeigen, wie es ist, wenn man desorientiert in einem Raumschiff aufwacht und man sich an nichts erinnern kann. Alles ist dunkel und man hat Hunger. Wenn ich von diesem Startpunkt aus einen Film entwickle und dann nach 20, 25 Minuten eine neue Figur einführe, die dann Milla Jovovich ist, dann bin ich aus dem Film raus. Davon bin ich zu 100% überzeugt. Du siehst nicht: eine Figur taucht auf, wer ist das, wie wird die sein, was ist ihr Hintergrund, sondern sie ist Milla Jovovich. Alles klar, jetzt weiß ich, was das für ein Film ist. She's gonna kick some alien ass! Das war mein Problem mit dieser Besetzung. Ich glaube, dass Milla richtig was kann, wenn man gut mit ihr arbeitet und ich würde sie jederzeit in einem Drama besetzen, um mal was anderes mit ihr zu machen. Aber wenn du PANDORUM mit Milla gemacht hättest, dann wäre sie auf dem Poster und es wäre noch größer draufgeschrieben worden: «Von den Machern von RESIDENT EVIL». Und es wäre einfach RESIDENT EVIL (R.: Paul W. S. Anderson, 2002) ohne Zombies geworden. Da bin ich ganz überzeugt von.

Ein bisschen negativ war es, als eine Weile der Film noch nicht finanziert war, weil wir noch keinen Dennis Quaid hatten. Da war diese Verlockung für die Produzenten immer da. Man könnte jederzeit Milla fragen und dann wäre der Film finanziert. D.h., es ist eine große Leistung gewesen, auch für die Produzenten, zu sagen, wir haben den Film nicht finanziert, wir können ihn nicht machen und der einzige Grund, warum das so ist, ist der, dass der Regisseur Milla nicht will. Für mich war es immer schwierig, Paul und damit auch Milla zu erklären, dass es nicht an ihr liegt. Die denkt doch ganz schnell, ich habe ein Problem mit ihr. Aber ich habe wirklich nur ein Problem mit ihr in der Rolle. Auch später, wenn die Figur Leland auftaucht, da war es auch so, dass das Studio unbedingt einen bekannten Star wollte, um die Rolle zu boosten. Es war genau wieder dasselbe Problem. Wenn auf einmal die Figur auftaucht und es ist ein Star, dann lachst du erst einmal. Gar nicht einmal ein böses Lachen: Ahh, der!

Das war auch echt schwierig einen Unbekannten zu nehmen. Dasselbe auch mit Ben Foster. Das Problem ist, dadurch dass der Film gefloppt ist, konnte ich damit auch nicht beweisen, dass es nicht nötig ist. In der Analyse, warum er gefloppt ist, wurde als allererstes gesagt, du kannst keinen großen Film mit Ben Foster, unbekannten Darstellern und einem Altstar wie Dennis ins Kino bringen.

Es gibt natürlich auch Filme, die absolut für Starrollen gemacht sind. Wo ich auch sagen würde, diese Rolle braucht einen Star. Ich bin da kein Anti-Star-Nazi. Ich habe mal ganz kurz einen Film als mögliches Projekt in der Hand gehalten, das damals mit Tom Cruise gedreht werden sollte. Ich fand das super. Der war genau der richtige dafür. Jetzt wurde er von einem anderen gemacht und mit anderen Darstellern. Es gibt eben auch Sachen, bei denen du einen Tom Cruise oder eine Milla Jovovich brauchst und ich finde auch, dass CASE 39 mit Renée besser ist als ohne. Ich hätte den Film ohne sie niemals gemacht. Es gab mal davor eine andere Besetzung und da habe ich den Film abgelehnt. Die hatte weniger Stargröße und weniger Talent.

Wieviel hattest du mit den Leuten von Constantin Film zu tun?
Das ist eine amerikanische *Constantin Film* Produktion in Gemeinschaft mit Paul Anderson und Jeremy Bolt von *Impact Pictures*. Robert Kulzer, der für *Constantin* in L.A. sitzt, und die beiden haben schon so viele Filme zusammen gemacht, die sind eine eingeschworene Gemeinschaft. Die haben den Film mit mir gemacht.

Inwieweit hattest du mit der deutschen Seite zu tun?
Da wir in Deutschland gedreht haben, was ich unbedingt wollte, wurde die deutsche Firma wieder wichtiger. Martin Moszkowicz musste alles absegnen, also hatte ich mit dem auch viel zu tun. Für mich waren aber die direkten Ansprechpartner im Alltag Paul, Jeremy und Robert. Paul ein bisschen weniger, weil er

Christian Alvart

Ben Foster im Gespräch mit Christian Alvart am Set von Pandorum

selbst noch was fertig machen musste. Er hat ja zum dem Zeitpunkt Death Race (2008) gemacht. Er wurde eher in der Post-Produktion wieder wichtiger.

Musstest du sehr dafür kämpfen, den Film in Deutschland zu drehen?
Niemand war der Sache gegenüber richtig negativ eingestellt. Das es tatsächlich hier gemacht und nicht nur erwogen wurde, das liegt schon auch an meiner starken Lobbyarbeit dafür. Auch die Tatsache, dass es möglich ist: Es gibt jetzt Fördergelder, die man bekommt, wenn man hier Geld ausgibt. Ansonsten wäre der Film in Kanada gedreht worden.

Von wem kam der Titel Pandorum*?*
Vom Drehbuchautor Travis Milloy, der Titel kam von ihm. Meine Geschichte hieß *No Where*.

Auch wenn du es anderer Stelle schon oft gesagt hast, schildere bitte noch einmal kurz wie die beiden Drehbücher zu einem Projekt verschmolzen wurden.
Jeremy und Paul haben mir das Buch geschickt und es war echt erschreckend, wie ähnlich es einem eigenen Stoff war, den ich bearbeitet habe. Und zwar so ähnlich, dass ich dachte, dass der Stoff verbrannt ist. Das war wirklich ein Problem. Normalerweise ist es so, dass man als Regisseur ein Script noch umschreiben und beeinflussen kann, aber eigentlich jeder Produzent hören will, dass du noch zwei, drei Sachen ändern willst, um es noch besser zu machen, aber im Grunde kann man bald loslegen. Da bin ich hin und habe gesagt, ich habe so etwas Ähnliches und ich finde, dass deren Script viel zu kurz greift. Ich würde gerne vorschlagen, dass man

die Ideen aus meinem Konzept einbringt. Ich habe meine Ideen natürlich auch gepitched. Ich war überrascht, dass die das einfach nur cool fanden, sogar der Autor. Travis hat sich dann mit mir hingesetzt und zum Teil aus meinen Drehbuchanfängen und meinen Notizen abgeschrieben. Man kann aber nicht einfach nur A und B zusammenmachen, sondern man muss auch noch etwas Neues finden, damit das klappt. Es entstehen ja 1000 neue Probleme dadurch, die man lösen muss. Es ist also etwas ganz Neues, das durch die Zusammenarbeit entstanden ist.

Der Hauptgrund, warum ich das alte Script nicht so gut fand: Es ging wirklich nur um Monster und Action. Es gab keine richtige Backstory, keinen Mythos. Es war einfach alles kleiner. In meinem Script ging es um ein Siedlerschiff, ein Generationsschiff. Alle Passagiere schlafen, nur die Crew wird gewechselt. Bei mir war die Crew Klone der vorherigen Besatzung. Das war noch ein bisschen mehr Science Fiction. Das waren Klone, die großgezogen wurden und die erst einmal in diesem Raum, aus dem sie nicht herauskommen, ihre Fähigkeiten erlernen müssen, das Schiff steuern, etc. Gegen Ende wurde es dann aber wieder sehr gleich. Also der Twist, dass es auf dem Zielplaneten unter Wasser ist, war von ihm, aber mein Twist zum dritten Akt war auch, dass sie längst da sind und schon seit Jahrhunderten um den Planeten kreisen. Die Bösen, die es bei mir auch gab, die sind auf der dem Planeten zugewandten Seite und die Guten sehen immer nur das All und wussten einfach nicht, dass sie schon da sind. Es geht darum, dass sie versuchen zu landen und die Kontrolle zu bekommen. Die Bösen sind aber auch Klone, die sich mit ihrer reinen Aufgabe – wir fliegen das Raumschiff und sterben alt – nicht zufrieden gegeben haben. Sie haben angefangen auf dem Schiff zu leben. Sie haben da Gärten angelegt und das Schiff zu einer lebendigen Welt umgestaltet.

Seines war also krawallige Monster-Action und deines ein wenig philosophischer?
Ja, es gab keine Monster. Es ging einfach darum, was auf diesen unendlich langen Reisen passiert. Ich stehe auf solche Mikrokosmen. In ihnen können sich dieselben Dinge entwickeln wie in unserer Geschichte: Religion, Mythen, Diktatur, Demokratien. Die Bösen hatten z.B. eine Diktatur und die auf der anderen Seite haben immer abgestimmt. Die hatten aber auch den Nachteil, dass sie immer versucht haben, sich feige zu drücken. Es war also mehr so ein Charakterstück in einem Science Fiction-Gewand. Natürlich gab es da auch Actionsequenzen, aber die habe ich alle gepitched für die Fortsetzung. Eigentlich hatte ich ja drei Filme gepitched, weil ich aus meinem Stoff nicht so viel unterbringen konnte. Da gab es eine Szene, in der sie außen in Raumanzügen um das Raumschiff herumlaufen, um nicht immer mittendrin von den Bösen gestellt zu werden und kämpfen zu müssen. Aber dann treffen sie auch draußen auf die Gegner. Es gab dann eine ganze Kampfsequenz, die mit einer bestimmten Tatsache gespielt hat: Bei

meinem Flug wurde die ganze Zeit beschleunigt. Man macht das bis zur Hälfte der Reise und die andere Hälfte wird abgebremst. Was realistisch ist und durchaus so sein kann, wenn wir tatsächlich mal so eine lange Reise machen. Durch die konstante Beschleunigung ist es so, dass, wenn du dich von der Schiffsoberfläche trennst, das Schiff immer noch beschleunigt wird, du aber nicht mehr; d.h. du wirst sofort nach hinten gerissen. Ich habe mir also eine ganze Actionsequenz ausgedacht, die auf diesem Prinzip beruht, dass jeder, der mal kurz das Schiff loslässt, sofort zu einer Art Geschoss wird.

Nach den Einspielergebnissen sieht es nun düster für mögliche Fortsetzungen aus. Hat sich irgendjemand noch einmal dazu geäußert?
Es kam von den Produzenten die Frage, ob ich es auch als Fernsehserie machen würde, weil es dafür wohl einen Interessenten gibt. Das kann man sich vielleicht nicht vorstellen, aber manchmal steckt man so in anderen Sachen drin, dass man gerade nicht die Zeit hat, sich mal ruhig drei Tage hinzusetzen und zu überlegen, ob das auch eine Fernsehserie sein könnte. Ich muss langsam lernen, dass auch die Momente zum Nachdenken immer seltener werden und fast schon terminiert werden müssen. Da ich aber gerade Drehbücher schreibe und Aufträge habe, bin ich jetzt noch nicht dazu gekommen. Mein eigentlicher Plan ist es – und dafür gibt es auch Interessenten – das Sequel und das Prequel erst einmal als Comic zu machen. Ich habe die *Constantin* gefragt, ob sie es grundsätzlich genehmigen würden und sie tun es. Wenn du es als Comic hast, dann kann auch noch mal wieder was daraus werden. Es kann Interesse erwachen. Wenn nicht, dann sind zumindest die Ideen irgendwo festgehalten und man hat die Sache für sich abgeschlossen.

Möchtest du zu PANDORUM noch etwas sagen, was bisher noch nicht zur Sprache kam?
Ich finde, das Lichtkonzept von PANDORUM ist das Mutigste, das ich je in einem Mainstreamfilm gesehen habe. Normalerweise allein deswegen, weil es technisch als nicht einwandfrei gilt, wenn man so dreht.

All die extrem dunklen Szenen?
Ja, das gilt als technisch nicht einwandfrei. Es gibt Studios oder Sender, die dir das nicht abnehmen. Die gar nicht auf das Bild schauen, sondern nur auf den Oszillografen, und die Werte auslesen. Wenn die sagen, die Werte stimmen nicht, dann lassen die das zurückgehen. Das war sehr mutig von den Produzenten, weil ich gesagt habe, ich möchte das gerne so machen. Mich nervt es immer in vielen Thrillern und Horrorfilmen, wenn das, was als dunkel erzählt wird, aus technischen Gründen immer wahnsinnig hell ist. Ich habe neulich einen großen Hollywoodfilm gesehen, in dem der Held panisch ein Streichholz nach dem anderen anzündet, damit er im Dunkeln sehen kann. Aber rund um ihn war alles

erleuchtet. Da hat das Publikum gelacht. Der Typ kneift die Augen zusammen und macht das Streichholz an, aber wir sehen alles.

Es war mir völlig klar, ich habe in genug Testscreenings gesessen und kenne das Publikum, dass es Leute geben wird, die sagen, der Film ist zu dunkel, man sieht nichts. Es gibt einfach einen Teil des Publikums, der sich beschwert, wenn es zu dunkel ist. Das haben die Leute schon bei SEVEN gesagt, damals in der Pressevorführung, in der ich saß. Diese Beschwerden haben wir in Kauf genommen, aber was das Farbkonzept angeht, haben wir alle Farben sehr konzentriert und sie den Charakteren und Situationen zugeordnet. Die Farben kommen alle über die Lichtquellen und nicht weil wir über das DI (Digital Intermediate) irgendwas reingedreht haben.

Ist die Kinofassung von PANDORUM deine Wunschfassung?
Nein, das ist auch ein amerikanischer Film. [lacht]
Mit den üblichen Kompromissen?
Ja. Ich sage mal so: Es sind im großen und ganzen keine himmelschreienden Unterschiede zu sehen, aber auch Kleinigkeiten summieren sich. Sie machen Unterschiede in der Wahrnehmung, im Rhythmus, in der Empfindung dieser Realität, auf die ich aus bin. Der Film ist für mich stellenweise zu hektisch. Nicht durchgehend. Es gibt auch ganze Sequenzen, die so sind, wie ich sie schneiden würde. Aber es gibt unheimlich viele Sequenzen, in der die Angst da war, dass sich die Leute auch nur eine halbe Sekunde langweilen könnten. Das entspricht jedoch nicht so meinem Storytelling-Gefühl. Das war eine Produzentenansage gewesen, das wissen die auch. Ich denke, es ist ein ganz guter Kompromiss dabei rausgekommen, so zwischen allen, aber es ist ganz klar: ANTIKÖRPER war der letzte Film, der so geschnitten wurde, wie ich das wollte.

Hast du hier die Hoffnung, noch mal eine Wunschfassung erstellen und veröffentlichen zu dürfen? Es ist ja immer schwierig, wenn der Film an sich kein Erfolg war, dass man dann auch was anderes hinterher schieben kann.
Nein, ich habe da keine Hoffnung. Ich habe Hoffnung, was meine zukünftigen Projekte angeht, weil ich gerade echt sehr glücklich bin, für welche Dinge ich Aufträge bekommen habe. Ich schreibe gerade die meisten meiner zukünftigen Projekte selbst. Bis auf den Fritz-Lang-Stoff, weil das so ein geiles Buch ist, aber ansonsten schreibe ich meine Stoffe wieder selbst und versuche mehr Einfluss über meine Firma zu bekommen. Ich mache das, um aus der Vergangenheit zu lernen und so auch auf der Produzentenebene mit einwirken zu können. Ich denke mal, dadurch dass meine Firma die CAPTAIN FUTURE-Rechte erworben hat, habe ich auch ein echtes Eisen im Feuer. Dort könnte ich Dinge machen, die

ich bei Pandorum nicht konnte. Nicht so düster, aber es kann sein, dass so eine Actionszene, wie ich sie eigentlich für Pandorum 2 ausgedacht hatte, dann bei Captain Future auftaucht.

Damit sind wir schon bei den zukünftigen Projekten. Ich habe irgendwo von einem Spionage-Thriller gelesen, der auf einem wahren Fall beruhen soll.
Da sieht es schlecht aus. Der Stoff ist super, der Produzent ist super, alles ist schön, aber zu diesem wahren Fall gibt es inzwischen drei konkurriende Projekte. Und alle Player, die gerade diesen Stoff machen, sind sowas von gigantisch viel größer als ich, nämlich Michael Mann, Johnny Depp, usw., dass ich jetzt einfach Absagen von Schauspielern bekommen habe. Ich bin mir sicher, das liegt daran, dass die Agenturen diese anderen Projekte vertreten und das man einfach keine Chance mehr hat. Ich könnte es jetzt drehen, mit einem unbekannteren Darsteller, aber das wäre echt ein Problem. Dann ist das so, als ob du einen Robin Hood-Film machst, in dem Jahr als Kevin Costner seinen machte.

Um was für einen Fall geht es?
Das ist der Alexander Litwinenko-Fall. Das Projekt, das ich hatte, hatte ein Produzent entwickelt, der als einziger die Rechte an dem Buch hatte, das Litwinenko geschrieben hat, zusammen mit Juri Felschtinski. Die haben *Blowing up Russia* geschrieben, in dem sie die Machenschaften des FSB offenlegen, was wahrscheinlich einer der Gründe ist, warum er umgebracht wurde. Die haben ja zig Leute umgebracht: den Verleger, den Übersetzer, usw.

Dieser Produzent hat die Rechte erworben und mit Sidney Pollack entwickelt, aber dann ist ja leider Pollack verstorben. Anschließend habe ich das Projekt bekommen und versucht zu casten. Dann kam aber eine Ankündigung nach der anderen. Michael Mann hatte von der Ehefrau von Litwinenko die Rechte gekauft, aus ihrer Perspektive und baut darauf seinen Stoff auf [Alex Goldfarb, Marina Litwinenko: *Death of a Dissident*; Anm. d. Aut.]. Johnny Depp hat auch noch irgendeine Version des Stoffes. Und der Regisseur von Prince of Persia – The Sands of Time (2010), Mike Newell, macht auch einen. Das ist einfach total unrealistisch, dass da meiner noch was wird, leider. Aber wie gesagt, ich habe genug Stoffe. Ich bin nicht traurig. Ich bin traurig für den Stoff, weil das ein geiler ist, aber für mich gibt es genug Alternativen.

Ist der angedachte Film Liebe noch aktuell?
Ja, der ist noch aktuell. Das ist ein ganz kleiner Film, der sich aber dafür viel erlauben kann. Wenn ich den als ersten gemacht hätte, wäre ich, glaube ich zumindest, in Deutschland wieder für vier Jahre oder so verschrien. Der ist mit viel Blut und so. [lacht] Es ist vielleicht ganz gut so, dass der nochmal verschoben werden

musste, aber an den Stoff glaube ich auch noch, der wird nochmal was werden. Das ist ebenfalls so ein Film, den ich ganz schnell machen kann. Einer wie «8 UHR 28», wenn sich rausstellt, ich habe mal ein paar Monate Zeit und wo man sagt, komm, wir drehen in sechs Wochen. Der Film ist vorbereitet und braucht nur wenige Darsteller.

Wir hatten ganz am Anfang den Stoff KILLER QUEEN *als eine Art Running Gag etabliert. Wie sieht es jetzt damit aus?*
Aber als positiver Running Gag, weil jedes Mal Geld für mich abfällt, wenn den wieder einer machen will. KILLER QUEEN war das erste Drehbuch, das ich in meinem Leben geschrieben habe. Nicht als Amateurfilm für mich, sondern für später, wenn ich mal richtige Filme mache. Da war ich 16 Jahre alt. Ich habe es so geschrieben, wie ich mir einen Actionfilm vorstelle. Ich habe das Buch mal einigen Regie-Assistenten gegeben und die fanden das toll. Es gab eine, die gesagt hat, man müsste unbedingt was damit machen, ich solle mal nach Berlin kommen. Ich war inzwischen schon 18 und hatte einen Führerschein. Ich bin also zu ihr nach Berlin gefahren, und Nadeshda Brennicke war gerade zu Besuch, seitdem kenne ich sie.

Ich hatte das Script das erste Mal ernsthaft an eine Firma verkauft, es gab einen Fonds, der den Stoff super fand und auch machen wollte, mit Norman Reedus in der Hauptrolle. Ich bin ein bisschen dafür bezahlt worden, aber das Projekt ist dann geplatzt. Der Stoff fiel irgendwann an mich zurück und seitdem wird er eigentlich immer optioniert. D.h. den hat immer irgendeiner, der den machen will. Das geht die ganze Zeit nach oben. Damals war es noch eine kleine deutsche Firma mit einem Fonds, inzwischen ist er in Hollywood gelandet und der momentane Mensch, der den machen will, hat als letztes DISTRICT 9 (R.: Neill Blomkamp; 2009) finanziert. Bill Block ist eine bekannte Größe und vielleicht ist der Film irgendwann gemacht.

Ich bin inzwischen entspannt, was den Film angeht. Der Stoff ist für mich 20 Jahre alt. Ich hatte ihn einmal überarbeitet, aber seitdem hat sich nicht mehr viel getan. Es könnte sein, dass, wenn ich in Produktion gehe, ich ihn auf Herz und Nieren prüfe und sage, was nicht mehr geht, was inzwischen überholt ist. Meine Besetzung von damals geht ja auch nicht mehr. Die sind schon zu alt. Der Film war wieder kurz davor gemacht zu werden, weil, als Bill Block ihn machen wollte, bin ich fast von Zac Efron gestalked worden, der unbedingt die Hauptrolle spielen wollte. Ich habe ihn getroffen und gesagt, er sei zu jung für die Rolle. Der Hauptdarsteller ist Student, kein Schüler, schläft mit seiner Professorin und auch noch mit einer Killerin. Irgendwie habe ich das Gefühl, es wäre fast Kinderpornographie, wenn Zac Efron gerade aus HIGH SCHOOL MUSICAL 1–3 (R.: Kenny Ortega, 2006, 2007, 2008) kommt und jetzt zwischendurch einen Film macht, der auf witzige Popcorn-Art einen krassen Unterton hat, dass es cool ist Leute umzulegen. Das fand ich krank, wenn er das macht. Ich habe ihm gesagt, später können wir das machen, wenn ein bisschen Gras über die Sache gewachsen ist und wenn er älter aussieht. Da hat er mir noch ein Foto geschickt, auf dem er unrasiert war und dazu schrieb, schau mal, ich sehe älter aus. [lacht] Das war ganz süß. Jetzt ist er natürlich so explodiert, dass ich gar nicht weiß, ob er das noch machen würde. Es ist schwierig momentan mit ihm Killer Queen zu machen.

Übrigens, für mich ist er – das weiß er aber noch nicht – die Traumbesetzung für Captain Future, denn ich glaube, er könnte ein guter Captain sein. Zac Efron hat nämlich vom Körper und vom Gesicht her was von einer klassischen Anime-Action-Figur.

Ich will den Film so aufbauen, dass man möglichst mehrere Teile machen kann. Ich fand es immer schade, dass die Backstory von Captain Future in der Zeichentrickserie unterschlagen wurde. Er ist ja ohne Menschen aufgewachsen und ein kalter, kalkulierender Wissenschaftler-Typ, der 100% in Schwarz und Weiß und Gut und Böse denkt. Unter anderem deswegen, weil er von Gregg, Otto und Simon großgezogen wurde, also Maschinenwesen. Das ist ein bisschen so eine Kaspar-Hauser-Figur. Ich finde es spannend da anzufangen, dass er auf dieser geheimen Mondbasis gefunden und großgezogen wird, er also erst einmal Captain Future werden muss. Das wäre sozusagen der erste Film, der damit endet, dass er Captain Future ist.

Wenn du da einen zu alten Typen nimmst, musst du den in fünf Jahren neu besetzen. Wenn du aber jemanden wie Zac Efron nimmst, dann kannst du alle drei oder vier Jahre einen Film machen und trotzdem dieselbe Hauptfigur nehmen.

Du spekulierst also auf einen Franchise?
Na klar, immer.

Captain Future Begins quasi.
Genau. Das eigentliche Abenteuer basiert schon auf den Büchern und was man aus der Serie kennt, aber ich lasse ihn dieses Abenteuer zu einer Zeit erleben, in der er viel jünger ist, als in der Fernsehserie. Dort ist er ja schon immer etabliert und der Chef von allem. Der Präsident ruft Captain Future sobald es irgendwo Ärger gibt und ich finde, da muss er erst einmal hin kommen.

Wie ist der Stand der Dinge?
Bei Captain Future läuft es wirklich super zur Zeit. Wir haben weitere wichtige Rechte erworben, die besonders die deutschen Fans glücklich machen dürften. Außerdem habe ich mich mit starken Partnern zusammengetan und verhandle mit Finanziers, die einen Großteil des Budgets einbringen wollen.

Wird der alte deutsche Soundtrack verwendet?
Das steht für mich ganz weit oben. Ich finde es amüsant, dass mich das immer alle fragen, aber es ist nur zu natürlich. Ich bin da genauso drauf wie die Jungs, die das heiß im Internet diskutieren, weil ich auch aus der Generation komme, die das als Kind im Fernsehen geschaut und geliebt hat und die sich das mit einer anderen Musik gar nicht vorstellen kann. Also von meiner Seite aus: auf jeden Fall. Wir sind dran an der Musik und es sieht gut aus. Noch ist nicht alles geklärt, aber ich sehe die Sache recht hoffnungsvoll, so wie sich das anbahnt. Natürlich werden wir auch neue Musik haben, denn wir werden nicht einfach im Hintergrund die alte CD abspielen, aber sie wird auf den uns bekannten Kompositionen basieren.

In welcher Größenordnung soll sich Captain Future *abspielen?*
Es ist alles noch sehr flexibel, weil ich noch nicht genau weiß, wer alles mitmachen will. Wenn ein amerikanisches Major-Studio einsteigt, dann wird es natürlich ein größerer Film, weil die dann auch eine andere Vision fürs Produkt mitbringen und bestimmte Dinge verlangen. Wenn es so bleibt, wie es momentan geplant ist, dann möchte ich auch beweisen, dass man große Filme günstiger erzählen kann. Trotzdem wird es immer noch einer der teuersten Filme Deutschlands. [lacht] Verglichen mit dem, was Hollywood für solche Filme ausgibt, versuchen wir das für ca. ein Sechstel zu machen. Ich würde mal sagen, wir werden uns auf dem Level von Pandorum bewegen.

Der hat etwa 40 Millionen Dollar gekostet.
Ja, aber ich denke, man kann aus den 40 mehr machen.

Dass er nach mehr aussieht.
Genau. Ich glaube, dass sich Genre besonders gut eignet, um Schauwerte günstiger herzustellen, weil fremde Welten einfacher sind als die eigene. Wenn man versucht einen Braunbären realistisch zu animieren, dann ist das wahnsinnig teuer, aber wenn es eine außerirdische Bestie ist, dann hat man ein bisschen mehr Freiheit.

Wann fiel die Entscheidung Captain Future *in 3D zu drehen?*
Ich wollte ja schon Pandorum in 3D machen. Ich war kurz davor ihn in 3D zu drehen und dann wurde es mir aus finanziellen Gründen wieder gestrichen. Ich hatte schon konzeptionell und inhaltlich die *Constantin* und den Verleih in Amerika überzeugt, dass das gut wäre, aber damals, als wir den Film vorbereitet haben, war es noch nicht so klar, dass 3D finanziell was bringt. Ich habe damals meinen großen Pitch veranstaltet und auch Dinge vorgeführt, aber die Idee wurde mir gestrichen. Dafür war der nächste Resident Evil-Film in 3D (Resident Evil: Afterlife, 2010).

Was ist deine Meinung zum 3D-Trend?
Ich finde 3D für viele Stoffe nicht gut, aber für Genre ist es geeignet. Das Alphatier für 3D ist Avatar (R.: James Cameron, 2009) und der verliert in 2D. Es ist wirklich einer der Filme, die in 3D gedacht, konzeptioniert und ausgeführt wurden, und man merkt, das muss auch so sein. Für solche Filme finde ich 3D auch super. Ich möchte bei Captain Future auch gerne so etwas erreichen, dass man sagt, den *muss* man in 3D sehen. Das soll keine Option sein, sondern es muss so sein.

Wie sieht es mit dem Remake zu Antikörper, *angekündigt als* Antibodies, *aus? Hast du etwas damit zu tun?*
Damit habe ich nichts zu tun. Ich bekomme nur Geld, wenn das gemacht wird. Wie gesagt, in Amerika geht es ja allen nicht so gut. Die haben den Stoff inzwischen auch schon mal weiterverkauft. Ich weiß nicht, was die, die es gerade haben, konkret für Pläne haben. Das ist mir auch egal und es war mir schon immer egal.

Hast du komplett abgeschlossen damit?
Ich hätte den sofort als Remake machen können, noch im selben Jahr, wenn ich es gewollt hätte. Das war das allererste Angebot, das immer kam. Das habe ich aber gar nicht als Angebot gezählt, das war für mich kein ernsthaftes, weil ich das überhaupt nicht wollte. Ich habe gerade einen Film gemacht und mache den gleichen Film dann noch einmal? Ich wäre vielleicht der Versuchung erlegen, wenn die in dem Jahr 2006 gesagt hätten, sie hätten Russell Crowe als Farmer und Alan Rickman als Serienkiller, keine Ahnung. Irgendwie so was. Dann hätte ich möglicherweise gesagt, mit denen würde ich gerne mal drehen. Oder Al Pacino als Stadtbullen, dann kannst du schon in Versuchung gebracht werden.

Es gibt nämlich auch ein paar Filme, die ich zu einem Zeitpunkt abgesagt habe, an dem ich nicht wusste, wer darin spielt. Wenn dann angekündigt wurde, der Typ X spielt das jetzt, dann dachte ich: Oh.

Es gibt einen Film, da fand ich das Drehbuch nicht gut und auf einmal hat Denzel Washington die Hauptrolle gespielt. Da habe ich echt überlegt, war das jetzt richtig? Aber ich habe ja schon erzählt, letzlich bin ich immer zum Schluss gekommen, es war richtig. Der Zeitpunkt, zu dem man absagt, ist eben immer früh, weil die ganz oft den Regisseur zuerst engagieren, da der helfen soll, die Stars zu bekommen. Dafür muss man auch seine Kontakte pflegen. Ich meine, Robert Schwentke macht das ja super. Der hat den Zugang zu den verschiedenen Schauspielern so erhalten, dass es dann irgendwann ein Selbstläufer wird. Mit je mehr Stars du gedreht hast, um so mehr vertrauen dir auch die anderen, dass du mit ihnen umgehen kannst, dass du ihre Bedürfnisse kennst. Das ist die Werbung als Regisseur, weil der Produzent den Regisseur will, der dann den Film casten kann. Damit meinen die aber nicht, was man als Amateur denkt, nämlich dass die ein gutes Gespür für das Casting haben, sondern den Film casten heißt: Dass der für die Stars interessant ist, um mit ihm zu arbeiten. Das ist die absolut größte Währung für Regisseure in Hollywood.

Ich habe noch eine Frage zu deiner Arbeitsweise. Du hast all deine Filme komplett als Storyboard angelegt. Auch in den Dialogszenen, was gemeinhin nicht üblich ist. Machst du es aus Sicherheit für dich oder um deine Vision besser anderen mitteilen zu können und wie genau hältst du dich an dein Storyboard?

Ich bin gerade in so einer Übergangsphase. Ich habe es immer gemacht, weil ich gerne den Film komplett im Griff habe. Am Set ist keine Zeit für Diskussionen, da ist jede Sekunde kostbar. Die beste Kommunikationsform ist, das zu zeichnen und zu sagen, so und so soll es aussehen. Das ist einfacher für jeden, der mir hilft, den Film, den ich im Kopf habe, auch Wirklichkeit werden zu lassen. Es ist zwar so, dass normalerweise immer nur Actionsequenzen oder visuell herausragende Szenen gestoryboarded werden, aber ich habe auch in der Unauffälligkeit bestimmter Szenen den Anspruch, dass es herausragend ist. Nicht nur in den bestimmten Momenten. Ich versuche eigentlich, dass jeder Moment absolut gerechtfertigt die Kamera bekommt, die er braucht, um aus diesem Moment alles rauszuholen, was in dieser Szene erzählt werden soll. D.h., ich überlege mir bei einer Dialogszene genauso: Was ist die Perspektive, was ist das Gefühl dieser Szene, was wollen wir mit der Kameraeinstellung erreichen? Ich überlege mir das lieber, wenn ich drei Tage darüber nachdenken kann, als wenn ich am Set stehe und noch drei andere Szenen drehen muss.

Denn dann passiert, was den meisten heutzutage passiert, du coverst nur. Da sitzen die Schauspieler und wir nehmen es nur schnell von allen Richtungen auf, dann haben wir es gecovert und die Szene entsteht im Schnitt. Dann kannst du aber nichts Besonderes machen. Ich erkenne das auch im Kino, wenn jemand Coverage schießt, im Gegensatz zu den Leuten, die das niemals machen würden. Du kannst mir nicht erzählen, dass Stanley Kubrick jemals irgendeine Einstellung gedreht hat und sagte, die sitzen da, also nehme ich das irgendwie auf. Der weiß ganz genau, wie die da sitzen, in welchem Grad und Winkel zum Hintergrund und zur Kamera, und warum er genau diese Kameraeinstellung gewählt hat.

Storyteller wie Hitchcock, Kubrick und all diese Leute, die ihren Film planen, die sind mir einfach näher. Das heißt nicht, dass sie automatisch auch besser sind. Es gibt auch Leute, die kommen mit einer Superintiution ans Set und denen fällt immer unter Druck gerade das Beste ein. Die haben gar nicht den Nerv, da vorher drüber nachzudenken. Diese Methode will ich nicht schlechtreden, die mag super sein. Leider gibt es aber auch viele, die einfach faul sind und dann fällt denen am Set auch nichts Besonderes ein und das sind die ganzen durchschnittlichen Filmemacher, die wir alle kennen. Gerade wenn man glaubt, dass man kein Genie ist, sollte man sich umso besser vorbereiten. Ich halte mich nun mal nicht für ein Genie und deswegen bereite ich mich gut vor.

Was aber jetzt langsam passiert, deswegen sage ich, ich bin in einer Umbruchsphase, ist: Ich habe gerade einen Fernsehfilm gemacht, 8 Uhr 28 (2010), den ich ganz schnell eingeschoben habe, so als kleines «Passion-Project», das ich für meine beste Freundin inszeniert habe, die da die Hauptrolle spielt: Nadeshda Brennicke.

Ich hatte hier nur sechs Wochen Vorbereitung und ich brauche für ein Storyboard eigentlich, um wirklich diese 3000 Bilder zusammen zu tragen, wenn ich mir Zeit lasse, ein halbes Jahr und unter Druck wie bei Case 39 drei Monate. Hier ging das jedoch einfach nicht. Da habe ich die Auflösung aufgeschrieben. D.h., ich habe es genauso gemacht und mir vorgestellt, aber ich habe mir einfach nur Notizen gemacht und kein Storyboard. Es gab auch keine Sets. Storyboards mache ich ja auch deswegen, weil nach meinen Vorstellungen Sets entwickelt werden. Es waren hier Originallocations, die nicht gebaut waren. D.h., man muss noch viel mehr vor Ort schauen. Wie geht das eigentlich und wie kann man die Idee umsetzen? Wenn man es zeichnet, ist es schon zu weit fertig. Dann enthält es nicht mehr nur den Kern der Idee, sondern schon viel mehr. Bei mir sogar die Lichtquelle, auf welcher Seite ist das Fenster usw.

Dieses Werk ist eine ganz andere Art Film, der ist mit keinem meiner vorherigen zu vergleichen, es ist eben ein ARD-Drama. Und das fand ich ganz lustig. Die Freiheiten zu genießen, es am Set zu entwickeln. Jetzt, mit zwölf Jahren Set-Erfahrung. Dass man sich einfach sagt, ich bin nicht mehr 24 und kein Neuling mehr. Schauspieler, Kamera und Licht und alles, was dich an einem Set ablenkt. Ich kann jetzt ein bisschen entspannter herangehen und schon mit einer aufgeschriebenen Auflösung arbeiten. Das hat super geklappt. Ich würde aber trotzdem einen Film wie Pandorum von A bis Z storyboarden. Das war jetzt nur, weil es ein Drama war und ging.

Es ist ein TV-Film?

Die Produzenten und der Sender wollten ihn ins Kino bringen und diskutierten darüber, aber ich finde, der Film hat im Kino nichts verloren. Deshalb sage ich immer Fernsehfilm dazu. Ich war auch ganz klar dagegen, dass er ins Kino kommt.

Das Script stammt auch nicht von dir?

Nein. Nadeshda hatte dieses Script und wollte den Film gerne machen. Sie hat mich gefragt, ob ich für sie Regie führen würde, und durch meine Teilnahme hat das Projekt über Nacht grünes Licht bekommen. Er wurde sehr schnell abgedreht und abgenommen. Der großartige Herr Schreiber, der Unterhaltungskoordinator der ARD-Anstalten, wollte gerne diesen Film mit ihr und mir machen. Ich konnte aber leider wegen eines solchen Filmes, weil ich laufende Projekte hat-

Vergleich von Storyboard und Film bei PANDORUM

te, nicht meinen Sommer oder mein Jahr verschießen. Das ist ein kleiner Film, wenn, dann musste er sofort gemacht werden. Da hat sich tatsächlich die große, angeblich so schwerfällige, ARD darauf eingelassen, den Film sechs Wochen nach diesem Gespräch zu drehen.

War das ein reiner Gefallen oder hast du irgend etwas Interessantes in diesem Projekt gesehen?
Der Hauptgrund war, dass Nadeshda dass spielt und das ich fand, es sei eine tolle Rolle für sie. Sonst muss sie immer die schönen Lover spielen, was sie gar nicht will. Sie will auch andere Rollen spielen. Also war das für sie ein tolles Projekt und für mich war es toll, einfach mal einen Film ohne den ganzen Ärger zu machen. Das hat mir wahnsinnigen Spaß gemacht und ich wusste auch schon vorher, dass mir das Spaß machen würde. Aber es war auch ein egoistischer Grund, den zu machen. Es war nicht nur für sie. Ich habe zwei Hollywoodfilme gemacht, im «swimming with sharks»-Milieu und wollte jetzt einfach mal wieder einen kleinen Film machen, bei dem es wirklich nur um den Film geht. Nicht um das ganze Brimborium drumherum. Wo ich mich nicht fragen muss, wann er ins Kino kommt,

mit wieviel Kopien, mit welchem Marketing oder sonstwas. Sondern einfach einen Film drehen, fertigmachen, den Sender glücklich machen, Nadeshda glücklich machen. Man hat einen guten Job gemacht und dann geht es weiter. Das liegt ja schon wieder hinter mir. Ich bin jetzt wieder aufgetankt für die großen und schweren Sachen. Noch etwas: Ich habe mal komplett neue Leute ausprobiert, was auch bei so einem Film geht. Es gab für mich ganz viele Gründe, diesen Film zu machen.

In Amerika bricht gerade der Markt zusammen, da ist wirklich seit zwei Jahren das große Heulen und Zähneklappern, und das bei den positiven Amis, die eigentlich immer alles durch die rosarote Brille betrachten. Ich habe immer noch Projekte und das läuft irgendwie ganz gut, z.B. einen Stoff über Fritz Lang, in dem Renée Zellweger mitspielt. Da suchen wir nur noch unseren Fritz Lang, dann geht es los. Da gibt es also einige tolle und vielversprechende Sachen, aber es geht insgesamt bergab da drüben. Ich habe mich deshalb jetzt auch wieder auf den deutschen Markt konzentriert, weil ich ganz viele Ami-Projekte bekomme, die einfach jemanden suchen, der in Deutschland Zugriff auf die Fördermittel hat und trotzdem schon große Projekte gemacht hat. Das ist gerade meine Nische, die auch super funktioniert. Wenn jemand denkt, das Projekt hat einen Bezug zu Deutschland, aber es ist ein Hollywoodfilm und sie wollen in Deutschland drehen, dann bin ich einer der wenigen, auf dessen Tisch dieses Buch landet. Ich habe aber auch das Problem, wenn ich hier in Deutschland bin und vor Ort Lobbyarbeit mache und Leute kennenlerne, dass die Leute hier meine Filme nicht gesehen haben und sich gerade mal an das blutverschmierte Plakat von ANTIKÖRPER erinnern können. Dann treffe ich jemanden von einem Sender oder einer Förderung und dann heißt es, das ist Christian Alvart und man bekommt die Antwort: «Ah ja, mit viel Blut und so!». So als ersten Satz. Das ist echt bescheuert. Meine Filme sind zwar Genre, aber sie sind kein Torture-Porn oder irgendwie auf's Schocken aus. Die sind ja eher darauf aus, dass die Figuren eine Geschichte mit Konsequenzen durchleben. Also ist auch das ein Grund, dass ich diesen 8 UHR 28 gemacht habe. Das hat schon sehr geholfen. Wenn ich jetzt mit einigen Senderchefs über Projekte rede, haben sie Angst, dass ich nicht zielgruppengerecht arbeiten kann, weil ich ja nur so harte Brocken mache. Filme ab 18 und so. Dass ich ein Liebesdrama für die ARD um 20.15 Uhr gemacht habe, nimmt sofort diesem Argument den Wind aus den Segeln. Sehen Sie mal hier, den habe ich gemacht. Ich kann auch anders! [lacht]

Wie bist du auf The Chau Ngo als neuen Kameramann gekommen? Ich habe ihn ja bereits vor Jahren in meinem Buch «Dem Film ein Gesicht geben» als vielversprechend portraitiert, u.a. neben dem wundervollen Hagen Bodganski.
Weil er einfach super ist. Der Mann ist ein Griff in die Goldkiste. Ich bin auch froh, weil Hagen ständig dreht und ich gar nicht immer zeitlich Zugriff auf ihn

habe. Wir wollen ja wieder zusammen arbeiten, aber ich bin froh, dass ich eine weitere Option habe. Eigentlich bräuchte ich drei, dann hätte immer einer Zeit.

2011 hast du zwei weitere TV-Filme gemacht: Wolff – Zurück im Revier *und* Tatort – Borowski und der coole Hund. *Wie kam es dazu?*
Ich habe die beiden Filme aus persönlichen Gründen gemacht. Da ich 2011 sehr viel Zeit und Arbeit in meine eigenen Projekte investiert habe, konnte ich es mir eigentlich nicht erlauben, die Zeit für zwei Fernsehfilme zu nehmen und habe deshalb den Plan entwickelt, die beiden gleichzeitig zu machen und direkt nacheinander zu drehen, back-to-back, ohne Pause, mit der gleichen Crew. So als ob es ein Film wäre. Das fanden alle ein bisschen verrückt, aber sie haben sich darauf eingelasssen, weil ich gesagt habe, sonst kann ich es gar nicht machen. Es hat geklappt und ist wunderbar geworden.

Und das obwohl es zwei verschiedenen Quellen sind? Der Wolff*-Film kommt von SAT.1 und der* Tatort *vom NDR.*
Ja, sie mussten alle dieselben Leute einstellen. Es gab ein paar Positionen, wo eine Überschneidung nichts bringt und nur Energie kostet und wo es verschiedenen Teams waren, vor allem auf der Produktionsseite, aber das kreative Team war zu 95% identisch. Mein Kameramann The Chau Ngo, meine Ausstatterin, die ganze Lichtcrew, bis ganz runter in die kleinsten Positionen haben wir das durchgezogen als ein Film.

Kann es sein, dass dies ein Novum in der deutschen TV- und Filmlandschaft ist?
Das weiß ich nicht. Ich kann es mir aber sehr gut vorstellen, dass es so ist, weil mich alle angestarrt haben, als ob ich verrückt wäre, als ich das vorgeschlagen habe. Aber anders hätte ich es nicht geschafft. Auf die Art habe ich von Mai bis Anfang Juli gedreht und hatte zwei Filme im Kasten. Sonst hätte ich mich für einen entscheiden müssen. Da Fernsehfilme für mich relativ kleine Projekte sind, wo auch nicht so viel Geld dabei herausspringt, hätte ich 2012, wofür ich viele größere Sachen an den Start gebracht habe, Sachen verschieben müssen und das will ich nicht.

Beim Tatort hat mich die Redakteurin Jeanette Würl gebeten, das für sie zu machen. Sie ist die gleiche, die schon 8 Uhr 28 mit mir gemacht hat und die Banklady mit mir geplant hat. Bei ihr hatte ich das Gefühl, das ist eine tolle Arbeitsbeziehung. Das Projekt war in einer problematischen Phase. Sie hatte die Idee, diesen Tatort zu einem richtigen Thriller umzugestalten und hatte mich gefragt, ob ich das nicht machen möchte. Beim Wolff steckt mein Produktionspartner Siegfried ‹Sigi› Kamml dahinter, der jahrelang die Serie gemacht hatte und der gesagt hatte, ich solle den neuen machen.

Es waren also persönliche Gründe da zuzusagen. Es lag mir aber auch vom Genre und es hat großen Spaß gemacht. Ich habe das richtig genossen, ohne den

Druck, sich einfach mal wieder verrückte Sachen auszudenken. Chau und ich, wir haben viel ausprobiert, was man noch nicht im Fernsehen gesehen hat, also auch technisch. Wir haben Sachen ausprobiert, wovon das Produkt, aber auch wir was von haben.

Kannst du dir vorstellen weiter auf dieser Schiene zu arbeiten?
Nein, ich denke der Tatort war eine Ausnahme. Ich habe ihn nur für Jeanette gemacht, die leider inzwischen verstorben ist (1959–2011), weshalb der Film ihr gewidmet ist.

Man macht eigentlich keinen Film für andere Leute, denn man muss immer etwas finden was einen selber daran interessiert und das auch ausarbeiten. Aber am Anfang war es ein problematisches Buch und es war kein toller Film. Jeanette und ich, wir haben uns auf eine Reise begeben und überlegt, wie wir was besonderes daraus machen. Und zwar etwas, dass auch zu Mankell passt. Henning Mankell hatte ja zwei Vorlagen für den Tatort geschrieben, einer war Borowski und der vierte Mann (2011) und der andere ist unserer.

Die Vorlage von Mankell fand ich super, aber das Drehbuch selbst schwierig, also zumindest nicht passend für mich. Jeanette wollte es so auch nicht machen und deshalb haben wir ein ganz neues Buch aus der Vorlage entwickelt, welches näher an Mankell als an dem typischen, flapsigen Tatort ist. Es ist vom Tonfall eher ein schwedischer Film. Es wird auch schwedisch gesprochen, denn es gibt einen schwedischen Ermittler. Es ist wie ein Crossover.

Beim neuen Wolff-Film schließt sich für dich ja ein Kreis, da du früher mal ein Drehbuch für die Serie geschrieben hattest.
Dem Produzenten Sigi Kamml, der auch mein Partner bei meiner Firma Syrreal Entertainment ist und mit dem ich Sachen wie Captain Future zusammen mache, war es ein Anliegen, die Figur des Wolff mit einem Knall für einen Spielfilm noch einmal zurückzubringen. Der hat das allein auf die Beine gestellt und alle Leute bei SAT.1 und sonst wo zusammengetrommelt.

Sigi hatte mir ja damals meinen ersten, verfilmten Job gegeben. Ich habe ihn kennengelernt bei Der Puma, wo ich zwar bezahlt, aber die Serie eingestellt wurde, bevor meine Folgen drankamen. Ich habe dann aus der Not heraus für Wolffs Revier geschrieben, weil ich Sigi gesagt hatte, ich bräuchte Geld, ob er mir nicht eine Folge von der Serie geben könnte. Das wurde mein erster professioneller Job, bei dem die Arbeit auch verfilmt wurde. Es hat also eine gewisse Romantik, noch einmal dahin zurückzukommen, auch wenn ich damals nicht Regie geführt hatte, sondern es nur ein reiner Autorenjob war. Ich habe das auch dem Sender und allen erzählt, dass ich eine persönliche Beziehung dazu habe und dass mir das großen Spaß machen würde.

Also der Tatort war eine Ausnahme, aber beim Wolff ist es anders. Als ich die Regiefassung geschrieben habe – ich schreibe mir am Ende das Drehbuch immer ein wenig mundgerecht – da habe ich ein paar Konflikte eingebaut, die über diesen Film hinausgehen und die mir Freude machen würden. Also wenn die Umstände stimmen und ich das zu einem Zeitpunkt drehen kann, zu dem sowieso nicht viel los ist, dann würde ich das vielleicht sogar weitermachen. Es kommt natürlich darauf an, ob es erfolgreich ist und ob ich die Freiheit behalten darf, die ich beim ersten Film hatte. Zumindest habe ich mir zwei Stories ausgedacht für Wolff Teil 2 und 3.

Ich finde Formate spannend, wo man mit Figuren Konflikte aufbauen kann, die über einen Film hinausgehen und die Investition des Publikums in die Figuren ausnutzen kann profundere Dinge zu erzählen. Was ich nicht so gut finde, sind die budgetären Beschränkungen, die man oft in den 45-Minütern hat. Aber für diese Filmreihen ist noch ein bisschen was da. Es hat stilistisch auch nicht viel mit der alten Serie zu tun, sondern es ist schon ein Christian-Alvart-Film, denn ich durfte die Figur Wolff nehmen und damit wilde Dinge veranstalten.

Wie sieht es in der Zukunft mit einem amerikanischen Studioprojekt aus? Gibt es immer noch Angebote?

Es gibt zwei Dinge zu bedenken. Ich bekomme immer noch Studioprojekte angeboten, aber die sind alle, also die sicheren Angebote und nicht nur lockere Anfragen, eher in dem Bereich noch einmal so etwas wie Case 39 zu machen. Und da die beiden Hollywoodfilme für mich nicht so sensationelle Erfahrungen waren und auch nicht so toll herausgebracht wurden, habe ich für mich beschlossen, alles abzusagen, so lange kein spektakuläres Projekt da ist, mit dem ich auch gerne untergehen würde, falls es dazu kommt. Ich denke einfach, wenn ich jetzt noch so einen Film mache, dann ist das mein Maximum an Potential was ich jemals dort drüben bekommen werde. Ich möchte aber gerne die Chance, die ich noch habe, dass immerhin noch Drehbücher kommen, in einen richtig tollen Film ummünzen. Einen Film, von dem ich sage, selbst wenn er schlecht herausgebracht wird und selbst wenn ihn keiner sieht, es ist mein Film, auf den ich stolz bin. Das ist gerade mein Anspruch an ein Projekt und da kann man sich vorstellen, dass ich da viel absage, also mehr als früher. Man könnte eigentlich sagen, ich müsste jetzt mehr annehmen, damit ich weiterdrehe, aber ich glaube einfach, dass das ein Fehler wäre. Die andere Seite ist, ich bekomme gerade so tolle Spitzenprojekte hier in Deutschland angeboten. Es läuft also auch so gerade gut.

Was für Projekte?

Ich habe *Sternstunde der Mörder* von Pavel Kohout adaptiert, für die Bavaria. Eine Jagd auf einen Serienkiller in Prag während des Zusammenbruchs am Ende des Zweiten Weltkriegs. Also wirklich ein wie maßgeschneiderter Stoff für mich. Diese Verfilmung ist Pavels Baby. Er hat jahrelang mit vielen verschiedenen Regisseuren und Autoren darum gerungen. Wir haben uns in Prag getroffen und er hat mir alle Schauplätze des Romans in der Stadt gezeigt. Viele Vorfälle im Buch sind ja historisch, nur die Figur des Serienkillers ist erfunden und symbolisch gemeint. Und Paul hatte das damals erlebt. Er war ein junger Teenager in der Zeit und hat die Eroberung des Rundfunkhauses durch den tschechischen Widerstand, der eine große Rolle im Buch spielt, erlebt, weil er gerade da war und als Statist gearbeitet hatte. Er hat mir also alles gezeigt, wo die Schlachten stattfanden, wo die Leichenberge lagen, wie sie die einfach in den Innenhof geschmissen haben. Es war sehr, sehr bewegend und zum Teil auch erschütternd und es hat mich auch ein bisschen stolz gemacht, weil wir überall reingekommen sind. Er hat nur seinen Namen sagen müssen und dann durften wir ohne Begleitung und Sicherheitspersonal durch das Gebäude des Staatsfernsehens laufen. Einfach weil er so eine Legende in Prag ist. Das fand ich schon erstaunlich zu beobachten.

Ich habe für den Film ein Drehbuch abgegeben, was die Bavaria als Arbeitsgrundlage akzeptiert hat und jetzt geht es um die Finanzierung. Es soll ein internationales Kinoprojekt werden, wie man das so von der *Constantin Film* kennt und damit sehr wahrscheinlich auf Englisch.

Also viele meiner Projekte sind schon internationale Sachen, die sind nur aus Deutschland heraus finanziert, weil zur Zeit Deutschland und Europa die mutigeren Projekte auf den Weg bringt und die Amerikaner in den Studios lieber in Projekte investieren wo schon Geld da ist.

Ein anderes Projekt ist BANKLADY, das momentan unser Frontrunner ist, denn das Werk hat am meisten an Bord. Wir sind schon recht weit. Wenn uns nichts mehr vom Kurs abbringt, in den nächsten vier, fünf Monaten, dann kann ich mir gut vorstellen, dass ich im März 2012 am Set stehe.

Wie bist du überhaupt auf den Stoff BANKLADY gekommen?
Den hat mir Nadeshda Brennicke ins Ohr geflüstert. Ich konnte gar nicht glauben, dass das so in echt passiert ist. Ich liebe Bankräuber-Filme, das ist ein Genre, das ich schon seit meiner Kindheit mag. Ich dachte in Deutschland kann man das nicht erzählen, weil wir keine Figuren wie Bonnie und Clyde oder John Dillinger haben. Aber siehe da, es gibt ein historisches Bankräuber-Duo, Gisela Werler und Hermann Wittorff, was damals sensationell durch die Presse gegangen ist, weil es wohl die erste Frau war, die man jemals in Deutschland in einer Bank mit einer Waffe gesehen hat. Da wurde sehr viel spekuliert, wer das ist. Sie hat im Duo 19 Banken überfallen und dann noch ein paar alleine und die Geschichte ist wie gemacht für das Kino. Als ich die gehört habe, dachte ich: «Wow, das gibt's ja

Christian Alvart bespricht sich mit Dennis Quaid beim Dreh von PANDORUM

gar nicht.» Wir machen das jetzt und das lustige ist, dass in der Zeit links und rechts irgendwelche Produktionsfirmen auftauchen, die diesen Stoff auch in der Entwicklung hatten. Es lag wohl im Zeitgeist. Wir kriegen das so mit, weil wir das Projekt sind, das in der Öffentlichkeit steht, weil wir Förderung bekommen haben und schon einen Sender haben, den NDR, weil es viel im norddeutschen Raum spielt. Wir haben einen guten Cast, Studiocanal als Verleih und wir haben schon Motivsuche betrieben, Fotos im Kostüm und Make-up-Tests gemacht. Ich denke mal, dass wir diejenigen sein werden, die es machen, weil wir einfach schon sehr, sehr weit sind. Aber ich fand es schon erstaunlich, dass es bereits drei oder vier Produzententeams gab, die alle diesen Stoff machen wollten.

Woran arbeitest du noch?
Ich habe mir auch den Freiraum erkauft wieder mehr an meinen eigenen Scripten zu arbeiten. Ich schreibe gerade an einer Adaption von «Das Schwarzlicht-Terrarium» von Thor Kunkel, den ich auch schon mal vor ein paar Jahren machen wollte, aber keine Zeit hatte. Das ist so eine Art FEAR AND LOATHING IN LAS VEGAS (R.: Terry Gilliam, 1998), nur in Frankfurt/Main im Jahre 1979. Mit jungen Losertypen, die es in der Disco-Ära schaffen wollen und Drogen ohne Ende einschmeißen. Das ist ein lustiges und philosophisches Buch, auf das ich wirklich Lust habe und was auch für den deutschen Markt gedacht ist, aber hoffentlich internationalen Standard hat.

Ich habe momentan also an Schreibarbeiten viel zu tun. Wenn ich jetzt einen Kinofilm angenommen hätte, was ich eigentlich vorhatte, dann wäre das wieder alles verschoben worden und dann passiert folgendes: Du nimmst immer irgendwelche Filme an, die nicht von dir kommen, die vielleicht gut sind und auch karrieremäßig was bringen, aber dann rückt dieser Film ANTIKÖRPER, der wirklich aus mir herauskam, immer mehr in die Vergangenheit. Das ist immer länger her, dass ein Film von Null, mit einer leeren Seite, bei mir angefangen hat und zum Ende geführt wurde. Ich glaube ganz einfach, dass die noch ein paar Prozent besser sind, als die, die du nur annimmst. Selbst wenn du so sehr versuchst dein eigenes daraus zu machen. Ich habe das zweimal versucht, aber ich glaube, dass meine eigenen Filme einfach echter meine sind. Ob sie dann als gut oder schlecht von außen empfunden werden, damit kann ich leben. Ich muss nicht bei jedem zweiten Kritikpunkt sagen, ja, sehe ich auch so, aber leider war das so und so. Die Filme sind so, wie ich das will. Deshalb kann ich im Guten wie im Schlechten besser damit umgehen.

Mit deiner Firma Syrreal Entertainment, produzierst du hauptsächlich deine eigenen Sachen oder auch Projekte von außen?

Ich produziere natürlich meine eigenen Sachen mit höherer Priorität, was die Arbeitszeit angeht, aber ich habe schon vier Projekte an Bord genommen, die ich mit anderen Regisseuren machen will. Wenn die erst einmal an Bord sind, dann haben die natürlich dieselbe Priorität wie meine eigenen Stoffe. In der Findung und in der Ausrichtung der Firma sind sie genauso wichtig wie alle anderen.

Wie vereinbarst du deinen Beruf mit deiner Familie? Du hast immerhin vier Kinder von zwei Frauen.

Ich sage ja fünf, mit meinem ältesten, Romeo, der Hund. Ich habe sie schon mal mitgenommen, aber nicht die ganze Zeit über. Immer nur zeitweise, weil meine Kinder ja auch ein Leben in Deutschland haben. Die haben Schule und sonst was. Sie können in den Ferien kommen oder die kleineren auch mal so. Es waren alle schon mal drüben, auch mal länger als drei Monate. Aber das ist das Maximum, was geht. Das Jahr Postproduktion bei CASE 39, in dem ich das Gefühl hatte, ich bin in einer Endlosschleife gefangen, da ging es mir auch nicht mehr gut. Da wollte ich keinen dabei haben. Da bin ich dann unausstehlich und das wäre auch nichts. Die kommen extra her, um was von dir zu haben und du gehst jeden Tag weg und kommst mit schlechter Laune nach Hause. Da wollte ich wirklich meine Ruhe haben. Grundsätzlich vereinbare ich den Beruf und die Familie also nicht besonders gut, weil das einfach nicht geht. Wenn man diesen Berufswunsch hat, wenn man den Anspruch und die Ambition hat, dann ist das nicht vereinbar. Das bedeutet, die Leistung, dass meine Familie zusammenhält und dass das alles funktioniert, liegt ganz allein bei den Frauen. Die schaffen das, dass ich meine Kinder sehe, dass wir Dinge zusammen unternehmen und Zeit verbringen. Die schaffen es auch, die Laune aufrecht zu erhalten, wenn ich mal drei Monate nicht da bin. Das ist eine Leistung, die absolut von der Familie kommt und wo auch das Verständnis von denen kommt. Ich wurde da zum Glück, dadurch, dass ich schon immer diesen Wunsch hatte, nie und zu keinem Zeitpunkt überrascht. Es war klar, wenn es gut läuft, dass ich so ein Leben haben werde.

Was sind deine Vorbilder und wer hatte davon den größten Einfluß auf deine Sicht des Filmemachens?

Ich schaue ja ganz viel. Ich habe schon vor vielen, vielen Jahren eine Kinogruppe gegründet, die mindestens zweimal die Woche ins Kino geht, weil man das in der Gruppe viel strenger durchhält. Ganz wichtig finde ich, dass man aus allen Filmen was lernt. Nicht nur von den Sachen, die man gut findet, sondern auch von den Sachen, die man schlecht findet. Oder von den Sachen, die man gut finden würde, wenn das so und so wäre. Man lernt also die ganze Zeit, wenn man mit offenen Augen da durch geht. Es gab zeitlebens natürlich immer Filme und einzelne Regisseure, die man sich anschaut und sagt, hier kannst du nur lernen, die sind zu 100% gelungen. Jetzt bin ich aber inzwischen älter geworden. Als ich noch jung war, habe ich gesagt dieser oder jener Regisseur ist mein Held, aber jetzt ist es bei jedem dieser Regisseure vorgekommen, wenn sie noch leben und arbeiten, dass sie auch Sachen gemacht haben, von denen ich sage, das ist jetzt aber nichts. Deshalb ist es inzwischen schwirig zu sagen, der oder der ist ein Vorbild. Es betrifft im besten Fall 80% der Filme, manchmal aber auch nur die ersten drei und dann kam nichts Gutes mehr. Zeit meines Lebens fand ich immer, dass Ridley Scott ein großes Vorbild ist, in dem Sinne, wie er das visuelle, das kommerzielle, aber auch die Art, wie er Filme auf der Höhe der Zeit erzählt. Das hat mich sehr begeistert. Er hat immerhin drei Filme auf meiner Lieblingsliste: ALIEN (1979), BLADE RUNNER (1982) und BLACK HAWK DOWN (2001). Was er als einziger geschafft hat.

Ich hätte beinahe mal einen Film gemacht, allein weil er der Produzent war. Ich habe mich mit denen getroffen und sollte es auch machen, aber dann hatte ich einen ganz banalen Grund abzusagen. Ich wollte für meine Vision vom Film viel mehr Geld zur Verfügung als sie hatten. Die hatten nur zwölf Millionen und ich hatte eine Vision gepitched, die garantiert 25 oder 30 Millionen gekostet hätte. Der Film (TELL TALE, R.: Michael Cuesta, 2009) ist jetzt auch total unter ferner liefen herausgekommen, weil sich keiner dafür interessiert hat. Genau das hatte ich befürchtet, wenn man den Film für 'nen Appel und 'n Ei macht. Aber ich war versucht dabei zu bleiben, einfach weil Ridley Scott für ein Jahr mein Boss gewesen wäre. Das wäre einfach nicht schlecht gewesen.

Als weitere Vorbilder: Alfred Hitchcock, genau wie bei dir. Stanley Kubrick finde ich auch super. Sergio Leone finde ich großartig. Akira Kurosawa, Sidney

Lumet. Ich mag ganz viele Filme von Claude Chabrol. Es sind so viele. Es ist auch schwierig, weil es von fast jedem Regisseur immer Filme gibt, die ich nicht gut finde. Es gibt fast keinen Regisseur, von dem ich alles durchgehend gut finde. Deswegen ist es eher die Summe dieser Leute, die mich inspirieren, als der einzelne.

Ein richtig, richtig prägendes Ereignis für mich, wo ich wirklich wusste, dass ich unbedingt Regisseur werden muss, war NIKITA (R.: Luc Besson, 1990). In meiner absoluten Hochphase Filme zu schauen, habe ich den gesehen. Der hat mich einfach weggeblasen, mit seiner ganzen Power und Wucht, wie er erzählt, wie stimmungsvoll und wie genial er gefilmt ist. Der hat auch die Vorliebe dafür geprägt, absurde Sachen sich ganz realistisch anfühlen zu lassen. Die Story ist sowas von hanebüchen, das glaubt man gar nicht, aber wenn man den Film schaut, denkt man gar nicht darüber nach, weil er es schafft, eine eigene Realität zu erzwingen, die man einfach glaubt. Deswegen war auch ganz lange Luc Besson einer meiner Helden. Inzwischen ist der aber mehr ein Filmpolitiker geworden und ein Produzent, der scheinbar nur noch möglichst viel Geld verdienen will. Ich weiß nicht, was dahinter steckt, dass der ein Ding nach dem anderen drehen lässt und man bei ihm nicht mehr das erkennt, was man früher erkannt hat. Ich meine, das waren exzeptionelle Meisterwerke. Ich bin deshalb ganz gespannt auf seinen nächsten Film, der spielt in der Zeit noch vor dem Ersten Weltkrieg (LES ADVENTURES EXTRAORDINAIRES D'ADÉLE BLANC-SEC, 2010). Er hat jahrelang gesagt, er will keine Regie mehr führen, das wäre ihm viel zu anstrengend und er lässt lieber andere die Drecksarbeit machen. Er freue sich jedesmal, wenn er am Set ist, dass er nicht das arme Schwein ist, das da Regie führen muss. So waren jahrelang die Interviews mit ihm. Jetzt hat er wieder einen Film gemacht. Also was für ein Stoff hat ihn so gekickt, dass er zurückgekommen ist und ich vielleicht wieder sagen kann, yeah, du hast nur zehn Jahre Pause gemacht und jetzt bist du wieder da? Das hoffe ich zumindest. Der Beginn des 20. Jahrhunderts ist ja auch noch eine Ära, die noch nicht so abgefilmt ist.

Es gibt immer Gründe einen Film zu machen, weil man ja auch leben muss, seine Familie versorgen oder denkt, dass man zu lange keinen Film mehr gemacht hat. Mit den Jahren und mit der Erfahrung und mit jedem gemachten Film werde ich aber strenger. Wenn ich einen Film absagen möchte, helfen mir dabei die Vorbilder. Ich frage mich einfach, würdest du für diesen Film Ridley Scott bekommen oder Tarantino oder Kubrick? Würdest du irgendeinen von diesen Regisseuren dazu kriegen, diesen Film zu machen? Nein? Also sage ihn ab. Das ist das einzige in meinem Alltag, wo ich Vorbilder verwende. Bei der Absage von Filmen. Das habe ich nicht immer gemacht, aber ich mache es jetzt so.

Muss man nicht immer auch überlegen, ob man mit genau diesem Stoff zwei oder drei Jahre verbringen möchte?
Ja, genau. Früher war ich viel impulsiver und mit einer Mischung aus intellektueller Abgeklärtheit und einer emotionalen Naivität in Filme reingegangen. Bis hin zu Pandorum noch. Aber diese beiden Filme – Case 39 und Pandorum – waren zwei solche Monsterprojekte. Das war eine ungeheure Lebenserfahrung, diese Filme gemacht zu haben, deswegen kann ich es auch nicht bereuen. Nicht, dass du mich falsch verstehst, es ist nicht so, dass ich sie nicht noch einmal machen würde, ich würde sie noch einmal machen, zu der Zeit. Aber jetzt, nachdem ich sie gemacht habe, muss bei den nächsten Filmen mehr stimmen als bei diesen beiden. Da muss ich am Anfang noch mehr das Gefühl haben, dass am Ende des Weges genau das herauskommt, was ich mir vorstelle.

Persönlicher, tiefgründiger, anspruchsvoller?
Persönlicher. Auch die kreative Kontrolle muss besser sein. Sonst mache ich lieber einen kleineren Film mit mehr kreativer Kontrolle, als einen großen mit gar keiner. Es sei denn, der große Film hat schon diese Vision in sich, die ich auch habe. Wenn du ein Buch annimmst und du hast keine kreative Kontrolle, aber du kannst schon aus dem Buch und aus den Gesprächen mit den Produzenten und den Schauspielern sehen, dass alle dasselbe wollen, dann kannst du auch einen Film im Hollywoodsystem machen. Das würde ich auch sofort wieder machen. Aber wenn du das Gefühl hast, du hast eine andere Vision als die, dann kannst du dir sicher sein, dass es spätestens im Schneideraum zum Knall kommt. Und dann sollte man es auch nicht machen. Das ist auch etwas, dass ich erst lernen musste. Entweder haben alle dasselbe Gefühl zum Film oder es muss ein Film sein, den du kontrollierst.

Würdest du von dir behaupten, du hättest einen Stil und wenn ja, wie sieht er aus?
Nach sieben Spielfilmen und wenn ich sie mir so anschaue, dann merke ich, dass ich einen habe. Aber ich habe mir nie überlegt, was mein Stil ist. Ich habe eher versucht herauszufinden, was sind meine Stärken und wie kann ich sie einsetzen, damit der Film stark ist. Wenn ich mir alle meine Filme ansehe, bemerke ich schon viele Gemeinsamkeiten, vor allem in der Art und Weise, wie ich auflöse, Figuren führe und Stimmungen erzeuge. Ich bin aber ein großer Fan von der, ich nenne sie mal Sidney-Lumet-Schule, dem Stoff zuzuhören und zu schauen, was dieser Stoff braucht, um seine maximale Wirkung zu entfalten. Das ist das, was mir am meisten Spaß macht und was ein großes Kompliment ist, wenn es funktioniert.

Die zwei TV-Krimis, die ich zusammen gemacht habe, sind zwar aus dem selben Genre, aber für unterschiedliche Sender und ich bin stolz darauf wie verschieden die sind. Es gibt die Christian-Alvart-Gemeinsamkeiten, also ein paar Sachen, die typisch für mich sind, aber im Tonfall, von der Geschichte, selbst

Kein Stilmittel, sondern ein Witz. Die Spiegeleinstellung als Running Gag: o.l. Ben Foster in Pandorum, *o.r. Bradley Cooper in* Case 39, *u.l. Axel Milberg in* Tatort: Borowski und der coole Hund, *u.r. Konstantin Graudus in* Curiosity & the Cat

von der Realität des Schauspiels. Es spielt keiner schlechter, in einem der beiden Filme. In beiden gibt es ganz fantastische Schauspielleistungen.

Als eine Art Markenzeichen hat sich bei dir eine Einstellung etabliert, die mittlerweile auch bei Imdb als ein Kennzeichen von dir eingetragen ist: Die Spiegeleinstellung mit den drei Reflexionen, die wie ein Triptychon der Figur wirkt.

Ich finde es lustig, dass es jemandem aufgefallen ist, aber das ist natürlich kein Zwang, sondern es ist ein Witz.

Ich hatte in meinem ersten Film Curiosity & The Cat dieses Bild der Hauptfigur, die immer wieder ins Bad geht und im Dreifach-Spiegel seinen eigenen Verfall beobachtet. Ich finde es einfach ein tolles Bild und ich habe es mehr als spaßiges Selbstzitat bei Antikörper eingebaut, obwohl es in der Kurzfassung (= Kinofassung) gar nicht zu sehen ist.

Dann war es ein Gag, als im dritten Film, Case 39, Bradley Cooper im Bad ist und ich sagte, es gibt da einen Shot, den habe ich schon zweimal gemacht, komm, den machen wir wieder. Es war jedes Mal so, dass ich gesagt habe, das Publikum von Antikörper ist viel größer als das von Curiosity, das merkt also keiner. Bei Case 39 war es so, dass der Film auf der ganzen Welt im Kino lief und die Leute haben von Curiosity noch nie was gehört. Das war nie so, hey Publikum, hier ist wieder der Shot, sondern es war mehr für mich, einfach lustig, und mit Hagen Bogdanski war es sogar der gleiche Kameramann wie bei Antikörper und Case 39. Dann fiel mir das irgendwann selber auf, dass es jetzt wirklich schon jeder Film ist und dann habe ich es bei Pandorum mit Absicht gemacht. [lacht] Es gibt jetzt aber Filme, in denen er nicht mit drin ist. Bei Wolff – Zurück im Revier hatte ich so eine Spiegelsituation, aber ich habe die Einstellung nicht drin gelassen. Bei 8 Uhr 28 ist sie auch nicht drin. Es ist also kein Zwang, sondern ein Running Gag. Und damit auch kein Stilmittel. Stil ist die Sprache. Man kann einen Stil entwickeln, so wie James Ellroy im Vergleich zu Charles Dickens, aber man kann nicht sagen, es ist ein typischer Dickens, weil immer ein armer, kleiner Junge darin vorkommt.

Im Tatort ist er auch nicht drin?
Doch, dort ist er drin. [lacht] Für eine Sekunde.

Hast du eine grundsätzliche Philosophie des Filmemachens?
Ich habe eine für mich, die ich verfeinere und die mit meinen Stärken konform geht. Es gibt ein Beispiel, das bringe ich gerne an, weil ich niemanden als Beispiel bringen möchte, den ich *nicht* gut finde. Beispielsweise die Filme von Andreas Dresen, der fast jede künstlerische Entscheidung ganz anders trifft, als ich sie treffen würde und trotzdem ganz starke Filme macht, die ich wirklich gut finde. Aber es ist nicht mein Stil. Deshalb gibt es keine Philosophie des Filmemachens, die richtig oder falsch ist, weil Dresen eindeutig mit seiner Arbeitsweise, die völlig anders ist, sensationelle Ergebnisse erzielt. Das ist nur ein Beispiel, aber ich bringe lieber eins von Leuten, die ich respektiere.

Meine Philosophie hat damit zu tun, dass ich meine Liebe zum Film entwickelt habe, als ich noch nicht so viel darüber wusste, was ich toll fand. Ich finde es ganz gefährlich, mit dem ganzen Wissen, was man so als Profi sieht, was für eine Technik benutzt wurde, usw. Wenn man also viel zu viel weiß und viel zu viele Filme gesehen hat, zu viele Hintergründe kennt, das ist alles gut für das Handwerk, aber für die Liebe und das Herz gehe ich immer wieder dahin zurück, was mich damals eigentlich wirklich bewegt hat.

Und da gibt es diverse Prinzipien, an die ich mich halte. Das klingt vielleicht völlig banal, aber ich mag es in der Perspektive der Hauptfigur zu sein. D.h., ich möchte am liebsten die Erfahrung, die die Figur macht, auf das Publikum übertragen. Das hat dann oft Konsequenzen, wie jene, dass bei Pandorum Cung Le nicht untertitelt ist. Das ist eine praktische Auswirkung dieser Philosophie. Ich habe gesagt, Bower, verkörpert von Ben Foster, versteht kein Wort vom dem was Cung da sagt und deshalb versteht der Zuschauer das auch nicht. Das hat aber auch Auswirkungen darauf, wo ich die Kamera hinstelle. In all meinen Filmen gibt es sehr viele POVs. Vom ersten Film an bis heute gibt es diese Technik, dass, wenn eine Figur suchend einen Raum betritt, die Kamera den suchenden Blick dieser Figur übernimmt. Das heißt, ich bin sehr oft sehr nah dran.

Bei emotionalen Höhepunkten bin ich nicht der Mensch, der still die Kamera irgendwo hinstellt und beobachtet, sondern ich bin derjenige, der in dem Moment, in dem der Figur ein Paradigmenwechsel in der Geschichte klar wird, auch die Kamera einen Paradigmenwechsel vollzieht, eine Verdichtung macht oder so etwas. Ich versuche visuell das Publikum dahin zu führen wo die Hauptfigur ist. Ich bin da ein Fan von Leuten wie Hitchcock oder Kubrick, die das versucht haben und ich empfinde da eine stilistische Verwandtschaft.

Gab es verspätete Reaktionen auf Case 39 *und* Pandorum*?*
Das tolle an diesen beiden Filmen ist, was ich nicht missen möchte und was ich in Zukunft alle paar Jahre erreichen möchte, dass es eben Filme sind, die auf der ganzen Welt liefen. Das geht mit einem Tatort nicht. Und damit einher kommen immer noch Reaktionen und Angebote. Ich habe erst vor kurzem ein Angebot bekommen, in dem es um eine Horrorfilm-Anthology geht. Ich finde die Gesellschaft, in der ich mich befinden würde, es sind mehrere legendäre Horrorfilm-Regisseure, sehr angenehm und so etwas bekomme ich wegen Case 39 und Pandorum. In den Begleitschreiben zu den Angeboten steht ja immer, sie hätten diesen oder jenen Film von mir gesehen und sie denken deshalb, dass dieser oder jener Stoff was für mich wäre. Das sind für mich die besten Reaktionen und nicht das was irgendeiner im Internet schreibt.

Man muss ganz klar sagen, ich bin zur Zeit nicht «hot». Ich habe erlebt wie das ist, wenn man «heiß» ist, wenn man derjenige ist, der in die Stadt kommt und vom dem alle den neuen Film gesehen und über den alle geredet haben. Aber ich wusste damals schon, dass das eines Tages nicht mehr so sein würde, und ich bin froh, dass ich mir schon damals die ganze Zeit über vergegenwärtigt habe, dass das irgendwann nicht mehr so sein wird und dass es diesen Zustand wohl auch nicht mehr so geben wird.

Mich kennt jetzt jeder und man ist zurückhaltend, weil man sagt, die Filme liefen jetzt nicht so toll. Deshalb glaube ich, die Stoffe selber zu kontrollieren ist da die beste Strategie, weil ich keinen schlechten Ruf habe. Ich weiß das, weil ich dieses Feedback bekomme. Ich habe keinen schlechten Ruf wegen meiner Arbeit, aber ich bin eben nicht «heiß». Und in dieser Situation ist es für mich das beste, wenn ich ein Projekt habe, das «heiß» ist und das ich kontrolliere. Keiner sagt also, mit dem kann man nicht arbeiten, aber es sagt auch keiner, er hätte da einen tollen Stoff, den müsse er unbedingt Christian Alvart anbieten. Wenn es ein so guter Stoff ist, dann kann man den auch David Fincher anbieten.

Das kann sich nach dem nächsten Hit aber sehr schnell wieder ändern.
Das kann sich wieder ändern, aber ich bin nicht im Geschäft, um irgendeine Rangliste anzuführen oder auch nur weit oben zu sein. Man muss auch irgendwann wissen, was man im Leben will und ich habe so gerne Spaß an der Arbeit und möchte gerne das weiterführen, was ich schon als Jugendlicher mit meinen

Freunden gemacht habe: Filme drehen, Sachen und Techniken ausprobieren. Ich habe sogar beim Wolff Sachen ausprobiert, die ich noch nie gesehen habe und das finde ich viel wichtiger als wer mich gerade irgendwo «heiß» findet. Ich finde es wichtiger, gerne zur Arbeit zu gehen, denn es gab Zeiten, in denen ich nach außen erfolgreich schien, in denen ich aber keinen Spaß hatte und deprimiert zur Arbeit ging, weil die Umstände nicht so waren, wie ich sie mir wünschte. Das ist für mich etwas, was ich ganz klar nicht wieder will.

Empfindest du deine Arbeiten jetzt für das TV als einen Schritt zurück?
Es ist kein Rückschritt. Ich liebe Film, ich liebe das Filmemachen. Ich habe Filme mit null Geld gemacht, auf Super 8 und mit meinen Freunden gedreht. Wenn ich also am Set stehe und Regie führen darf, dann kann ich das gar nicht als Rückschritt empfinden, nur weil ich keine zehn Trucks um das Set herumstehen habe, sondern nur drei.

Aber das kommt sicher auch auf die Ebene an. Es gibt bestimmt eine, auf der es ein Schritt zurück ist. Ich denke, vor allem in der Außenwahrnehmung, was ich mir auch vorher für mich selber überlegt habe. Von der Arbeit her ist es aber kein Schritt zurück. Ich habe, wenn ich am Set mit Dennis Quaid oder Renée Zellweger stand, nicht anders gearbeitet als jetzt mit Sibel Kekilli oder Mavie Hörbiger, wie beim Tatort. Als Künstler ist es kein Schritt zurück, denn es ist sogar zum Teil ein Schritt vorwärts, weil man wieder mehr selber entscheiden darf, ohne alles immer wieder vorlegen und vortragen zu müssen. Ich kann jetzt sagen, wir machen das einfach so, weil der Zeitdruck das unendliche Diskutieren gar nicht zulässt. Vom Budget her, von der Drehzeit pro Szene, ist es natürlich viel eingeschränkter und es ist ein Schritt zurück für jene, die meine Gründe nicht nachvollziehen können oder die nur von außen darauf schauen, aber die Alternative wäre jetzt gewesen, einfach so lange nichts zu machen, bis der nächste große Film kommt, um meinen Marktwert zu behalten oder zu bestätigen und darauf hatte ich einfach keine Lust.

Ich habe auch einen großen deutschen Kinofilm, den ich angeboten bekam, abgelehnt, den ich eigentlich auch aus Marktwertgründen hätte machen müssen, der aber für mich und wahrscheinlich nur für mich und sonst niemanden, ein Schritt zurück gewesen wäre. Stattdessen habe ich zwei TV-Filme gemacht, die vielleicht von außen so aussehen wie ein Rückschritt, es für mich aber nicht sind und das ist mir das wichtigere.

Ich habe nicht so eine Verbissenheit der Welt mit der Größe meiner Projekte etwas zu beweisen. Mein Ziel ist es, irgendwann mal einen Film zu machen, den ich persönlich für ein Meisterwerk halte. Das ist mir noch nicht gelungen, aber das ist mein Ziel, da möchte ich hin. Selbst wenn ich es nie schaffe, ist es ein Ziel, das man versucht zu erreichen. Man muss sich ja nicht nur Ziele setzen, die realistisch sind. [lacht] Da kommt man nicht weit.

Es geht jetzt darum die Voraussetzungen dafür zu schaffen, weil ich jetzt viel mehr weiß als vor zwölf Jahren, als ich angefangen habe. Ich bin jetzt weiter als zu der Zeit, als ich als kleiner Angestellter auf einem Set von *Paramount* stand. Heute entwickle und kontrolliere ich meine eigenen Stoffe. Das finde ich viel wichtiger für meine Entwicklung und das wird u.a. mit diesen Fernseharbeiten bezahlt. Meine Firma hat davon gelebt, dass ich weiter Geld heranschaffe und in die Entwicklung von Stoffen stecken kann.

Christian Alvart und Dennis Quaid bei den Dreharbeiten zu PANDORUM

Ich weiß jetzt mehr über die Voraussetzungen die man braucht, denn Filmemachen ist nicht wie die Malerei, dass man eine leere Leinwand hat und man arbeitet nur an seiner Technik, sondern es gibt ganz viele marktwirtschaftliche und politische Dinge zu beachten, um überhaupt die Voraussetzungen, also die Leinwand, zu erschaffen, auf der man sein Meisterwerk ausbreiten kann.

Filmografie

2012	BANKLADY (in Entwicklung)
2011	WOLFF – ZURÜCK IM REVIER (TV)
2011	TATORT – BOROWSKI UND DER COOLE HUND (TV)
2010	8 UHR 28 (TV)
2009	PANDORUM
2007	CASE 39 (auch bekannt als FALL 39)
2005	ANTIKÖRPER
1999	CURIOSITY & THE CAT

Josef Rusnak

Berlin, Dezember 2008 / Juni 2010 / Oktober 2011

Wie immer zunächst einen persönlichen Background.
Ich bin das, was man wohl ein Spätheimkehrerkind nennt. Das ist eine Stufe unter dem Flüchtlingskind, wenn du so willst. Meine Eltern sind im Krieg von den Russen als Kinder verschleppt worden. Mein Vater war österreichstämmig, geboren in Czernowitz, Rumänien. Der wurde als 14-Jähriger in den letzten Kriegsmonaten nach Duschanbe in Tadschikistan deportiert. Meine Mutter, genauso alt wie mein Vater, wurde 1929 in Odessa geboren, als Tochter einer deutschstämmigen Familie aus Lothringen. Auch sie wurde auf der Flucht von den vorrückenden russischen Truppen überrannt und in einen Zug nach Osten gesteckt. Meine beiden Schwestern und ich wurden dort geboren, in Tadschikistan, bei Duschanbe. Ich am 25.11.1958.

Dort war eine Arbeitskolchose, so eine Art Arbeitslager, auf der man Baumwolle gepflückt hat. Meine Eltern haben sich hier kennengelernt. Es war keine gute Zeit für deutschstämmige und die Menschen starben wie die Fliegen auf den Feldern oder an Unternährung. Nach einigen Jahren wurde es dann besser und sie bemühten sich um die Anerkennung als deutsche Staatsbürger. Sie wollten trotz Repressalien die russische Staatsbürgerschaft nicht akzeptieren und wurden deshalb schließlich aus dem Land gekickt. Wir kamen 1960 in Deutschland an und fanden ein neues Zuhause in Pforzheim. Ich ging auf das Gymnasium und hatte eigentlich eine Karriere als Musiker vor. Ich habe, seit ich klein war, Akkordeon und Jazzorgel gespielt und hatte mit dreizehn Jahren schon meine ersten Live-Auftritte, für die ich auch bezahlt wurde. Ich bin dann auch viel mit Schülerbands herumgetingelt.

Mit 16 habe ich bereits mit professionellen Musikern gearbeitet und auch kleinere Tourneen mitgemacht, was die Schulzeit relativ belastet hat. Ich wollte eigentlich in München nach dem Abitur ein Musikstudium beginnen, an der dortigen Jazzschule. Ich habe leider feststellen müssen, dass eine Grundausbildung gefehlt hat. Ich hatte leider keine klassische Klavierausbildung genossen und da war mir der Zugang zum professionellen Bereich dann doch verschlossen.

Aber dann kam eine andere Liebe auf, nämlich die zum Schreiben und die zum Theater. Ich entschied mich das Studium der Germanistik anzugehen, nahm als Nebenfach Geschichte und Philosophie dazu. Als Spätheimkehrer musste ich nicht zur Bundeswehr und kam dann gleich an die Uni. Das war 1978/79 in München und es war, wie ich es damals jedenfalls wahrgenommen habe, eine Hochzeit des Theaters. Wendt, Dorn, George Tabori in den Kammerspielen, Ingmar Bergmann am Residenztheater, Ariane Mnouchkine auf dem Theaterfest in München. Ich war fasziniert von der Energie und dem ganzen Umfeld. Ich habe mit 20/21 angefangen mit dem damaligen Assistenten von Ingmar Bergman zu arbeiten: Johannes Ketzler. Ich habe ihn bei einer Lehrveranstaltung an der Universität kennen gelernt, da war er Dozent. Wir kamen ins diskutieren und ich hatte ihm gesagt, was ich gerne machen würde. Ich habe ihm dann geholfen ein Theaterstück zu bearbeiten: *Die Unbekannte aus der Seine*, das dann auch im Marstall Theater aufgeführt wurde. Wir haben dabei viel über Theater geredet und das war natürlich toll. Als 20-jähriger Student plötzlich mit jemandem zu tun zu haben, der mit Ingmar Bergman arbeitete. Ich habe wirklich viel gelernt von ihm. Ein sehr fähiger und gewissenhafter Mann und sehr wichtig für meine damalige Entwicklung. Das war für mich eine ganz wichtige Zeit des Erwachsenwerdens gewesen.

Wie bist du aber zum Film gekommen?
Da gab es eine Reihe von Zufällen. Ich habe mit zwei Mädchen an einer Seminararbeit geschrieben. Die eine kam immer lustlos zur Arbeit und hat erzählt, sie würde sich sowieso an der Filmhochschule in München bewerben. Ich bin dann da hingegangen, wohl aus Neugier, in die Ohmstrasse in Schwabing, und habe mir die Bewerbungsunterlagen einfach mal geholt. Ich glaube, das war am Anfang mehr so ein sportliches Interesse. Ich habe einfach Lust gehabt, mich daran zu messen. Ich habe denen eine Kurzgeschichte von mir gegeben und eine Fotoreportage. Ein Tag im Leben eines Polizeibeamten, in zwanzig Bildern. Ich habe das alles am letzten Tag eingereicht, Minuten vor dem Annahmeschluss. Ich glaube, die drei Monate, die dann vergingen, haben mich erst zu einem Filmemacher gemacht. In den Wochen, in denen ich mich mit dieser Aufnahmeprüfung auseinander setzte, habe ich gesehen, dass die Bücher, die ich in die Hand nahm, um mich zurecht zu finden, eine Sprache sprachen, die ich verstand. Ich kannte die meisten der erwähnten Filme bereits und hatte eine Unmenge an passivem Erfahrungsschatz schon in mir. Ich war schon als Sechs- oder Siebenjähriger ins Kino gerannt, in die Sonntagnachmittagvorstellungen. Ich habe auch später fast täglich Filme gesehen. Das lag auch darin, dass meine Eltern beide gearbeitet haben und es im Fernsehen noch gute Filme zu sehen gab. Außerdem ging ich

Freitagnachmittags zu einem 16mm-Filmclub im Clubkeller Sonnenhof. Da habe ich Polanski-Filme gesehen, LE LOCATAIRE/THE TENANT (DER MIETER, 1976), CUL-DE-SAC (WENN KATELBACH KOMMT..., 1966), ROSEMARY'S BABY (1968) oder THE SERVANT (DER DIENER, 1963) von Joseph Losey und jede Menge Nouvelle Vague. 50 Pfennig hat eine Vorstellung gekostet, alle 45 Minuten Rollenwechsel. Das werde ich nie vergessen.

Als ich drei Monate später den Umschlag in der Post fand, in dem ich dann zur Aufnahmeprüfung zugelassen wurde, da habe ich am ganzen Körper gezittert. Das weiß ich noch bis heute. Ich konnte das gar nicht fassen. Drei Monate später konnte ich mir schon gar nichts anderes mehr vorstellen als ein Filmemacher zu werden. Ich bin dann auch aufgenommen worden, als einer der jüngsten Studenten an dieser Hochschule und zwar in die dokumentarische Abteilung, die damals von Professor Dr. Schreyer geleitet wurde, eine sehr autoritäre Vaterfigur, der mit viel Liebe und Hingabe seine hohen Ansprüche in uns gepflanzt hatte. Unaufhörlich wurde uns das Gefühl gegeben kreative Elite zu sein, das unser Studium ein Privileg und eines der teuersten überhaupt sei und dass wir nicht nur unseren eigenen Ansprüchen gerecht werden sollten. Viele meiner Kollegen sind an genau diesen Ansprüchen dann aber auch zerbrochen. Zusammen mit Professor Längsfeld, der die Spielfilmabteilung leitete, hat er in seiner über zwanzigjährigen Arbeit die HFF tief geprägt.

Ich habe angefangen mit Kollegen Kurzdokumentationen zu drehen. Reinhard Donga und Maria Knilli waren damals in meiner Klasse. Reinhard war schon etwas älter und seit seiner Kindheit mit Rainer Werner Fassbinder befreundet. Er hat mit ihm damals auch in Schwabing zusammengewohnt. Harry Baer, Vertrauter und langjähriger Weggefährte Fassbinders, war der dritte in dessen Wohngemeinschaft. Das war so 1980/81. Ich habe Fassbinder auch ein paar Mal selbst getroffen. Es waren fast immer sehr private Momente in seiner Wohnung oder in einer seiner Stammkneipen, wie dem ‹Santa Barbara› in Neuhausen. Er war zu der Zeit schon völlig am abbrennen. Ich habe später auch mitbekommen, wie er dann vom Leichenwagen abgeholt worden ist, das war in seiner späteren Wohnung in Schwabing in der Clemensstraße. Ich habe seinerzeit zufälligerweise im Rückgebäude seines Wohnhauses bei meiner damaligen Freundin des Öfteren übernachtet. Er hatte seinen roten BMW meistens vor dem Hauseingang auf dem Gehsteig abgestellt. Da wusste man, dass er da ist. Die Strafzettel, die er dafür bekam, haben ihn nicht interessiert. Harry Baer war damals sein Regieassistent bei BERLIN ALEXANDERPLATZ (1980) und hat mir einen Job als Statist organisiert. Da habe ich Fassbinder auch hinter der Kamera erlebt. Was für ein Wechsel das war. Das pure Leben. Voller Kraft und Besessenheit. Sein Herumgeschreie am Set. Und alles spurte. Ich werde die Begegnungen mit ihm nie vergessen.

Im ersten Jahr auf der Filmhochschule begann ich bereits mein erstes Drehbuch zu schreiben. Auch aus einem tiefen Bedürfnis heraus, das sehr viel mit meiner damaligen Auseinandersetzung mit Albert Camus und Jean-Paul Sartre zu tun hatte. Sehr existenzialistisch, sehr pur. Das wurde ein Drehbuch, das die Aufmerksamkeit meines Professors bekam. Der hat mich daraufhin mit einem seiner Bekannten zusammen gebracht, Karel Dirka, der als Produzent viel für den BR gemacht hat, unter anderem den Oscar-Film über Marlene Dietrich (MARLENE, R.: Maximilian Schell, 1984). Der hat tatsächlich das Geld für die Produktion besorgt und so machte ich 1982/83 noch vor meinem Abschlussfilm an der HFF meinen ersten Kinofilm: KALTES FIEBER. Für jemanden aus der Dokumentarfilm-Klasse war das schon allerhand. Das war bis dahin alles schon sehr rauschhaft. Mir gelang es die damaligen Theatergrößen Hans-Michael Rehberg und Peter Lühr für Gastrollen zu bekommen, für die anderen Rollen fand ich junge Schauspieler: u.a. Axel Milberg, Ulrich Tukur, Katharina Böhm und Joachim Król, alle mehr oder weniger zum ersten Mal vor der Filmkamera. Król war damals blutjung und hat mich total begeistert. Aber alle Rollen waren bereits besetzt. Ich hab ihm dann einfach die Rolle eines Stummen gegeben, ohne jeden Dialog, weil er mir damals so gut gefiel und weil ich ihn einfach im Film haben wollte. Ich schulde ihm dafür bis heute eine Revanche, eine echte Sprechrolle in einem anderen Film. Der Film wurde dann nach Locarno auf das Filmfestival als deutscher Beitrag eingeladen und da stand ich plötzlich mit Jim Jarmusch auf der Bühne, als der seinen STRANGER THAN PARADIESE (1984) vorgestellt hat. Ich kam dann zurück nach München und habe feststellen müssen, dass die große Schwierigkeit gar nicht die Herstellung des ersten Filmes ist, sondern die des zweiten. Der erste entsteht meistens aus diesem ungestümen Wollen, das keine Richtung und keine Reflektion zulässt, sondern einfach nur Stimmung ist, Atmosphäre und Emotion. KALTES FIEBER ist auf diese Weise ein sehr ehrlicher, einfacher Film geworden. Ein Genrefilm in der Tradition von Jean-Pierre Melville, der das nachempfunden hat, was ich aus dem französischen Kino der 1960er-Jahre gelernt hatte. Sehr expressionistisch erzählt, sehr still und sehr eindringlich. Der Film hat dann den Deutschen Filmpreis gewonnen. Ich habe also mit 25 das Filmband in Gold für die Beste Regie bekommen. Es war schon eine Sache, zu der Zeit als Jüngster, der jemals diesen Preis bekommen hat. Mich hat dieser Film sehr, sehr viel Kraft gekostet. Aber wie gesagt, die eigentliche Schwierigkeit war der zweite Film, nicht der erste.

Deine Filmographie weist erst für 1988 wieder einen Eintrag auf. Was hast du in der Zwischenzeit gemacht?
Ich habe zwei Kinokurzfilme gedreht, die ich auch geschrieben habe, dann noch einen Dokumentarfilm in Neapel, der mein offizieller Abschlussfilm werden

sollte. Ich machte da Kamera und Co-Regie. Weil mir München auf den Geist ging und ich damals diese Stadt einfach cool fand, bin ich dann auch gleich vier oder fünf Monate dageblieben. Un giorno a Napoli kam dabei heraus. Ein kleines Experiment, 35 mm und in Schwarzweiß gedreht. Co-Regie machte damals ein Mitstudent von mir: Stefan Bechtle, der den Film dann auch schnitt.

Ich hab danach nebenher, zwei, drei Jahre lang für die Bavaria Romane lektoriert, ein Job den ich noch von Peter Märthesheimer vermittelt bekommen hatte, dem langjährigen Fassbinder Produzenten, Autoren und späteren Chefproduzenten bei der Bavaria. Ich habe ihn gemeinsam mit Reinhardt Donga schon 1983 als Betreuer in Sachen Drehbuchentwicklung von der HFF zugeteilt bekommen. Das sollte eigentlich über ein Semester gehen, wurde dann aber eine Zusammenarbeit, die einige Jahre lang ging. Er war es auch, der all meine Sachen gelesen hatte und mir wertvolle dramaturgische Tipps gab. Ein außerordentlich zurückhaltender und bescheidener Mann, ein Stück deutscher Filmgeschichte. Er hat seit den frühen 1970er Jahren alle großen Fassbinder-Projekte begleitet, entweder als Fernsehredakteur, Autor oder Co-Produzent. Ich war dabei, als er vor ein paar Jahren während einer Sitzung der Filmakademie in Berlin nach seinem Diskussionsbeitrag zusammenbrach. Er verstarb kurz darauf auf dem Weg ins Krankenhaus. Das war sehr traurig. Auch Günther Rohrbach stand daneben, sein langjähriger Chef und Weggefährte in der Bavaria. Er war hilflos wie wir alle.

Ich habe dann nach der HFF, so gegen 1985, mit der Bavaria meinen ersten Entwicklungsdeal gehabt. Es war ein großer Actionfilm, dessen erste Fassung irgendwie in die Hände von Günther Rohrbach gelangte. Das Projekt hieß Doomsday Party und spielte im Hochgebirge in einer Raketenstation, die plötzlich durch einen Schneesturm von der Außenwelt abgeschnitten wird. Fünf junge Soldaten, aus verschiedenen europäischen Nationen, fangen plötzlich an durchzudrehen und über ihre Aufgabe nachzudenken. Das war noch zur Hochzeit des Kalten Krieges, wo uns allen noch die Angst in den Knochen steckte. Der Hedonismus der 1980er und seine Sorglosigkeit wurde da in Frage gestellt. Rohrbach engagierte Christoph Fromm um das Drehbuch zu polieren. Fromm ist ebenfalls ein Kollege aus der HFF, der damals als Autor mit Dominik Graf gearbeitet hatte und bereits außerordentlich erfolgreich war.

Aber nach ein, zwei Jahren wurde der Film Wochen vor Produktionsbeginn, weil die bayrische Förderung nicht mitmachte, abgesagt. Es sollte ein internationales Nachfolgeprojekt der Bavaria zu ihrem Film Enemy Mine (R.: Wolfgang Petersen, 1985) werden. Rohrbach hatte mich mit einem amerikanischen Autor zusammengebracht: Howard Rayfiel. Er wurde eingeflogen und arbeitete mit mir an der englischsprachigen Fassung des Drehbuches. Howard war der Bruder von David Rayfiel, der für Sydney Pollack unter anderem Havana (Havanna, 1990) und THREE DAYS OF THE CONDOR (DIE DREI TAGE DES CONDOR, 1975) geschrieben hatte.

Howard war mal Vize-Präsident von Paramount, dann freier Autor und bereits ein älterer Herr, der damals vor der Rente stand. Er hatte mich in sein Herz geschlossen und mit mir detailversessen die amerikanische Adaption meines Drehbuchs erarbeitet. Das war eine unglaubliche Erfahrung und ging auch so fünf oder sechs Monate lang. Das war, wenn du so willst, meine erste Begegnung mit professioneller amerikanischer Drehbuchschreiberei und ich habe sehr schnell begriffen, was die amerikanische und die europäische Art zu schreiben unterschied. Es war ein Intensivkurs, der mich zutiefst geprägt hat. Ich kann mich noch daran erinnern, dass seine erste Fassung zwanzig, dreißig Seiten kürzer war als die deutsche Fassung, da Howard einfach alle atmosphärischen Beschreibungen und auch die emotionalen Zustände der Protagonisten einfach rausschmiss. «If it's not in the Dialogue – you made something wrong.» Auch die kontinuierliche Aneinanderreihung der Szenen war etwas was man in Deutschland in dieser Zeit so nicht machte. Jede Szene in einem herkömmlichen deutschen Drehbuch stand auf einem neuen Blatt. «How in the world do you guys know how long the movie is going to be?» Eine Drehbuchseite sollte ungefähr einer Minute Film entsprechen. Er war wirklich ein harter Lehrmeister.

Ich habe danach das Angebot bekommen, eine Romanverfilmung zu machen. Die Vorlage stammte von Georges Simenon. Da war etwas, was mich schon bei KALTES FIEBER interessiert hatte: Der Naturalismus von Dostojewski, Stendhal und Flaubert. Simenon war ihnen sehr ähnlich und das mochte ich an ihm. Alles in der Handlung läuft zwangsläufig ab. Was auch immer wir tun, wir können dem Schicksal nicht entkommen.

Die übergeordnete TV-Reihe hieß L'HEURE SIMENON. Die Arbeit an diesen beiden eigenständigen Filmen waren eine Art Befreiung für mich. Grundlage waren keine der üblichen Maigret-Romane von Simenon, sondern zwei seiner Stories, die ohne ermittelnden Kommissar auskamen. Die waren irre atmosphärisch und hatten eine sehr existenzialistische Grundhaltung der Charaktere. Leute, die fremd in ihrer Welt sind, versuchen auszubrechen, scheitern aber. Ich habe beide Drehbücher in wenigen Wochen geschrieben und diese erste Fassung dann als Regisseur auch verfilmt. Es gab keine anderen Autoren dazwischen, niemand der mir reinredete. Es war, wenn man so will, eine künstlerische Befreiung für mich. Einer der beiden Filme, DAS FENSTER DER ROUETS, mit Hannelore Elsner, Billie Zöckler und Hannelore Schroth, ist, wie ich finde, ein kleines Meisterwerk geworden, auf das ich sehr stolz bin. Die Franzosen haben nach der außerordentlich erfolgreichen Erstausstrahlung in Frankreich weitere Simenons mit weit größeren Budgets verfilmt und auch ins Kino gebracht, unter anderem MONSIEUR

Josef Rusnak

Josef Rusnak bei den Dreharbeiten zu The thirteenth Floor, *von der Hand verdeckt: Director Of Photography Wedigo von Schultzendorff*

Hire (R.: Patrice Leconte, 1989). Ein Film, der in Atmosphäre und Stil unserem Film sehr ähnlich war. Für den zweiten Film der Reihe, Das Haus am Kanal, habe ich ein junges, französisches Mädchen in Paris gefunden, damals kaum 18 Jahre alt: Mathilda May, und die gleich danach mit Claude Chabrol ihre steile internationale Karriere begann.

Dann kam 1988/1989 Picnic at Checkpoint Charlie, wieder eine europäische Co-Produktion. Eine Agentengeschichte, u.a. mit Armin Mueller-Stahl. Es handelte sich wieder um eine Romanadaption, diesmal von einem französischen Trash-Roman, einem James Bond-Abklatsch. Der Held hieß Le gorille, der Gorilla, und löste mit viel körperlichem Einsatz für den französischen Geheimdienst internationale Kriminalfälle. Ich drehte mit einem gemischt französisch-italienisch-deutschen Cast in drei Sprachen gleichzeitig. Unter anderem mit Francois Perrier, dem großen Star des französischen Kinos, der bereits in Les enfants du paradis (Kinder des Olymp, 1945) oder in einigen Jean-Pierre Melville-Filmen gespielt hatte. Ich bekam die beabsichtigte Mischung zwischen Komödie und ernsthaftem Drama nur teilweise hin. Wir drehten den Film in Berlin ein Jahr vor dem Mauerfall. Das war schon was besonderes. Keiner hatte zu diesem Zeitpunkt eine Ahnung, was Monate später passieren würde. Ein richtiges Zeit-

dokument ist es geworden und ich habe damals einen Kameramann ausprobiert, der mich dann schließlich viele Jahre begleitet hat: Wedigo von Schultzendorff.
   Im Herbst 1989 bin ich dann von München nach Berlin gefahren. Ich war wie viele andere damals zunächst euphorisch über den bevorstehenden Zusammenbruch der DDR und habe begonnen Interviews für eine Doku zu drehen. Ohne Geld und ohne Auftrag. Einfach weil es mir ein Bedürfnis war. Ich habe einfach drauflos gedreht und habe Interviews während des Mauerfalles auf beiden Seiten der Mauer gemacht. Ich war auch da, als am Brandenburger Tor die ersten Mauerelemente hochgehievt wurden. Ich habe stundenlang Material gedreht, das ich seitdem nicht ein einziges Mal gesichtet habe. Ich glaube, das Ganze war mehr eine Erfahrung für mich. Ich muss sagen, ich habe dabei nichts von dieser positiven Reaktion verspürt, die viele andere hatten. Ich hatte das Gefühl, die wollten alle einfach nur in den Westen, weil es da was zu kaufen gab. Ich hatte damals ein ganz komisches Gefühl im Bauch, ich weiß nicht warum. Bis heute nicht. Ein paar Monate später habe ich meine Sachen gepackt und bin nach London gezogen. Ich habe das bis heute nicht bereut.

Warum bist du nach London gegangen?

Ich habe dort die nächsten zwei Jahre einen Stoff entwickelt, der auf einer amerikanischen Shortstory basierte, deren Option ich jahrelang aus eigener Tasche bezahlte, eine schwarze Komödie, so was wie GET SHORTY (SCHNAPPT SHORTY, R.: Barry Sonnenfeld, 1995). Hammerhart und gewalttätig erzählt, aber mit einem kaputten schwarzen Humor. Sehr außergewöhnlich zu seiner Zeit und ein paar Jahre voraus. Es war ein Buddy-Movie über zwei ungleiche Vettern, die nach zwei Jahrzehnten der Trennung wieder aufeinander treffen. Der Titel hieß JUMP. Ein romantischer Antiheld, der auf einen nihilistischen «real life-Kriminellen» trifft. Als ich von der englischen Co-Produzentin nach der möglichen Besetzung gefragt wurde, sagte ich, ich hätte gerne Malcolm McDowell und Harvey Keitel. Beide waren zu dem Zeitpunkt nicht gerade in Mode. Das war mir aber egal. Malcolm McDowell reagierte schnell und zeigte sich interessiert. Mit seiner Zusage in der Tasche hat die Produzentin mein Drehbuch schließlich nach Amerika geschickt, zum Agenten von Harvey Keitel. Von dem habe ich innerhalb einer Woche einen Anruf bekommen. Er sagte, ich solle kommen, Harvey sei interessiert.
   Mit diesem Anruf fing dann meine amerikanische Reise an. Das war 1990/91. Ich bin also nach New York geflogen, und zwar mit meinem eigenen Geld. Zu der Zeit war das Fliegen noch ganz schön teuer. Ich kam bei Freunden unter und habe dann schließlich im *Russian Tea Room*, in der Nähe vom Times Square, Harvey Keitel und seinem damaligen Agenten gegenüber gesessen. Das war ein älterer Herr, einer der Chefs von *Triad*, die dann ein Jahr später von der William-

Morris-Agentur aufgekauft wurde. Seinen Namen hab ich leider vergessen. Er war jedenfalls, wie ich später erfahren habe, eine recht wichtige Persönlichkeit im Business. Dieser Agent hat Keitel nicht wirklich reden lassen. Er sagte zu mir, ich hätte ein unglaubliches Drehbuch geschrieben. Es wäre das beste, was Harvey seit langer Zeit in seinen Händen gehalten hätte. Wenn man das so hört, als junger Filmemacher aus Deutschland, dann ist das natürlich schon ganz schön wahnsinnig und vor allem nachdem man jahrelang mit seinen Projekten in jeder deutschen Filmförderung abgeschmettert worden ist. Der Agent sagte mir, ich solle mir keine Sorgen um kleine Budgets machen, Harvey hätte gerade erst einen kleinen Film abgedreht, für den er auch kein Geld bekommen hätte, nur einen Credit als Produzent. Das war RESERVOIR DOGS (1992) von einem jungen Nachwuchsregisseur namens Quentin Tarantino.

Harvey fing dann zwar an, an einigen Sachen im Drehbuch herum zu mäkeln, aber der Agent hat ihn einfach unterbrochen und sagte zu ihm: «Shut up, Harvey! This is a great screenplay, leave the boy alone.» So in der Art war das. Harvey hat nur gegrinst und das Eis war gebrochen. Wir haben geredet und ich habe Harvey später noch einmal allein getroffen, in einem italienischen Lokal auf der Upper West Side. Er hat mich da auch mit einem seiner Kumpel zusammengebracht, einer von diesen Scorsese-Schauspielern mit riesigen Narben im Gesicht. Den Namen habe ich leider auch vergessen.

Ich musste mich auch erst einmal an das amerikanische Business-Prinzip gewöhnen. Es wird erst einmal gegessen, es wird über alles geredet, nur nicht über das, worum es eigentlich geht. Das gehörte eben dazu. Harvey wollte wissen, wo ich herkam. Er erzählte mir von seiner Ehe, seinen Kindern und das es alles nicht so einfach war. Dann sprachen wir über das Drehbuch. Er fragte mich am Schluss, wie viel Geld wir für die Produktion brauchen würden. Drei bis vier Millionen, sagte ich. Er fragte mich, ob er das Drehbuch einem Freund von ihm zeigen dürfe. Ich sagte nur, na klar, wenn es uns hilft. Ich bin dann zurück nach London und da hat mir meine englische Produzentin gesagt, dass das Drehbuch von Harvey Keitel an Robert DeNiro und seine Firma Tribeca Film weitergereicht worden ist. Vier Wochen später bekam ich erneut einen Anruf und da bin ich wieder rüber geflogen. Ich kam in New York an, Harvey hat auf mich gewartet. Wir sind dann spazieren gegangen und haben viel geredet. Dabei kam heraus, dass seine Familie, wie die meines Vaters, aus der Bukowina stammt, die Gegend um das damalige Czernowitz, das ist heute alles Ukrainisch. DeNiro selbst war bereits wieder in Los Angeles, aber ich traf in dessen Büro einen Executive, Len Amato war sein Name, der mir sagte DeNiro mag mein Script und sie würden versuchen meinen Film zu finanzieren. Ich bin dann nach L.A. geflogen und traf dort auf eine weitere Tribeca-Produzentin, Jane Rosenthal, die übrigens bis heute Teil der Firma ist. Sie produzierte zu dieser Zeit gerade den Val Kilmer-Film THUNDERHEART (HALBBLUT, R.: Michael Apted, 1992). Ich saß dann bei denen im Produktionsbüro, in Beverly Hills, in einem leergeräumten Bungalow, oben am Coldwater Canyon und wir haben Pläne gemacht.

Ich hatte sozusagen «high hopes» und habe mich dann auf eigene Kosten im *Magic Hotel* eingemietet, ein kleines Motel, das unmittelbar über dem Chinese Theater, mitten im Herzen des alten Hollywood, lag. Es gab hier einen kleinen Pool in der Mitte, ganztägig abgestandenen Filterkaffee, aber auch günstige wöchentliche Deals. Am zweiten Abend bin ich dann in die *Dresden-Bar* in Los Feliz, am Rand des alten Hollywood, die mir von zwei jungen deutschen Journalistinnen empfohlen wurde, die ich noch im Flugzeug kennengelernt hatte. Ich komme zur Tür rein und direkt vor mir, an der Bar, sitzt allein auf einem Stuhl Roland Emmerich, den ich noch aus Filmhochschultagen kannte. Das hat mich total überrascht, weil ich ihn überhaupt nicht auf dem Radar hatte. Er saß einfach nur da, hat sein Bier getrunken und auf Freunde gewartet. Wir kamen natürlich ins Reden und es hat sich herausgestellt, dass das Hotel, in dem ich wohnte, nur knapp 100 Meter von seinem Haus entfernt lag. Es gab damals bereits eine sehr bunte deutsche Emigrantenszene in Hollywood. Es waren Leute wie Roland Emmerich, Uli Edel, Wolfgang Petersen, Karl Walter Lindenlaub und Carsten Lorenz.

Da waren wir plötzlich, deutsche Filmstudenten aus München, die sich wieder gefunden haben. Das war wirklich sehr spannend. Frances Schoenberger, Journalistin und Mitarbeiterin der deutschen Export-Union spielte hier eine sehr wichtige Rolle. Sie unterhielt über Jahre hinweg einen Salon in ihrem Haus und war das Zentrum eines ganzen Networks. Sie hat viel für mich getan und ich habe wunderbare Menschen durch sie kennengelernt. Die Kameraleute Dietrich Lohmann und Michael Ballhaus, Schauspieler wie Jürgen Prochnow und Ralf Möller, der in Rolands UNIVERSAL SOLDIER (1992) seine erste wichtige Rolle spielte, aber auch Desiree Nosbusch. Die Community wuchs dann Anfang der 1990er-Jahre sehr schnell auf ca. 100 Leute an. Gerade Roland hat durch seine Filme sehr viel jungen Nachwuchs rüber nach Amerika gebracht. Junge Talente aus dem Stuttgarter Raum. Das war eine sehr lebendige Gemeinschaft, die sich auch gegenseitig angesteckt hat in ihrer Sucht nach Selbstverwirklichung.

Die Community hat sich aber auch untereinander geholfen. Uli Edel zum Beispiel. Ich muss sagen, ich kannte den Herrn vorher nicht. Ich wusste, er war wie ich auf der Münchner Filmhochschule, ich kannte seine Filme CHRISTIANE F. – WIR KINDER VOM BAHNHOF ZOO (1981) und LAST EXIT TO BROOKLYN (1989). Als ich ihn traf, sagte er mir, ruf mich morgen an, ich gebe dir ein paar Nummern. Er rief dann für mich seinen Agenten an, seine Produzenten und arrangierte Treffen. Einfach so. Der hatte nicht einmal meine Filme gesehen. Er hat einfach einem jungen Kollegen geholfen. Das ist eine Sache, die ich nie vergessen habe. Ein ähnliches Verhalten habe ich dann auch später durch Roland erfahren. Auch er hat mir praktisch all seine Ressourcen zur Verfügung gestellt. So wohnte ich einige Zeit sogar in seinem Gästehaus, praktisch mietfrei, als es einmal finanziell bei mir eng wurde. Für Roland und seine Schwester Ute, die zu dieser Zeit all seine Filme mit produzierte, war das ein Geben, ohne zu erwarten, dass man irgendetwas zurückbekommt. Das ist eine Erfahrung gewesen, die wirklich sehr, sehr tief in mir gewirkt hat, bis heute. Das war schon sehr großartig.

Ich saß also sechs Monate in diesem Hotel am Rande der Hollywood Hills und wurde herumgereicht. Ich war in dieser Schleife drin, in der sich viele junge Regisseure, die nach Hollywood kommen, wiederfinden. Ich wurde bei den Studios eingeführt, ich traf Executives, musste meinen Stoff pitchen, pitchen, pitchen, obwohl es ja bereits ein englischsprachiges Drehbuch gab. Nach einem halben Jahr sagte Jane Rosenthal, dass alle drei Produktionen ihrer Firma Flops an der Kinokasse waren, deswegen könnten sie mein Projekt nun doch nicht mehr machen. Damals hätte ich nun einfach meine Sachen packen können, um wieder nach Europa zurückzugehen. Hat eben nicht funktioniert. Aber diese sechs Monate in L.A. hatten mich infiziert.

Ich fing wieder an zu schreiben und habe das, was sich mir in dieser Stadt anbot, wahrgenommen, verarbeitet und festgestellt, dass die Leute, die ich tagtäglich kennenlernte, mindestens so durchgeknallt waren wie ich auch, wenn nicht sogar noch mehr. Jeder war fokussiert, emotional und irgendwie besessen. Das waren alles Charaktereigenschaften, die in Deutschland eher einen Angstzustand bei Produzenten erzeugen. Hier in Hollywood war das aber plötzlich der Allgemeinzustand der ganzen Branche. Da war eine Entscheidung für mich ganz einfach. Ich habe meine Wohnung am wunderschönen Hamstead Heath in London aufgegeben, mir eine kleine Wohnung im Beachwood Canyon gesucht und bin dann einfach geblieben, das war so 1992. Ich bin dem Rat eines Anwalts gefolgt, habe eine Firma gegründet, die ich bis heute habe und die mir damals ein unbegrenztes Einreise-Visum ermöglichte. Und so begann dann mein amerikanischer Weg.

Ich verbrachte sehr viel Zeit mit Roland, wir sprachen über Filmideen, seine und meine. Er hatte meine Bücher gelesen und wollte zunächst mein JUMP-Projekt mit *Centropolis* als Partner co-produzieren. Doch die deutschen Partner hatten damals kein Interesse daran und zogen sich, nach einem Jahr hin und her, wieder zurück. Ein unglaublicher Vorgang, wenn man diese Chance von heutiger Perspektive heraus betrachtet. Ich war natürlich mal wieder am Boden zerstört, aber es brachte letztlich Roland, Ute und mich weiter zusammen.

Die Drehbücher, die ich damals schrieb, waren aufwendig und hatten in der Regel Budgets von fünf bis acht Millionen US-Dollar. Das war viel Geld damals.

Roland meinte, ich würde noch Jahre damit verbringen, diese Budgets zu finden. Ich solle einen Film schreiben, der für eine halbe Million zu machen sei. Im schlimmsten Falle würde er sie mir dann geben. Ich habe mich dann hingesetzt und in ein paar Monaten ein Drehbuch über die Liebe geschrieben, über Dinge, die mich damals beschäftigten. Meine Wohnung war damals nur ein paar Blocks vom Hollywood Boulevard entfernt, dem alten Herzen von Hollywood, der damals völlig heruntergekommen war. Da wollte man abends nicht sein. Das war eine Crack- und Heroingegend, Teenager kamen zu Tausenden aus dem ganzen Land hierher und lebten praktisch auf der Straße. Das war unsere Nachbarschaft, aber das hat sich heute alles geändert.

Ich habe also diese Geschichten geschrieben, die lose miteinander verbunden waren, wie Arthur Schnitzlers *Der Reigen,* und Roland hatte Recht, ich habe dann tatsächlich dieses Geld bekommen. Es waren sogar 1,5 Millionen insgesamt. Es kam auch aus Deutschland Geld. Klaus Thora, ein junger befreundeter Produzent aus München, mit dem ich bereits an Picnic at Checkpoint Charlie gearbeitet hatte, war Monate vor mir in L.A. aufgeschlagen. Er arrangierte alles. Wir bekamen einen deutschen Co-Produzenten und sogar etwas Fördergeld. Das wurde also 1994 mein erster amerikanischer Film: Quiet Days in Hollywood, mit Chad Lowe und Hilary Swank, damals kaum zwanzig und in einer ihrer ersten dramatischen Rollen.

Bevor dieser Film allerdings in Produktion ging, bekam ich ein Angebot aus Deutschland eine neue Krimserie zu drehen: Die Partner. Ich brauchte damals Geld und sagte sofort zu. Die Skripte waren alle, wenn man so will, herkömmliche Hausmannskost für das deutsche Fernsehprogramm. Das war damals allen Beteiligten klar, auch den damaligen Produzenten der Kölner Produktionsfirma *Colonia Media*, Georg Feil und Jan Hinter. Ich hatte noch nie Vorabendfernsehen gemacht und schlug ein Konzept vor, mit dem man junge Zuschauer interessieren könnte. Damals gab es in der Werbung und auch im amerikanischen TV erste Versuche mit so einer Art pseudo-dokumentarischer Kamera. Zum Beispiel die US-Serie NYPD Blue (1993–2005) war so fotografiert. Alles aus einer einzigen Achse geschossen, zum Teil mehrere Kameras mit langbrennweitigen Optiken und Jump-Cuts «all over the place», um die Kontinuität der Zeit kaputt zu machen. Das beobachtende Element wurde zum dominierenden Stil. Schnell geschnitten und eine Filmmusik, die, wenn sie einsetzt, den Zuschauer förmlich von den Socken reißt, also gar nicht den Versuch macht ihn emotional zu erreichen. Ich habe mich hier für Acid Jazz entschieden, einem Musiktrend, der damals während der Dreharbeiten in Düsseldorf und Köln überall zu hören war. Ich sprach Harald Kloser an, einen jungen Komponisten aus Österreich und Ehemann von Desiree Nosbusch, die ebenfalls Teil der Emigranten-Szene in Hollywood waren.

Seit dieser Arbeit sind wir eng befreundet. Er hat dann auch später durch mich Roland kennengelernt und für THE THIRTEENTH FLOOR die Musik komponiert. Wie ich finde, ein kleines akustisches Meisterwerk. Das und die kompromisslose «Wackelkamera» in der TV-Serie DIE PARTNER erzeugten so etwas wie eine kleine Revolution im damaligen Vorabendfernsehen. Nach der Ausstrahlung dieser acht Folgen war nichts mehr so wie es war. Man kann heute noch diesen Stil im deutschen Fernsehen in Ansätzen wieder finden. Wir jedenfalls waren die ersten.

Nun gut, acht TV-Folgen später kam ich wieder nach L.A. zurück und drehte dann sehr rasch nacheinander QUIET DAYS IN HOLLYWOOD, der inzwischen finanziert war und dann noch eine deutsch-amerikanische Co-Produktion: NO STRINGS ATTACHED (1995), ein sogenannter Erotik Thriller, wie sie damals vor allem im deutschen TV in «high demand» waren. Marco Weber, ein junger Produzent, ebenfalls gerade in Amerika angekommen, war der Produzent. Den Film habe ich «übernommen», was in L.A. sehr häufig passiert. Er wurde «anproduziert» und nach einer Woche wurde die Produktion gestoppt, weil der deutsche Regisseur entweder nicht im Budget blieb oder es Schwierigkeiten mit den Produzenten gab. Wie auch immer. Ich habe den Film dann in den verbleibenden drei Produktionswochen komplett neu gedreht. Mein nächster amerikanischer Film war dann schon THE THIRTEENTH FLOOR (1999).

Da war doch noch ein Ausflug nach Deutschland.
Ach ja, 1997 habe ich noch mal sechs Monate in Deutschland verbracht und einen SCHIMANSKI-Film (DIE SCHWADRON) gedreht. Es war seinerzeit der erfolgreichste Fernsehfilm ever, denn wir hatten eine Einschaltquote von 13,1 Millionen! Das war der absolute Hammer. Der Film traf einfach einen Zeitgeist. Damals kam gerade HEAT (R.: Michael Mann, 1995) ins Kino und wir lagen mit unserem sachlichen, sehr amerikanischen Stil einfach goldrichtig. Ich habe wieder mit dem selben Team von DIE PARTNER gearbeitet: Wedigo von Schultzendorff an der Kamera, Harald Kloser machte die Filmmusik, Götz George wurde unser Al Pacino und die junge Laura Tonke unsere widerspenstige, weibliche Hauptrolle. Ich kann mich noch an die Drehbucharbeit erinnern. Das Script war zu lang, zu aufwendig erzählt. Das Script Girl stoppte eine Länge von über 115 Minuten. Und dass für einen TV-Film, der nicht länger als 87 Minuten sein durfte. Ich bat einen befreundeten Kollegen um Hilfe, Robert Schwentke, Absolvent des Columbia College Hollywood, den ich in L.A. kennengelernt hatte. Er machte ein Script Polish, doch der Redakteur las die Fassung nicht einmal und warf sie einfach in den Papierkorb. Ich solle die Dialoge einfach schneller drehen. Das war sein Kommentar. Werde ich nie vergessen. Ich habe das Drehbuch dann auf dem Set noch einmal stark überarbeitet und gekürzt, was dann dazu geführt hat, dass sich

der damalige deutsche Autor Matthias Seelig nach Fertigstellung kurzfristig von dem Film distanzierte. Das hat er dann aber doch sehr schnell wieder rückgängig gemacht, als der TV-Film ausgestrahlt wurde. Das war eine sehr interessante Erfahrung für mich.

Anyway, die Musik hatte große Wucht und Harald Kloser ist wirklich über sich hinausgewachsen. «The Return of Schimanski» hat wirklich die Straßen leergefegt.

Aber ich habe danach trotzdem keinen einzigen Job aus Deutschland angeboten bekommen. In Amerika, wenn du eine Top-Einschaltquote hast, kannst du dir danach Sachen aussuchen. Aber das ist ein anderes Thema: Deutsche und der Erfolg. Leute, die den deutschen Filmpreis bekommen oder vielleicht sogar einen Oscar... Frag die doch mal ein halbes Jahr später, was sich daraus entwickelt hat. In der Regel ist das wirklich eine ganz heikle Angelegenheit. Man wird gerne abgestraft für den großen Erfolg. Dann heißt es, du musst erst einmal wieder ankommen, normal werden. Ich glaube, über diese Erfahrung wirst du bei den Interviews mit Kollegen von mir in deinem Buch noch viel zu hören bekommen.

Also keine Chance, in Deutschland zu bleiben und hier weiter Filme zu machen.
Die 68er haben den Genrefilm in Deutschland kaputt gemacht. Sie haben alles alte umgeworfen und in Frage gestellt. Dann kamen sie mit ihren eigenen Projekten und egal was sie eingereicht haben, sie bekamen Förderung und Geld von den Fernsehanstalten, weil sie ein Prinzip manifestiert haben. Der kompromisslose Bruch mit der Vergangenheit, die Distanzierung um jeden Preis. Es war eine eingeschweißte Mischpoke, diese 68er. Autoren, Regisseure, Produzenten, Redakteure, Anwälte, Finanziers, Kritiker Schauspieler... Entweder du warst ein Teil davon oder du bliebst draußen. Ich hatte damals zu wenig Überblick, hab nichts von den Strukturen verstanden und als ich nach Amerika kam, fand ich Kollegen wieder, die mit denselben Problemen zu kämpfen hatten. Ich weiß noch genau, wie der Roland Emmerich belächelt wurde. Ich hatte bei ihm während der Hochschulzeit als Beleuchter bei seinem Abschlussfilm DAS ARCHE NOAH-PRINZIP (1984) mitgearbeitet. Das war damals unter Studenten so üblich, sich gegenseitig unentgeltlich auszuhelfen. Man hat Roland damals überhaupt nicht ernst genommen. Was er machte, war alles Hollywood-Kram und man hatte auch keinen Versuch gemacht – auch nicht innerhalb der Filmhochschule – zu sagen, das ist Klasse, was er macht, das ist groß, das hat internationalen Standard, das bringt uns weiter. Nein, belächelt hat man ihn, das war einfach alles nur Humbug. Ich weiß, dass viele der damals Beteiligten das heute gerne anders beschreiben, aber es war wirklich keine einfache Zeit für Roland.

Wenn Roland nicht diese unendliche Energie und natürlich auch seine Familie im Rücken gehabt hätte, seine Schwester Ute, die ihn bis zur Selbstaufgabe

Josef Rusnak

Am Set von THE THIRTEENTH FLOOR: v.l.n.r. DoP Wedigo von Schultzendorff, 1st AD Kim Winther, Josef Rusnak, Roland Emmerich

unterstützte oder den Vater, der bei seinen ersten Filmen Geld bereitstellte und mit produzierte, dann hätte er seinen Traum vielleicht nie so leben können, jedenfalls nicht in diesem Deutschland, in dem ich damals unterwegs war.

THE THIRTEENTH FLOOR: *Siehst du den Film als eine Art Wendepunkt in deinem Schaffen an?*
Der Film war natürlich ein wichtiger Stein in meinem Leben, weil es ein Studiofilm war und weil ich zum ersten Mal mit dem amerikanischen System zu tun hatte. Der Film hatte ein Budget von 16 bis 18 Millionen Dollar. Aber es war für mich dieselbe Arbeit wie bei den Filmen, die nur eine oder zwei Millionen gekostet haben.

1994 hat Roland sehr viele Drehbücher angeboten bekommen, die mit virtueller Realität zu tun hatten. Er und ich haben häufig über solche Stoffe geredet und er gab mir hin und wieder ein Buch zum Lesen, weil er meine Meinung wissen wollte. Wir kamen dann auf den einzigen, nach unserer Ansicht, wirklichen Virtual Reality-Film zu sprechen, der alles toppte, was wir so in die Finger bekamen, und das war Fassbinder und sein Film WELT AM DRAHT (1973). Die Romanvorlage, die er benutzt hatte, war *Simulacron 3* von dem US-amerikanischen Autor Daniel F. Galouye.

Josef Rusnak

Roland und ich haben über Monate hinweg darüber geredet, immer wieder. Fassbinder hat sich da sehr frei bedient und wir wollten kein Remake machen. Bei der Recherche fanden wir heraus, dass der alte Fassbinder Kameramann Michael Ballhaus seit Jahren die Verfilmungsrechte an dem Roman hatte. Er scheiterte aber offenbar daran ein überzeugendes Drehbuch zu schreiben und diesen Film finanziert zu bekommen. Daraufhin haben wir uns mit ihm getroffen und uns arrangiert. Er wurde Produzent bei uns. Dann hat man mich allein gelassen und ich habe im kommenden Jahr 20 oder 30 Treatments geschrieben, fing an Szenen auszuschreiben und Dialoge. Teils in Deutsch, teils in Englisch. Mein Englisch war damals nicht sicher genug, um diese Fassung an ein amerikanisches Studio weiterzureichen. Ich habe deshalb einen Freund, Ravel Centeno-Rodriguez, ein junger Filmstudent aus New York, angesprochen, der vor allem die Dialoge amerikanisiert hat. Die Story, alle Szenen sowie das «Character Development» stammen ausschließlich von mir oder von Roland.

Das Drehbuch selbst habe ich dann alleine in genau 13 Tagen geschrieben. Korrekturen für den zweiten Draft, die Drehfassung, haben noch mal sechs Wochen gedauert. Dann ging Ravel noch mal über den Dialog und das war es dann. Wir haben es schließlich bei Sony eingereicht und anschließend haben wir gezittert, weil das Studio zu dem Zeitpunkt nicht wirklich erkannt hat, was wir da für ein kleines Juwel in der Hand hatten. Dann kam doch das grüne Licht, aber ich muss sagen, wir haben anfangs nicht viel Zuneigung oder Aufmerksamkeit bekommen.

Wie hat sich das geäußert?
Beim Casting hatten wir Catherine Zeta-Jones, Rachel Weisz und Diane Lane, die diese Rolle spielen wollten. Aber das waren alles Frauen, die dem Studio entweder zu teuer oder zu alt waren. Sie haben dem Film nicht wirklich vertraut, das kann man so sagen. Wir haben dann meinen alten Bekannten Armin Mueller-Stahl angefragt und Vincent D'Onofrio war eine Idee von Ute Emmerich, glaube ich. Ute hat damals das ganze Casting gestemmt und war außerordentlich wichtig für die Entscheidungsprozesse, da Roland bereits wieder in Post-Produktion seines neuen, eigenen Filmes GODZILLA (1998) war.

Mein Kameramann Wedigo von Schultzendorff wurde akzeptiert und ich brachte Harald Kloser mit Roland zusammen, der dann auch für die Filmmusik engagiert wurde.

Wir fingen in L.A. zu drehen an. Plötzlich passierte was ganz merkwürdiges. Das Tempo veränderte sich, weil uns zu Ohren kam, dass es noch einen anderen Film gab, der sich offenbar mit demselben Sujet auseinander setzte, nämlich THE MATRIX (1999), eine Warner Bros. Produktion und das mit einem Budget, das vier- oder fünfmal höher war als unseres. Ich glaube, es waren so um die 80 Millionen.

Josef Rusnak

Josef Rusnak mit seinen beiden Hauptdarstellern aus The thirteenth Floor: *Craig Bierko und Gretchen Mol*

Plötzlich wurde unser Stoff, nachdem man auch unsere ersten geschnittenen Meter gesehen hatte, sehr, sehr ernst genommen. Eine gewisse Unruhe entstand, weil man auf einmal doch gesehen hat, dass unser Film ein großes Potenzial hatte. Sony-Produzenten erschienen des Öfteren am Set, und man sprach daraufhin sehr rasch davon, den Film auf über 1800 Leinwänden zu zeigen, mit einem Start im Februar oder März 1999. Aber nach wie vor haben wir nicht alle Mittel bekommen, die wir gebraucht hätten, um den Film schnell fertig zu stellen. Zeit war immer noch Geld und dabei war das Studio sehr zögerlich. Was man immerhin getan hat: Ich durfte länger drehen. Statt 42 wurden es fast 50 Drehtage. Man hatte eben gesehen, um die Qualität zu erreichen und zu halten, musste man das nötige Geld zur Verfügung stellen. Das Budget wurde dann erhöht und ich habe später erfahren, dass Roland selbst sein eigenes Produzenten-Honorar eingebracht hat, weil er an den Film wirklich geglaubt hat.

Wir hatten im ersten Testscreening nicht den großen Erfolg gehabt, aber komischerweise waren die Produzenten, auch die von Sony, trotzdem begeistert. Sie waren der Meinung, sie hätten «einen Film». Die Erwartungen waren also sehr, sehr hoch.

Wir haben schließlich das Rennen gegen Warner verloren, als in der Endproduktion der Starttermin für unseren Film zwei-, dreimal verschoben wurde.

Josef Rusnak

Zuerst nach vorne, dann nach hinten. THE MATRIX blieb uns aber immer voraus. Die waren dann sechs Wochen vor uns am Start und das hat unserer Eröffnung am 4. Juli 1999 leider nicht sehr gut getan. Da kam übrigens auch die Mär her, dass wir den Stoff von THE MATRIX hätten, nur weil er vor uns auf den Markt kam. Das stimmte nicht. Ich habe später gehört, dass die Wachowski-Brüder selbst sehr früh versucht haben, sich die Rechte an diesem *Simulacron 3*-Roman zu sichern und nicht bekommen haben. Ich glaube, inzwischen hat sich das herumgesprochen, im Internet, in den Blogs, dass wir zwar unser Rennen verloren haben, aber ich bin mir sicher, dass THE THIRTEENTH FLOOR seinen Stand in der Filmgeschichte behaupten wird.

Glaubst du, dass dir der mangelnde kommerzielle Erfolg des Filmes geschadet hat?
Ich habe danach sofort einen großen Film mit Bruce Willis angeboten bekommen. Das Budget war 56 Millionen Dollar. Der Film hieß ACE IN THE HOLE und war so etwas wie OCEAN'S ELEVEN (R.: Steven Soderbergh, 2001), der ein, zwei Jahre später herauskam. Ich habe sechs Monate an diesem Film gearbeitet, die Produzenten waren hip und cool, denn sie hatten mit SEX, LIES AND VIDEOTAPE (R.: Steven Soderbergh, 1989) ein super Standing bei den Studios. Aber leider nicht mit Bruce Willis. Der Deal fiel auseinander, weil der Agent von Willis, Arnold Rifkin, über Nacht seinen Job als Chairman bei William Morris verloren hat. Der wurde einfach abgesetzt und sein Hauptklient war nun mal Bruce Willis. Als er gegangen wurde, hat er den Willis mitgenommen. Ich war damals ein Klient bei William Morris und plötzlich auf der falschen Seite. Das Projekt ist dann einfach von heute auf morgen gestorben. Das war die größte Zäsur, mit der ich zu kämpfen hatte. Das Follow-Up nach THE THIRTEENTH FLOOR fand also nicht statt.

Ich spüre immer wieder, dass aus Deutschland heraus eine gewisse Häme da ist, der Film hätte kein Geld gemacht. Was so nicht stimmt. Sicherlich war er kein Blockbuster, aber BLADE RUNNER (R.: Ridley Scott, 1982) war das auch nicht. Trotzdem ist mein Film nicht nur ein Meilenstein der Sci-Fi, sondern er ist mittlerweile auch Filmgeschichte geworden. Natürlich wünscht sich jeder Regisseur, dass es genauso weitergeht und sich alles noch ein bisschen beschleunigt, aber die Treppe in Cannes oder das große Box-Office war nie das, was mich im Alltag bewegt und woher ich meine Energie bekomme. Deshalb kann ich sagen, es ist schade, dass es nicht auf dem hohen finanziellen Niveau weitergegangen ist, aber es hat mich letztlich auch nicht aus der Bahn geworfen.

Hast du sonst noch namhafte Drehbücher in die Hand bekommen, die später anderweitig realisiert wurden?
Es wurden einige gemacht. Das was dich dann am meisten ärgert, ist nicht das, was nicht gemacht worden ist, sondern die, die was werden – ohne einen. Ich

hatte z.B. IDENTITY (R.: James Mangold, 2003) in der Hand, THE MACHINIST (R.: Brad Anderson, 2004) oder THE SCORE (R.: Frank Oz, 2001), ein Heist-Film mit Robert DeNiro. Ich hatte auch viel mit Arnold Schwarzenegger zu tun, bevor er sich für eine politische Karriere in Kalifornien entschied. Die sind an mich heran getreten, weil meine Agentur auch Schwarzenegger vertreten hat. Es gab da einen Film, den ich sehr gerne gemacht hätte: COLLATERAL DAMAGE (R.: Andrew Davis, 2002). Ach ja, und THE MEXICAN (R.: Gore Verbinski, 2001), später mit Brad Pitt und Julia Roberts. Das sind alles Filme, die ich dann nicht bekommen habe. Auf der anderen Seite habe ich letztlich gesehen, okay, das sind gute Filme, du hast einen guten Geschmack, der sitzt, das funktioniert. Also, es gehört einiges dazu, wirklich immer vorne zu sein. Auch mit seinem eigenen Geschmack. Und im richtigen Moment den richtigen Film zu machen.

Wie wichtig war Roland Emmerich generell für dich?

Roland ist ein von Herzen guter Mensch, der nie etwas erwartet, wenn er etwas gibt. Und er hat etwas, was in Los Angeles sehr wichtig ist, nämlich *Demut*.

Roland ist ein ganz großer Konzeptionalist. Er kommt ja vom Design. Er sagte des Öfteren, am liebsten wäre er einfach nur gerne Produktionsdesigner geworden, das würde schon reichen um ihn glücklich zu machen. Das kannst du auch schon sehen, wenn du dir sein Haus in den Hollywood Hills anschaust, ein Gesamtkunstwerk ohnegleichen. Man erzählt ihm die ersten drei Sätze einer Story und er weiß bereits wie es weitergeht. Er begreift sofort das Wesen einer Story und er ist jemand, der ein ganz starkes Gefühl für Genre und für Charakterentwicklung hat.

Eine Geschichte ist für ihn nur dann wertvoll, wenn sie durch einen Protagonisten, emotionalisiert wird. Da ist er sehr amerikanisch. Wir aus Europa haben immer ganz andere Konzepte. Wir erzählen gerne im politischen, im gesellschaftlich relevanten Sinn. Wir können uns vorstellen, dass der Protagonist ein Arschloch ist, unsympathisch, der kalt bleibt, den man nicht wirklich begreift, solange man das große Bild der Gesellschaft oder das soziale Anliegen einer Geschichte begreift. Der deutsche Problem-Film ist so ein Produkt. Wir akzeptieren, dass wir uns nicht immer mit dem Protagonisten identifizieren müssen, solange wir es aber mit dem Problem tun.

Er war also ein großer Lehrmeister, aber man darf nicht seinen eigenen Weg vergessen. Was uns unterscheidet, sind wesentliche Dinge: Ich bin anders als Roland und ich erzähle auch Geschichten anders. Ich würde keinen zweiten INDEPENDENCE DAY (1996) machen können. Auch die Tonalität seiner Filme, die Welt, in der er Geschichten ansiedelt, ist nicht meine Welt. Aber ich habe einiges von ihm gelernt und das ist bis heute noch in vielen meiner Arbeiten zu sehen.

Du hattest mal für Roland Second Unit-Regie gemacht?
Ja, für GODZILLA (1998). Das war in einer Zeit als wir THE THIRTEENTH FLOOR schrieben und darauf gewartet hatten, dass etwas passiert. GODZILLA war ein großer Studiofilm, ich wurde dadurch Mitglied der DGA, der Directors Guild of America, und es wurden ca. 10 Wochen Arbeit, in L.A. Ich habe dabei viel gelernt. Ich hatte ein Team von manchmal 120/130 Leuten. Unser Budget für die Second Unit war drei oder vier Millionen Dollar. Dafür werden normalerweise ganze Spielfilme gemacht. Ich hatte vor allem mit den visuellen Effekten zu tun, ich habe die Hintergründe gedreht, aber auch mal mit Schauspielern wie Matthew Broderick. Eben alles, was man in der First Unit nicht schafft oder hinten runterfällt. Das war lehrreich für mich, in so einem Betrieb zu funktionieren. Ich bekam auch einen Crashkurs in CGI, von dem ich heute noch profitiere.

Craig Bierko und Josef Rusnak bei THE THIRTEENTH FLOOR

Zurück zum Film: Die Dreharbeiten von THE THIRTEENTH FLOOR hast du mal als «privilegiertes Drehen» bezeichnet.
Ich glaube, jeder Dreh, der stattfindet, ist ein privilegierter Moment. Es ist toll, wenn man ein Drehbuch verfilmt, das man selbst geschrieben hat. Wenn man in der Lage ist, selbst am Set immer wieder Dinge zu verändern, weil man sie selbst geschrieben und geschaffen hat. Das ist sehr, sehr privilegiertes Drehen. Ich halte mich für einen sehr privilegierten Filmemacher, dem es immer wieder gelingt, seine eigenen Sachen zu drehen.

Gab es eigentlich zu THE THIRTEENTH FLOOR Nachdrehs?
Ja. Es gab zunächst den Director's Cut, der mit sehr viel weniger CGI auskam. Wir hatten eine große Preview, die gemischt aufgenommen worden ist. Wir kamen raus und Roland und sein damaliger Partner Dean Devlin waren überhitzt und total aufgeregt und sie sagten, egal was für Testergebnisse rauskommen, sie wüssten, wie wir die Probleme lösen. Beide waren sich einig, dem Film fehlte ein bestimmtes Element: Man muss das Ende der Welt zeigen. Es gibt diese Einstel-

lung, die auch auf dem Filmposter drauf ist und wo man das Ende der Welt sieht. Das ist ein Resultat, das mit dem Nachdreh zusammenhing. Man hat mir tatsächlich noch eine ganze Woche geschenkt. Wir haben Großaufnahmen nachgedreht, um unsere Geschichte und die Liebesgeschichte klarer zu machen. Wir haben zwei oder drei Szenen neu geschrieben, um den Plot zu verdeutlichen.

Was mich als Regisseur angeht, ich bin da wie alle. Ich hätte auch gut mit dem Director's Cut leben können, ohne den nachgedrehten Schluss. Das Ende war ja ein wesentlicher Teil des Nachdrehs. Das Ende, das wir hatten, war, wie das Alter Ego unseres Protagonisten Hall (Craig Bierko) in einem Betonbunker aufwacht, ein Fenster öffnet, hinausblickt, aber wir sehen das Außen nicht. Wir sehen ihn nur von innen und er schaut nach draußen. Das war etwas, was mir von dem Fassbinder-Film geblieben war. Das man nie wirklich diese neue Welt sieht, aus der dieser Download stattgefunden hat. Ich wollte es eigentlich nie sehen, das draußen. Nur hören. Der DC endete damit, das alternative Ende ist auch auf der DVD, dass er aus dem Fenster schaut und man hört Wasser rauschen, Kindergeschrei und dann ist der Film zu Ende. Das hat mir gereicht.

Das nachgedrehte Ende in der Kinofassung: Craig Bierko und Gretchen Mol in THE THIRTEENTH FLOOR

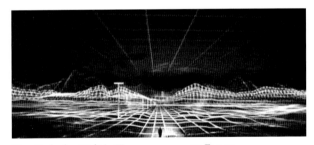

Das Ende der Welt in THE THIRTEENTH FLOOR

Roland war jedoch der Ansicht, wir müssten diese zukünftige Welt sehen. Wir wären es dem Zuschauer schuldig. Wir haben dann einen komplett neuen Schluss am Strand von Santa Monica gedreht, wo wir die ganzen Superhäuser der Zukunft digital eingefügt haben und Armin Mueller-Stahl, der unten mit dem Hund spielt und hoch winkt. Das war das teuerste vom Nachdreh. Zwei Drehtage und viel CGI.

Ich hatte mir noch einen dritten Schluss vorgestellt, den man aber abgelehnt hat. Den wollte ich immer mal einfach drehen und dann dranhängen. Manchmal hat man eben so seine Gedanken. Ich dachte an einen Epilog in einer großen Wohnung am Central Park: Jemand sitzt vor einem kleinen futuristischen Laptop, nimmt sich die Stecker aus den Ohren und geht raus. Er reiht sich einfach in den Straßenverkehr auf der Upper West Side ein. Ganz einfach, nonchalant, ganz simpel. Aber da trafen verschiedene Ästhetiken aufeinander.

Bist du mit der offiziellen Kinofassung glücklich und zufrieden?
Absolut. Es wurde nichts gegen meinen Willen durchgesetzt. Ich war bis zum letzten Drehtag am Set, ich war im Schneideraum. Es gab mal ein Gerücht, ich wäre nicht im Schneideraum dabei gewesen, aber das ist absurd. Es gab keine Fassung, die ohne mich gemacht worden wäre. Wir haben die Anmerkungen vom Studio bekommen. Damit geht man um, man macht Kompromisse. Der größte war der Schluss. Der DC würde die Einstellung mit dem Ende der Welt nicht haben und ca. 10 bis 15 Minuten länger laufen, wie das eben immer so ist.

Was ist mit dem Film danach? PERFECT LIFE *wurde bereits 2004 gedreht, aber erst 2010 veröffentlicht.*
2001 gab es diese Zäsur mit 9/11. Ich habe in den folgenden zwei Jahren verschiedene Projekte entwickelt und habe in der Zeit sehr viel mit Stoffen herumexperimentiert, die mit Paralleluniversen zu tun hatten. Dann las ich ein Drehbuch mit einem einfachen Grundkonzept: Ein paar Teenager aus L.A. geraten nach einer wilden Partynacht in einen schweren Autounfall und durchleben in den wenigen Sekunden zwischen Leben und Tod ihre Vergangenheit. Es war sehr moralisch. Don't drink and drive. Es ging darum, dass sie getrunken hatten und die Geschichte wurde in Flashbacks aufgerollt.

Ich habe das Element hinzuerfunden, dass ihr Leben nicht nur in die Vergangenheit reicht, sondern auch in die Zukunft. Das wurde ein Konzept, an dem ich fast zwei Jahre lang gearbeitet habe, mit vier sehr unterschiedlichen Autoren. Zwei englischen und zwei amerikanischen. Die Produzenten haben sehr an mich geglaubt. Das waren Freddy Braidy und Francesco Juilland. Freddy ist der Neffe von Eli Samaha, einem der großen Indie-Producer der 1990er-Jahre. Der hatte zu der Zeit einen wahren Traumdeal, nämlich einen Output-Deal mit Warner Bros. PERFECT LIFE war also eines von den Projekten, bei denen man annehmen konnte, dass es auch gemacht werden würde.

Die Produzenten haben mir kreativ vollkommen vertraut und haben sich um die Finanzierung gekümmert. Was bei der Stoffentwicklung dann herauskam, war ein äußerst heikles, aber anspruchsvolles Konzept von letztlich drei Realitätsebenen. Das war damals neu, heute gibt es Dutzende von Filmen und Serien, die das erfolgreich abgehandelt haben, wie STAY (R.: Marc Forster, 2005) oder ATONEMENT (ABBITTE, R.: Joe Wright, 2007). Schade war nur, dass unserem

Film, als wir ihn 2003 abgedreht haben, am letzten Drehtag die Finanzierung für die Postproduktion zusammenbrach. Die drei Produzenten aus den USA, GB und Luxemburg haben sich dann jahrelang darüber gestritten, deshalb wurde der Film nicht weiterbearbeitet. Es war nicht klar, wem das Material gehört.

Ich habe zweieinhalb Wochen in London in einem Schneideraum gesessen, mit einem Cutter meiner Wahl, und habe eine Fassung in einem atemberaubenden Tempo zusammengefügt. Gegen Ende, ich hatte schon 100 Minuten fertig, wurde der Film dann doch wieder von einem der Produzenten gestoppt. Mir fehlten nur noch zehn Minuten. Der Film blieb ein weiteres Jahr unter Verschluss. Der Cutter hat dann die letzten zehn Minuten nach meinen Anweisungen alleine zu Ende geschnitten und der Soundtrack wurde von einem meiner engsten Freunde gemacht: Tom Batoy, der mich auf dem Laufenden hielt und dem Film einen Score gegeben hat, der ihn unwiderstehlich macht. Offiziell konnte der Film nicht fertiggestellt werden, weil die Produzenten untereinander völlig uneins waren. Jeder Schritt, von mir vorgeschlagen, war eigentlich ein Vertragsbruch. Das war alles sehr heikel.

Dafür ist PERFECT LIFE doch noch sehr gut geworden. Mal abgesehen von ca. 60 CGI-Shots, die geplant und gedreht waren, die aber nie eingeschnitten wurden, weil kein Geld mehr da war. Die Unverständlichkeiten die da sind, haben damit zu tun, dass das, was man jetzt zu sehen bekommt, z.B. die DVD aus Großbritannien, nichts anderes ist als mein Zwei-Wochen-Rohschnitt. Er wurde nie weiter in einen Feinschnitt überführt (aus Respekt und wohl auch aus Geldmangel). Dass der Film trotzdem so stark daherkommt, meiner Ansicht nach, spricht für seine Qualität. Ich würde mir wünschen, dass eines Tages jemand kommt und noch einmal diese 100 oder 200.0000 Dollar zur Verfügung stellt, um die ganzen vorbereiteten CGI-Shots einzubauen. Das würde dem Film wahnsinnig gut tun, denn damit wäre die Verständlichkeit sichergestellt. Da ist der Film sehr kryptisch geworden, manchmal zu sehr, geradezu fragmentarisch. Aber das ist wohl nur so ein Traum. Es ist ein sehr wichtiger Film in meinem Leben. Wenn ich ihn jetzt sehe und ihn Leuten zeige, kommt alles wieder hoch. Ich finde, es teilt sich mit, welche Ambitionen der Film hat.

Wie ging es weiter?
Anschließend habe ich Filme angeboten bekommen, die kommerziell mehr Gewicht hatten. Ein Produzent, Rudy Cohen, trat an mich heran und fragte, ob ich Lust hätte mit Wesley Snipes zusammen zu arbeiten. Ich kannte ihn weniger aus den Actionfilmen, sondern mehr aus Sachen wie Mo' BETTER BLUES (1990), dem Spike Lee-Film. Da ist er mir sehr aufgefallen. Aber später natürlich auch in den BLADE-Filmen (1998, 2002, 2004) als «Iconic-Vampire-Slayer». Der erste

davon hat mir sehr imponiert. Dann rief mich Wesley Snipes sogar selbst an und sagte, dass er meine Arbeiten gesehen hätte. Wir haben uns getroffen, miteinander gesprochen und dann wurde ich nach Sofia/Bulgarien geschickt und habe dort einen Film namens THE CONTRACTOR (2007) gemacht. Der Film passte in die Reihe der Filme, die Snipes in den Jahren davor gemacht hatte. Der Plot war einfach: Ein Hitman des CIA wird selbst zum Ziel. Er sucht Unterschlupf und findet ihn bei einem 12-jährigen Mädchen. Nach vielem Hin und her entdeckt er dort eine ganz andere Seite in sich, wird, wenn man so will, zum Menschen.

Das Drehbuch erinnert natürlich heute sehr an LEON – THE PROFESSIONAL (LEON – DER PROFI, R.: Luc Besson, 1994), aber mir hat der Produzent später erzählt, dass es unser Drehbuch bereits in den 1980er-Jahren gab, damals hieß es noch THE SHOOTER, und dass ein Herr namens Luc Besson dieses Buch seinerzeit auf dem Tisch hatte. Dieses Buch ist einen langen Weg gegangen. Es war mal Andrej Konchalovsky (RUNAWAY TRAIN, 1985, MARIA'S LOVERS, 1984) involviert und überhaupt haben sehr viele Leute daran gearbeitet.

Einer der Co-Produzenten, ein Deutscher (Rolf Deyhle), hatte die gesamten Entwicklungskosten ausgelöst und so wurde das tatsächlich ein u.a. von Deutschen initiiertes Projekt mit amerikanischem Geld und englischem Cast, gedreht in Bulgarien. Der Film hatte ein anständiges Budget und ich konnte 36 Tage drehen. Ich bekam eine Woche in Cardiff, wo ich Außenaufnahmen machen sollte. Es war geplant noch in London zu drehen, aber uns ging das Geld aus. So hat der Film leider ein paar Kompromisse. Im Großen und Ganzen, von der Emotionalität und was inhaltlich bewältigt werden sollte, bin ich eigentlich ganz zufrieden.

Ist die Vertriebsfirma des Films, Destination Films, ähnlich wie Stage 6 eine Firma, die für Sony den DTV-Markt bearbeitet?
Ja. Dahinter steht u.a. Peter Nelson. Der ist einer der Partner von *Screen Gems*. Diese Firmen, die gibt es auch bei anderen Studios. Sie bewerten einen Stoff für den Video/DVD-Markt. Das ist die Basis für das Geld, das sie in eine Co-Produktion hineinstecken. Das war in unserem Fall eine beträchtliche Summe, ein zweistelliger Millionenbetrag, in Erwartung eines guten Einspielergebnisses aus DVD und TV. Das war damals ein sehr wichtiger Markt. Die Basisfinanzierung findet durch einen Vorabverkauf (Pre-Sale) durch eine dieser Firmen statt. Wenn der Film über Erwarten gut wird, gibt es ein Screening mit wichtigen Leuten von Sony. THE CONTRACTOR hatte auch dieses Screening. Man wollte den Film im Kino auswerten. Zur selben Zeit kam aber plötzlich ein anderer Film raus, der nicht nur unseren ursprünglichen Titel THE SHOOTER genommen hat, sondern auch noch einen ähnlichen Plot hatte: SHOOTER (R.: Antoine Fuqua, 2007) mit Marc Wahlberg.

Es ist wirklich komisch, wie manchmal diese Ähnlichkeiten in Plot und Handlung durch die Stadt fliegen und alle plötzlich drauf springen. Ein Déjà-vu für mich all over... SHOOTER war einfach der größere Film und kam vor uns ins Kino. Daraufhin hat Sony verzichtet unseren in die Kinos zu bringen.

Wie ist man überhaupt auf dich gekommen? Deine Filmographie stand vorher nicht gerade für Action.
Das ging über den Produzenten Moshe Diamant und einen befreundeten Autoren und Regiekollegen, Jonas McCord. THE CONTRACTOR hatte zunächst einen namhaften französischen Regisseur «attached», der aber kurzfristig absprang. Der Film hatte grünes Licht und stand nun ohne da. Rudy, der Hauptproduzent und damaliger Partner von Moshe rief mich an und wir trafen uns. Es war ein sehr hoher Zeitdruck da und so habe ich die Chance bekommen. Ich wurde bereits Tage später nach Sofia geflogen. Das ging alles sehr, sehr schnell.

Wie war es, mit Wesley Snipes zu arbeiten?
Wir sind sehr gut miteinander ausgekommen, sonst hätten wir keinen zweiten Film zusammen gemacht. Das wir keinen dritten oder vierten gemacht haben, hat mit dieser ganzen Steuerhinterziehungsgeschichte von ihm zu tun, was ihn aus der Bahn geworfen hat. [Wesley Snipes wurde 2008 zu drei Jahren Haft verurteilt, im Dezember 2010 musste er, nach diversen Einsprüchen, endgültig die Strafe antreten. Anm. d. Aut.]

Ich glaube, das größte Problem, das er hatte, war jemandem zu vertrauen. Er hat da eine bestimmte Haltung: Er ist Schwarz und macht das auch zum Thema. Er sagt nicht einfach: «Ich bin nur ein Schauspieler.» Er ist jemand, der mit acht bis zehn Leuten aus seinem Freundeskreis ans Set kommt. Jeder mit einem wichtigen Job. Er hatte einen Stuntkoordinator, einen Kampfkoordinator, eine Maskenbildnerin, eine Kostümbildnerin, einen Fahrer und einen Leibwächter. Sie haben eins gemeinsam: Sie sind alle schwarz. Er macht damit auch ein Statement in dieser weißen Welt, die Hollywood immer noch ist, mit dem man einfach umgehen muss.

Er ist auch misstrauisch. Er hat mir am Anfang, bevor wir noch den ersten Meter gedreht haben, von den unglaublichen Erfahrungen erzählt, die er mit Kameraleuten gemacht hat, die einfach nicht in der Lage waren, sein Gesicht überhaupt sichtbar zu machen. Er hat mir erzählt, dass in einem seiner letzten Filme ganze Sequenzen quasi im Dunkeln blieben, weil der Kameramann nicht mit einem schwarzen Gesicht umgehen konnte. Vor allem, wenn er mit weißen Schauspielern im selben Licht steht. Das ist eine Herausforderung für jeden Kameramann. Aber es war sehr interessant, dass er das gleich am Anfang zum Thema gemacht hat.

Die ersten zwei, drei Drehtage verliefen professionell, kühl und sachlich. Dann hat er die ersten geschnittenen Szenen gesehen und er kam zu mir. Ich kann mich daran noch sehr genau erinnern, es war am dritten Tag im Studio in Sofia und er hat sich bei mir persönlich bedankt. Vorher war er auch schon beim Produzenten und beim Kameramann. Er hat mir gesagt, von nun an würde er mir vertrauen. Er fand, dass wir uns Mühe geben, ihn auf eine Weise darzustellen, wie er sich auch selbst sieht. Von diesem Moment an, hatten wir keine Probleme mehr. Jedenfalls nicht mehr, als mit jedem anderen Star, mit dem ich auch später gearbeitet habe.

Aber Wesley ist absolut professionell und er hat mir unglaublich viel beigebracht. Er ist jemand, der, sobald er am Set erscheint, dieses total beeinflusst. Er ist immer vorbereitet, er ist nachgiebig, wenn es um Dialoge geht, wenn es um Sprache geht. Da vertraut er einem, nimmt Vorschläge auf. Er hat auch eigene Vorschläge, hält sich aber an das Script. Er ist keiner, der eine Szene in 100 verschiedene Richtungen entwickelt und Spaß daran hat. Am liebsten kommt er ans Set, macht sein Ding, jeder ist happy und geht dann wieder.

Wesley Snipes am Set von The Contractor

Wo er aber wirklich wertvoll ist, ist da, wo es in die physische Action geht. Seine Leute, die er da beschäftigt, die gehören mit zum besten, was Hollywood zu bieten hat. Die verdienen teilweise mehr als ich. Es ist unglaublich, was die für eine Routine und Professionalität mitbringen. Die zaubern innerhalb von Minuten eine Choreographie. Das war eine Erfahrung, die für mich sehr wertvoll war.

Er hat sich permanent die Muster schicken lassen, wir haben den Film noch auf 35mm Film gedreht. Er wollte immer wissen, auf welcher Höhe wir sind. Auch das ist eher ungewöhnlich, weil viele Schauspieler rasch das Interesse verlieren. Am Anfang kontrollieren sie, dann machen sie einfach ihr Ding und lassen den Regisseur machen. Bis zuletzt ist Wesley Snipes jemand, der sehr genau wahrnimmt, was man als Regisseur für eine Arbeit leistet. Er ist auch manchmal derjenige der sagt, das war nicht gut genug, das braucht mehr Zeit. Er war es auch der zu den Produzenten gegangen ist und für uns bessere Bedingungen herausgeschlagen hat, auch mehr Geld für den Produktionsaufwand, wenn das nötig war.

War er auch die treibende Kraft dir die Regie des zweiten Filmes THE ART OF WAR II – BETRAYAL *(2008) anzutragen?*
Ja, das war er. Ich wollte zurück zu meinen eigenen Sachen, aber er rief an und sagte mir, dass er mich gerne hätte und ich ihm diesen Gefallen tun sollte. Er ging sogar soweit, dass er einen Teil meiner Gage selbst übernommen hat. Das Projekt passte mir zu dieser Zeit nicht wirklich. Ich war sehr viel in Berlin und in Europa unterwegs und wollte die Zeit mit meiner Tochter verbringen, die nach meiner Scheidung wieder mit ihrer Mutter in Berlin lebte. Jetzt nach Vancouver zu gehen, war für mich eigentlich ein bisschen zu weit.

Es war von Anfang an Wesleys Film. Er hatte eine starke Vorstellung und er möchte gerne, dass diese Szene hier und da an den ersten Teil (THE ART OF WAR, R.: Christian Duguay, 2000) anknüpft, auf der anderen Seite wollte er die Action völlig anders verkaufen, er wollte Dinge ausprobieren, die er nie zuvor machen konnte. Er wollte die Action in Totalen laufen lassen und so wenig wie möglich schneiden. Das war das Einverständnis, das wir hatten. Leider war das Drehbuch nicht besonders stark. Wir haben versucht noch beim Dreh Sachen zu reparieren, aber es war wie man so schön sagt eine «Uphill Battle»...

Der Film war ja auch viel kleiner als THE CONTRACTOR.
Er war im Aufwand und vom Budget her viel kleiner. Ich hatte nur 23 Drehtage. Von 36 Tagen runter auf ein Fernsehniveau geht durchaus, wenn man es mit Drama zu tun hat, aber das sollte ein Actionfilm werden. Man hat mir zwei Kamera-Units gegeben und wir haben im Gegensatz zu THE CONTRACTOR auch elektronisch gedreht, mit HD-Kameras von Thomson. Die sollten das Tempo etwas erhöhen.

Im Nachhinein muss ich sagen, der Film hätte ein besseres Buch verdient. Wir haben bis zuletzt so sehr mit der Geschichte gekämpft, dass dort zu viel Energie verloren gegangen ist, die wir in die Action hätten stecken müssen. Es ist wirklich hart einen Actionfilm in 23 Tagen zu drehen und wir reden hier auch von einer Drehzeit, die keine Überstunden zugelassen hat. Nach elfeinhalb Stunden war einfach Schluss, da wurde der Strom abgeschaltet.

Ist die Form der Inszenierung in THE ART OF WAR II – BETRAYAL, *diese verspielten Schnitte und Überblendungen, von dir oder von ihm?*
Das war von mir. Es fing damit an, dass Wesley durch seine Kostümauswahl bestimmte Akzente gesetzt hat. Er wollte wieder zu dieser spielerischen Ebene zurück, die Filme in den 1970er-Jahren hatten, wie SHAFT (R.: Gordon Parks, 1971) oder DIRTY HARRY (R.: Don Siegel, 1971). Ich habe mich darauf eingelassen und versucht die Bilder und den Stil dafür herzustellen. Es ist mir nur halb geglückt. Ich wollte diese gewisse Leichtigkeit, wie man sie aus dem Robert-Altman-Film mit

Elliott Gould kennt: THE LONG GOODBYE (Der Tod kennt keine Wiederkehr, 1973). 90 Minuten Leichtigkeit und am Ende eine Auflösung, die einen aus den Socken bläst, weil Wesley Snipes seine Partnerin, sein «love interest», einfach umbringt, weil sie ihn nicht nur enttäuscht, sondern auch verraten hat. Das war für uns der Ausgangspunkt, um diese Geschichte zu erzählen. Es ist uns hier und da gelungen, aber ich hätte mir gewünscht, dass der Schnitt und die Filmmusik besser und emotionaler gewesen wäre. Aber es war einfach zu wenig Aufmerksamkeit für diesen Film da. Ich konnte leider nicht so viel Einfluss ausüben, wie ich wollte, was ich sehr bedaure. Für mich ist THE CONTRACTOR der tiefere, der interessantere Film.

Kommen wir mal zu IT'S ALIVE (2008). Nach dem Actiongenre nun ein Horrorfilm, ebenfalls ungewöhnlich für dich, dazu ein Remake.

Das Genre des Horrorfilms der 1960er- und 1970er-Jahre hat mich zutiefst beeinflusst. Also die Art von Horror, wie wir ihn in Europa geschaffen haben, mit all den Elementen des expressionistischen Stummfilmes der 1920er- und 1930er-Jahre, der wiederum schwer von der deutschen Schauerromantik des vergangenen Jahrhunderts beeinflusst war. REPULSION (EKEL, 1965), THE TENANT/LE LOCATAIRE (DER MIETER, 1976) und natürlich auch ROSEMARY'S BABY (1968) waren Ausdruck der 1960er- und 1970er-Jahre dieses Genres und für mich sehr prägend. Ich wollte etwas entsprechendes für das Jahre 2007 finden.

Die IT'S ALIVE-Filme waren Creature-Filme: IT'S ALIVE (DIE WIEGE DES BÖSEN, R.: Larry Cohen, 1974), IT LIVES AGAIN (DIE WIEGE DES SATANS, R.: Larry Cohen, 1978) und IT'S ALIVE III – ISLAND OF THE ALIVE (DIE WIEGE DES SCHRECKENS, R.: Larry Cohen, 1987). Ich muss zugeben, ich habe alle drei Filme der Trilogie erst später gesehen, nachdem ich meinen eigenen abgedreht hatte und ich bin auch froh darüber. Die Art und Weise, wie ich an den Stoff herangegangen bin, hatte etwas mit mir zu tun und weniger mit den Vorbildern, die da waren. Das hat natürlich einige Missverständnisse zwischen mir und den Produzenten ausgelöst.

Aber zur Produktionsgeschichte: Ich habe versucht die Story zu modernisieren, auf heute zu übertragen. Es sollte ein Film über ein junges unreifes Ehepaar sein, eines, das alle Erfahrungen des Lebens noch vor sich hat. Ich bin dadurch fast zwangsläufig in eine Thematik hineingeraten, die sehr viel damit zu tun hat, dass mehr und mehr junge Menschen eine Selbstverwirklichung ohne Kompromisse anstreben, keine Verantwortung mehr für Kinder übernehmen wollen, die Schwangerschaft als Ende der persönlichen Freiheit angesehen wird. Angst vor Kindern, die plötzlich zu Monster werden, auch im übertragenen Sinn. Können wir uns Kinder überhaupt noch leisten?

Ich habe versucht diese einfachen psychologischen Elemente einfließen zu lassen und habe den Film damit auch bewusst weg vom Creature-Film mehr zu einem psychologischen Thriller werden lassen. Polanskis Horrorfilme sind immer auch gleichzeitig Ausdruck der Gesellschaft, in der diese Geschichten erzählt werden. Genau das habe ich versucht darzustellen.

Es gab damit natürlich Reibereien mit den Produzenten. Man hatte für viele 100.000 Dollar in L.A. eine vollmechanisierte Puppe herstellen lassen, die von einem halben Dutzend Operateuren hydraulisch und elektrisch animiert werden sollte, ein Konzept wie aus den 1970er- und 1980er-Jahren. Als diese Puppe dann eine Woche nach Drehbeginn am Set ankam und wir sie in Aktion sahen, ging uns allen der Arsch auf Grundeis. Dieses Ding sah einfach lächerlich aus. Die Stimmung der Schauspieler ging gegen Null, und meine auch, nur der Produzent Moshe Diamant schien damit keine Probleme zu haben. Da er gleichzeitig aber noch größere Probleme mit seiner Gesundheit und einem zweiten Film hatte, den er parallel im gleichen Studio drehte, rutschten wir irgendwie aus seiner Aufmerksamkeit. Ich bekam dann noch Rückendeckung aus L.A. von Avi Lerner, dem Finanzier der Produktion, der mich fragte, was ich benötigte, um den Film zu retten. Einen neuen Autor, sagte ich. Ich schlug Josh Stern vor, den Co-Autor von THE CONTRACTOR, der innerhalb von 24 Stunden ankam und sofort mit der Arbeit anfing. Ohne den Dreh zu unterbrechen, transformierten wir die Story. Nachts wurde geschrieben, tagsüber wurden die neuen Szenen durchgesprochen und gedreht. Alle machten mit, weil es Sinn ergab.

Wir erzählten nun eine Story, bei der man sich vorstellen kann, dass der Terror nicht unbedingt von einem kleinen Säugling ausgeht, das ein Monsterkind ist, ein Fantasy-Gebilde, sondern, dass es vielleicht eine reale Erklärung hinter dem ganzen gibt. Mein erster Director's Cut hatte genau diese Ebene drin. D.h., es war ein psychologischer Thriller, bei dem man sich am Ende fragt, ob nicht die Mutter selbst all diese Morde verübt hat. Oder vielleicht sogar jemand anders in der Geschichte, der Vater z.B. Aber nicht das Baby selber, denn wie wir alle wissen, machen Babys so was in der Regel nicht.

Der spätere Umschnitt erfolgte dann ohne dich, hinter deinem Rücken? Du hast deine Fassung abgeliefert und alles weitere passierte in deiner Abwesenheit?

Nicht ganz. Dazu muss man sagen, dass der Cutter, mit dem ich den Film zu Ende schnitt, James Herbert war, der inzwischen mit Guy Ritchie arbeitet und für ihn solche Filme wie REVOLVER (2005), ROCKNROLLA (2008) oder SHERLOCK HOLMES (2009) geschnitten hat. Er ist ein Wahnsinniger mit einem irren Gespür für Rhythmus und Musik. Alles war cool, bis wir abgeliefert haben. Sie haben dann drei Schnitte gemacht – ohne uns – die den Film völlig verändert haben. Sie haben damit die Mystery im Film eliminiert, d.h., man sieht jetzt tatsächlich sehr früh das Baby als Monsterbaby. Es war der Co-Produzent Robert Katz selbst, der die letzten Schnitte gemacht hat und er hat übrigens auch noch mal mit der Musik herumexperimentiert, das kann man nicht anders sagen. Das passierte ganz ähnlich bei THE ART OF WAR II, da war es auch so, dass ich meine Fassung abgeliefert habe und dann der Verleiher, in dem Fall Sony, noch einmal selbst Hand angelegt hat. Das ist eine Sache, mit der muss man rechnen, wenn man als Regisseur in ein bereits existierendes Format hineintritt. Ich habe dagegen angekämpft, aber als ich da nichts bewegen konnte, habe ich es schließlich sein gelassen und akzeptiert. At the end it's their movie...

War IT'S ALIVE jemals regulär fürs Kino gedacht?
Er wurde auf Festivals gezeigt, dem *Fantasy Filmfest* in Deutschland und in London beim *Fright Fest* und wurde dann über TV und DVD vertrieben.

Um heutzutage einen Film ins Kino zu bringen, ist vom Verleiher, zumindest in den USA, eine Investition von vielen Millionen nötig, manchmal 20 bis 30. Da schrecken die meisten Verleiher zurück. Alles wird heutzutage in wenige große Blockbuster gesteckt, der Rest bleibt auf der Strecke.

Hast du Rückmeldungen über die finanziellen Erfolge deiner letzten Filme?
Die Filme haben alle ihre Erwartungen erfüllt oder sogar übertroffen.

Stört es dich, dass diese drei Filme ‹nur› Direct to Video/DVD sind?
Weniger als viele glauben. Das hat auch mit meiner eigenen Person zu tun. Natürlich möchte ich gerne, dass meine Filme von so vielen Menschen gesehen werden, wie es nur geht. Alle diese Filme wurden seit QUIET DAYS IN HOLLYWOOD in Widescreen 2,35:1 gedreht und ich hätte sie gerne im Kino gehabt. Aber bin ich jetzt darüber unglücklich? Nicht wirklich. In dem Moment, wo du diese Filme drehst und fertig stellst, ist das deine Arbeit und deine Erfüllung als kreative Person. Die Auswertung hinten raus, da bist du schon wieder bei deinem nächsten Projekt. Das erwischt dich dann mehr oder weniger kalt und das nimmst du eben so hin oder auch nicht. Das hat sich im Laufe der Jahre so ergeben. Ich kann mich noch an die Zeit erinnern, kurz nach der Filmhochschule, wo man einen Film nach der Fertigstellung noch ein oder zwei Jahre mit sich herumträgt, auf Festivals geht und dabei völlig vergisst, dass man den nächsten Film auch noch irgendwann mal machen soll.

Mit VALERIE (2010) hast du nach längerer Zeit mal wieder einen reinen deutschen Film gemacht.
VALERIE, mit Franka Potente in der Hauptrolle, kam im Herbst 2011 ins deutsche Kino und kämpfte einen aussichtslosen Kampf gegen das herrliche Wetter des verspäteten Sommers an. Der Film ist in vielerlei Hinsicht ein echter Autorenfilm. Die Vorlage ist ein Roman von Roger Willemsen mit dem Titel *Kleine Lichter*. Es ist ein

Monolog einer Frau Mitte dreißig und, wenn man so will, die Abrechnung mit einer großen Liebe. Sprachgewaltig und intellektuell, wie es nun mal Willemsens Stil ist.

Produzent war Hubertus Meyer-Burckhardt, dessen Liebe zur deutschen zeitgenössischen Literatur ihn bereits zwei andere Monologe ins Filmische übertragen ließ. Einer mit Hannelore Elsner (Mein letzter Film, 2002), der andere mit Ben Becker (Ein ganz gewöhnlicher Jude, 2005, beide R.: Oliver Hirschbiegel). Mein Film schließt diese Trilogie.

Hubertus hatte eine Option auf den Stoff, die in wenigen Wochen auslaufen sollte. Das war im Februar 2009. Er hatte irgendwie in L.A. zu tun und besuchte mich. Wir arbeiteten zu dieser Zeit an einem Drehbuch für ein größeres Spielfilmprojekt, das irgendwie nicht weiterkam (Der Atem, nach einer Idee von Bodo Kirchhoff) und da fragte er mich bei einem Spaziergang am Venice Beach, ob ich eine Idee hätte, wie man aus diesem Monolog einen Film machen könnte. Klein und schnell, vielleicht mit einem weiblichen Filmstar, etwas, was er schnell finanzieren könnte.

Literatur zu verfilmen war mir nicht neu, aber ich begriff sehr bald, dass das Wesen gerade dieses Romans die Sprache von Willemsen war. Die herkömmliche pseudo-dokumentarische Art diesen Film als visuelles Tagebuch zu drehen, limitierte mich aber zu sehr. Das war das, was die anderen beiden Filme der Reihe unter der Regie von Oliver Hirschbiegel bereits praktiziert hatten.

Willemsen selbst hatte ein kleines Drehbuch verfasst, das eigentlich nur ein Zusammenschnitt seines Romans war, mit ein paar Befindlichkeitshinweisen für die Protagonistin. Ausnahme war eine Szene, die im Krankenhaus zwischen zwei Krankenschwestern spielte, die einen ausgeschriebenen Dialog hatte und die ich auch so eins zu eins übernommen habe.

Ich erarbeitete daraufhin ein Drehbuch, dass die Erzählebene des Romans so stehen ließ, wie sie war und fügte einfach zwei weitere Erzählebenen dazu. Klingt jetzt sehr kompliziert, war es aber nicht.

Was geschieht, wenn Valerie die Videokamera ablegt, auf der sie sich gerade für ihren im Koma liegenden Liebhaber aufgenommen hatte? Wenn der Optimismus verflogen ist, die wahren Gefühle sichtbar werden. Für diesen Moment hatte Willemsen in seinem Roman keine Sprache, das lag zwischen den Zeilen. Dies war mein Moment, der des Filmemachers, der nicht Sprache als Ausdrucksmittel hatte – die war bereits besetzt, durch Willemsen, sondern nur durch das Bild und die Musik. Aber das konnte ich, da fühlte ich mich wohl.

Diese Momente wollte ich zeigen, das war die zweite Erzählebene, die ich in 16mm-Schwarzweiß hinzufügte. Doch da fehlte mir immer noch etwas. Filme wie Hiroshima, mon amour (R.: Alain Resnais, 1959), Le mépris (Die Verachtung, R.: Jean-Luc Godard, 1963), Jules et Jim (R.: Francois Truffaut, 1962)

Josef Rusnak

oder auch L'ANNÉE DERNIÈRE À MARIENBAD (LETZTES JAHR IN MARIENBAD, R.: Alain Resnais, 1961) fielen mir wieder ein. Auch da standen sich Ton und Bild gegenüber. Die Sprache war das was sie ist. Manchmal ruppig, poetisch, unauthentisch. Da wollte ich hin mit diesem Film. Literarische Sprache unversöhnt einer Bilderflut gegenüberzustellen. Ein mächtiges Vorhaben.

Franka Potente und Benedict Neuenfels, mein Kameramann, waren meine Weggefährten. In nur knapp zwei Drehwochen haben wir eine Reise hinter uns gebracht, die nichts weniger ist als ein kleines Wunder, eine Tour de Force. Wir haben sehr viel Persönliches in diesem Film verarbeitet. Vergangenes und Zukünftiges. Franka wollte heiraten, ich ging gerade durch eine sehr schmerzhafte Trennung. Die Entscheidung, Tokio – die Stadt, die Willemsen als Valeries Fluchtort im Roman wählte – gegen Los Angeles einzutauschen, war dabei äußerst wichtig. Genauso der Beruf Valeries: Statt einer Akquisiteurin von Kunst, machte ich sie zu einer Architektin. Jemand der das Alte, Verbrauchte wegreißt, um neuem Platz zu machen. Eben das, was in Downtown L.A. auf sie wartet, das machte meiner Ansicht nach ihren eigenen Widerspruch klarer mit ihrem Geliebten, der sich als Restaurateur von Antiquitäten in der Vergangenheit sehr wohl zu fühlen scheint. Franka und ich haben hier sehr viel unserer eigenen Erfahrungen einfließen lassen. Das Leben zwischen den Welten, das gleichzeitige hier und da – Projektionen – Sehnsüchte – das Unversöhnliche. Das wurde mehr und mehr zum eigentlichen Thema des Filmes, ob wir wollten oder nicht. Wir arbeiteten zu zweit zwei Wochen lang an den Texten, kürzten sie, machten sie uns beiden verständig. Mir wurde sehr schnell klar, dass mir dennoch ein entscheidendes Element zur Fertigstellung fehlte. L.A. funktionierte als Fluchtpunkt nur für diejenigen, die bereits einmal dort waren. Ich sprach mit Hubertus und konnte ihn von der Notwendigkeit überzeugen, noch zwei Drehtage in L.A. am Ende dranzuhängen. Ich musste diese Stadt zeigen, Bilder, Charaktere aus Valeries Erzählungen. Musste zeigen, was auf sie wartete. Der Epilog, die Flucht aus Berlin, und die Rückkehr nach L.A., all das schließt erst den Kreis. Wir bekamen ein kleines Budget, wirklich nur Handgeld, und eine befreundete Produzentin aus L.A., Corina Danckwerts, nahm sich der Produktion an und schaffte dann das Unmögliche.

Bei dieser Gelegenheit haben wir auch noch die Clubszene gedreht, die weder Teil des Romans, noch des Drehbuchs war. Valeries Zusammenbruch, wenn man so will. Ihre Reaktion, ihr Ausbruchsversuch. Eine Szene, die ich mir ausgedacht habe und die immer unvermeidbarer wurde, als Ventil und Reaktion auf diese allmächtige Sprachflut, diese vielen Worte. Wir drehten in drei Tagen fast zehn Minuten Schnittzeit. Das ist eine Menge für einen Film, der insgesamt nur 84 Minuten lang ist.

Josef Rusnak und Franka Potente am Set von VALERIE

Ich bin sehr stolz auf diesen Film. Hubertus hat mich machen lassen, mir vertraut und eigenes Geld in diesen Film gesteckt, dafür bin ich dankbar.

Die Tonmischung wurde von dem selben Tonmeister gemacht wie zehn Jahre vorher bei THE THIRTEENTH FLOOR: Hubert Bartholomae. Die Filmmusik stammt von Freunden von mir, Jessica de Rooij, Tom Batoy und Nellis du Biel.

VALERIE macht es dem Zuschauer nicht einfach. Es ist sicherlich einer der kompromisslosesten Filme, die ich je gemacht habe. Er wird bleiben und vielleicht wird man in ein paar Jahren rückschauend seine revolutionäre Machart neu bewerten.

Du hattest ja nur Zeit für den Film, weil dir auch ein Projekt weggebrochen ist, um das es einen Riesenhype und viel mediale Aufmerksamkeit gab.
Ja, das war das Romy Schneider-Projekt mit Yvonne Catterfeld in der Hauptrolle. Das ist eine Geschichte, an der wir jetzt schon seit fünf Jahren sitzen. Ich habe 2009 zwei Filme dafür abgesagt, weil ich immer davon ausgegangen bin, dass wir bald in Pre-Production gehen und immer wieder ist was dazwischen gekommen. Es ist so, dass man diese Art von Film offenbar nicht alleine aus Deutschland heraus drehen kann, mit diesen Budgets. Das ist einfach unmöglich. Diese Erfahrung haben ja schon andere gemacht.

Josef Rusnak

Ist das Arbeiten in Deutschland, nach längerer Zeit, eine Herzensangelegenheit oder eine Notlösung, weil gerade keine amerikanischen Projekte zur Verfügung stehen?
Es ist für mich wirklich eine Herzensangelegenheit in Deutschland zu arbeiten. Das hat einfach mit meiner Kultur, meiner Herkunft und meiner Sprache zu tun. Ich würde mir nur wünschen, dass es einfacher wäre, hier Filme zu machen, die wirklich herausfallen aus dem, was das Alltagsgeschäft im Fernsehen und im Kino ist. Es ist sehr schwierig in Deutschland, wo alles durchdrungen ist von Sehgewohnheiten, die durch das Fernsehen bestimmt werden.

Warum geschieht nichts? Die junge Filmemachergeneration ist doch willens, darf aber nicht.
Es hat damit zu tun, dass heute in Deutschland eine nahezu vollkommene Gleichschaltung zwischen Fernsehen und Film da ist. Wenn man in eine Förderung geht, muss man einen Fernsehsender dabeihaben. Die Gründe dafür? Das Geld in den Fördertöpfen kommt zu einem großen Teil von den TV-Anstalten und die wollen ihr Geld einfach wiederhaben. Wenn man also ein anständiges Budget haben will, um einen Film vernünftig zu finanzieren, muss man ins Hauptabendprogramm, nur da werden beträchtliche Summen für Co-Produktion oder Vorabkauf bezahlt. Das heißt aber auch, man muss kindertauglich sein. Das ist schon mal eine Hürde für ganz viele Filme, die fast nicht zu nehmen ist. Wir scheinen viel Gewalt, Sex und Brutalität bei ausländischen Filmen zu akzeptieren, aber bei einheimischen Filmen legen wir andere Maßstäbe an. Die Verbindung von Fernsehen und Kino hat in Deutschland zwar zu einem sehr großen Output an Filmen geführt, aber die Budgets schrumpfen immer mehr zusammen. Das, was wir an Kino schätzen, seine sinnliche Wahrnehmung, Action, Abenteuer, Eskapismus, tritt bei deutschen Produktionen zwangsläufig immer mehr in den Hintergrund. Stattdessen bleibt billig zu drehende Komödie, «kitchen sink drama» oder der sogenannte Problemfilm übrig. Große Event-Filme werden nach wie vor für teuerstes Geld in Amerika eingekauft.

Du hast gerade die Arbeiten an einem weiteren Film beendet: BEYOND.
Every movie is a miracle. Damit ist gemeint, dass es bei der Produktion eines Filmes tausend Momente gibt, die die Fertigstellung verhindern können. So ein Film ist sicherlich BEYOND. Es war ein Drehbuch, das ich 2002 zugeschickt bekam. Ein Regieauftrag. Es ist eine Entführungsgeschichte, die im Verlauf zu einem Seelengemälde eines alten zynischen Detectives wird, der begreifen muss, dass die Welt auch für ihn noch ein paar Geheimnisse birgt. Um einen Fall zu lösen, muss er sich ändern und seine hellseherischen Fähigkeiten akzeptieren.

Jon Voight wollte mich dafür haben. Er wurde von seinem Manager und Produktionspartner Steven Paul auf mich aufmerksam gemacht. Der hat damals

Josef Rusnak und Jon Voight bei den Dreharbeiten zu BEYOND *in Alaska*

THE THIRTEENTH FLOOR gesehen und bat um ein Gespräch. Wir kamen sofort miteinander klar und ich reiste nach Vancouver. Alles lief planmäßig. Der Cast war da, Saffron Burrows und Cary Elwes sollten die Eltern spielen, Jon Voight den Detective. Zehn Wochen lang haben wir die Locations zusammengesucht, im Hotel die Dialoge durchgearbeitet, die Crew engagiert, Wedigo von Schultzendorff als DoP eingeflogen. Dann wurde der Film zwei Tage vor Drehbeginn abgesagt, weil die Finanzierung zusammenbrach.

Auf dem Filmfestival von Cannes 2010 sprach ich mit dem Produzenten Steven Paul über verschiedene Stoffe und brachte erneut BEYOND zur Sprache. Ich wusste, dass Jon Voight immer noch diesem Film nachtrauerte. Wir hatten so viel Liebe und Herzblut investiert und die Zeit hatte uns Recht gegeben. Im amerikanischen Kino hatte die Suche nach Paranormalität Hochkonjunktur. Es gab inzwischen sogar TV-Serien, die sich ausschließlich um dieses Phänomen drehen. Steven fragte mich, ob ich den Film in Louisiana oder Anchorage/Alaska drehen könnte. Beide Staaten hatten zu dieser Zeit erhebliche sogenannte Tax Credits, also eine Art staatliches Förderprogramm, um US-Produktionen anzuziehen. Ich entschied mich für Anchorage und sagte ihm, dass ich dann aber auch Alaska zu einem Thema und Charakter im Film machen wollte. Das heißt, der Film sollte eben nicht, wie so oft, in einer gesichtslosen, austauschbaren US-Stadt spielen.

Ich wollte die Eigenheiten, Land und Leute Alaskas, in diesem Film darstellen und sie zum Teil unserer Geschichte werden lassen.

Sechs Monate später stand ich am Set und drehte diesen Film, bei -20°C Dauerfrost und täglich sechs Stunden «Magic Hour», wie man die kurzen Tage wohlwollend bezeichnen kann.

Wir hatten Glück, mit allem. Das Wetter spielte mit, die Schauspieler waren richtig. Die elektronischen Kameras, neue RED-Systeme, auf die wir deutsche Linsen aus München steckten, ließen uns auch bei den ungeheuerlichsten Temperaturen nicht im Stich.

Ich habe den Film vor wenigen Wochen fertiggemischt und er wird im Oktober 2011 seine ersten Aufführungen haben. Er ist fast so geworden, wie ich das wollte. Ich beginne mich allmählich an das Happy End zu gewöhnen, dass ich diesmal aus eigener Initiative gleich als Variante mit gedreht habe, um spätere Kosten zu sparen. Ich fühle mich erleichtert. Man redet bereits davon, ein Sequel zu machen oder vielleicht sogar eine große TV-Serie für das US-Fernsehen, mit einem deutschen Sender als Co-Produktionspartner. Jon Voight mag diese Idee, so höre ich. Wir werden sehen.

Was ist der Unterschied zwischen den USA und Deutschland im Bezug auf die Filmproduktion.

In dem Moment, wo du in einer Gesellschaft lebst, in der ein gewisser Zeitdruck nicht mehr Teil von Entscheidungsprozessen ist, verschwindet alles, was aktuell und relevant ist. Du nimmst einem Stoff oder auch einem Künstler den direkten sozialen Bezug. Das Fernsehen könnte in diese Bresche stoßen, was es auch tut, im Rest der Welt, nur nicht bei uns. Alles, was wir im deutschen Serienbereich sehen, gibt es bereits seit fünf bis sieben Jahren im internationalen Markt zu sehen und zu kaufen. Es sind nachempfundene englische oder amerikanische Formate. Das geht bis zu den großen Fernsehshows. Alles ist lizensiert oder einfach nur abgekupfert. Was dann übrig bleibt ist die Kopie, oder das Allgemeine, nie das Besondere oder Einzigartige, das Neue. Experimente werden nur im Ausland gemacht. Niemand geht ein Risiko ein. Man will so was haben wie... Das ist bei uns inzwischen Kultur geworden und wir glauben inzwischen sogar schon selbst, dass unser Fernsehen das Beste in der Welt ist.

Die Leute, die drüben in Hollywood Filme im 20 bis 100 Millionen-Dollar-Bereich produzieren, machen alle Zeitgeist. Sie suchen Nischen, Trends oder sie schaffen einfach ihre eigenen. Das gilt übrigens auch fürs Fernsehen. Es sind viele Leute unter den Machern, die aus Deutschland sind, die vorher Genre gemacht haben, die rübergehen und dort hippes, amerikanisches Kino oder auch TV machen. Tom Tykwer gehört dazu, Florian Henckel von Donnersmarck, Robert

Schwentke, Marcus Nispel. «Hip», damit meine ich auch Filme, die international Box Office machen. Die Deutschen in Hollywood werden nicht eingesetzt, um dort Die Buddenbrooks oder eine Literatur-Verfilmung von Faulkner zu drehen. Dafür holen die sich einen Briten. Die holen sich die Deutschen, um politisch brisante Sachen zu machen, Thriller oder Horrorfilme. Der Horrorfilm zehrt immer noch von der deutschen, expressionistischen Tradition. Deutsche Filmemacher wissen einfach, was Horror ist. Nosferatu (1979) von Werner Herzog, Der amerikanische Freund (1977) von Wim Wenders, Das Boot (1981) von Wolfgang Peterson. Das ist pures ‹Kino der Angst›. Andere junge Regisseure haben heute ihren Sprung mit deutschen Thrillern gemacht: Das Experiment (R.: Oliver Hirschbiegel, 2001), Tattoo (R.: Robert Schwentke, 2002), Das Leben der Anderen (R.: Florian Henckel von Donnersmarck, 2006). Niemand ist darunter, der erfolgreiche deutsche Komödien oder einen interessanten Problemfilm gedreht hätte und dafür nach Amerika geholt worden wäre. Das sollte einem schon zu denken geben. Til Schweiger und Michael ‹Bully› Herbig spielen als Regisseure international keinerlei Rolle.

Wir Deutschen haben Erfahrungen mit totalitären Systemen. Wir sind aufgewachsen mit dem Bewusstsein von Schuld und Angst. Wir haben 40 Jahre Kalten Krieg hinter uns, Pershing-Raketen, Doppelbeschlüsse, Atomkraftwerke, die RAF. Die Vorwarnzeit zur Apokalypse waren gerade mal 20 Minuten. Dieses ständige Bewusstsein der Angst, damit können wir in Deutschland ziemlich gut umgehen und wir waren schon immer Meister darin, Bilder dafür zu finden, und das schon seit dem Mittelalter.

Kommen deutsche Regisseure auch deshalb oft gut klar in Hollywood, weil sie den Ruf haben aus kleinen Budgets, die wir nun mal in Deutschland haben, was Großes zaubern zu können, das nach mehr aussieht?
Viele deutsche Regisseure schlagen ganz hart auf, weil sie glauben, in Amerika als Regisseur nicht austauschbar zu sein. Da herrscht aber eine andere Struktur und Hierarchie. Die Adaptionsschwierigkeiten der Deutschen in Amerika sind nicht inhaltlicher Art. Die Amerikaner schätzen das, was die Deutschen mitbringen. Du musst den Regeln folgen: Du hörst zu, nimmst ernst, was sie zu sagen haben, und du musst begreifen, dass deine Funktion als Regisseur eine ist, die es bereits vor dir gab, ein Job den du ausfüllst. Es ist nicht so, dass du hinkommst und alles andere knetet sich um dich herum, wie es in Deutschland oft der Fall ist. Du bist der Kapitän, du gibst den Steuerkurs an, aber du bist nicht derjenige, der den Sprit für das Schiff bezahlt. Der Reeder bezahlt für alles. Dieses Investment muss sich in irgendeiner Form lohnen. Daran wirst du gemessen. Dieses Investment hat in Deutschland einen völlig anderen Ursprung. Es sind in der Regel öffent-

liche Gelder, Steuergelder, oder auch Gelder, die von Privatleuten durch legale Abschreibung investiert werden. In Deutschland sind das im Jahr Hunderte von Millionen, im Film und Fernsehsektor nur ein Bruchteil davon. Deswegen wird Erfolg auch anders bewertet. Ein erfolgreicher Redakteur oder Produzent ist einer, der einfach seinen Job gut macht. Nur selten werden diese Leute in Deutschland reich. Sie bekommen ihr Gehalt und füllen eine zum Teil öffentliche Funktion aus, wie andere Verwaltungsbeamte auch. That's it. In Amerika hingegen geht es nur um Profit. Man ist nur so erfolgreich, wie der letzte Film eingespielt hat.

Viele Leute, die in L.A. waren, haben versucht, dass, was sie an Erfahrung in Hollywood, im Geschäft, gelernt haben, in Deutschland zu verarbeiten und anzuwenden. Und dann treffen sie auf Betonwände. Es ist wahnsinnig schwer diese Welten miteinander zu verbinden. Viele Leute sagen dir in Deutschland, wir machen hier nicht Hollywood! Was heißt das überhaupt? Heißt das, dass wir in Deutschland keine Riesenbudgets haben? Das hat man drüben auch nicht immer. Hollywoodfilme werden heute in Rumänien gedreht, in Bulgarien, in Tschechien, in Kanada, in drei, vier oder fünf Drehwochen. Manchmal für 100 Millionen, aber meistens für eine, zwei oder auch drei Millionen. Das ist gerade einmal das Budget eines normalen TATORT. Es ist schon interessant, was man in Deutschland mit Hollywood verbindet, wie man sich abgrenzt. Ich würde mir wünschen, dass diese Membran, diese Schnittstelle Deutschland-Hollywood, durchlässiger würde. Es wäre für beide Seiten eine gute Sache.

Warum sind es besonders viele Deutsche, gemessen an anderen Ländern, die dort ihren Weg gehen?

Das, was in deinem Kopf drin ist, was du in dir trägst als deutscher Filmemacher, wird da drüben immer positiv und interessiert wahrgenommen. Warum ist das so? Warum funktionieren die Geschichten, die wir uns in Berlin, München, Ludwigsburg ausdenken, da drüben? Das hat etwas mit der Geschichte Hollywoods zu tun. Hollywood verkörpert eine Tradition, die von ausgewanderten Europäern, vor allem deutsch- oder österreichisch-stämmigen Juden, vor hundert Jahren aufgebaut und manifestiert worden ist. Was diese Handvoll Studiobosse mit ihren Filmstudios Anfang des 20. Jahrhunderts produziert haben, das waren zehntausende von Filmen, die soziale Werte manifestiert haben, die bei uns in Mitteleuropa vor dem Ausbruch des Ersten Weltkriegs geherrscht haben. Das Oben und das Unten, das Gute und das Böse, waren klar definiert. Das aufstrebende Bürgertum wollte sich in einfachen Geschichten wiederfinden. Diese Sucht nach positiver Auflösung einer Geschichte, das Happy Ending, zurück in die Trivialität des Alltags, das Sicherheit suggerierte. Wo Machtstrukturen zwar hinterfragt, aber letztlich immer am Ende bestätigt werden. Das stammt alles aus der Tradition des 19. Jahrhunderts, als das aufstrebende Bürgertum in Mitteleuropa ins Theater und die Oper strömte, um es der Aristokratie gleichzutun. Aus Tragödien wurden so Melodramen, aus Oper Operetten. Und das tragen wir alle noch in uns, trotz zweier Weltkriege, die über 60 Millionen Menschenleben gefordert haben und die sogenannte göttliche Ordnung unseres alten Klassensystems, wie es vor der Industrialisierung da war, fast vollständig in eine bürgerliche Ordnung überführt hat. Kunst und Kultur spiegeln nur diese Leistung wider, an was anderem ist man nicht interessiert und wird auch nicht gefördert. Die sogenannten 68er waren nur noch die Nachhut, die die Reste der alten Filmkultur zu Grabe trugen. Die Helden ihrer Geschichten waren immer nur Opfer von äußeren Umständen. Das war einfach und das hat sich bis heute leider nicht geändert. Ich weiß, dass das jetzt einigen Leuten die Galle hochbringt – aber fuck it. Alles damals war Reaktion gegen das Versagen der Väter, deren Erbe man nicht haben wollte, und das um jeden Preis. Kaputtmachen war angesagt. Nur mit dem Aufbau, da hat es gehapert und da hapert es immer noch 40 Jahre später. Doch das Bedürfnis nach diesem alten Kino, Opas Kino, das von Träumen und poetischen Entdeckungsreisen handelt, bei denen man nicht bereits nach wenigen Minuten weiß, dass sie scheitern werden, Geschichten ohne politischen Zweck, nur Ausdruck des unreflektierten Seins, der Hoffnung, der Angst. Das steckt immer noch in uns allen, das wollen wir immer noch sehen, das brauchen wir auch. Deswegen rennen wir nach wie vor in amerikanische Hollywood-Produktionen. Deswegen fällt es unseren Kreativen auch so leicht, sich in die Hollywoodmaschinerie einzufügen: Sie ist nach wie vor ein Teil von uns.

Was gibt es noch für Unterschiede und Eigenheiten?
Das Starsystem in den USA erfordert, dass Filme so schnell und optimal wie möglich eingefahren werden. Ein Star kostet oft ein vielfaches der gesamten Produktion. In Deutschland ist der Zeitfaktor nicht der wichtigste Punkt, obwohl er gern hochgespielt wird.

Die Leute, mit denen man auf jeder Ebene zu tun hat, die Executives, die Autoren, Kameraleute, Kostümbildner, wenn man sich mit ihnen über den Stoff austauscht, spricht man sehr schnell über das Eigentliche des Stoffes. Man spricht über die Reise des Helden, über mythologische Hintergründe und über die Einordnung der Geschichte in eine größere Anzahl anderer Geschichten, nämlich dem Genre. Jeder schlüsselt sehr schnell auf, dass der Stoff, an dem man arbeitet, Ausdruck einer bestimmten Mythologie ist. Jeder spürt, dass die Kritik, die er anbringt, obwohl unbewusst, bestimmten Regeln folgt. Das ist etwas, was es einem sehr einfach macht untereinander zu kommunizieren.

Das Einverständnis der Leute, die in Hollywood in der Medienlandschaft unterwegs sind, ist ein anderes als in Europa. Hier werden Geschichten immer nur daraufhin beurteilt: Ist die Story es wert erzählt zu werden? Was erfahre ich darin? Es wird immer sehr moralisch argumentiert. Man wird als Geschichtenerzähler in Amerika nie mit solchen Fragen konfrontiert. Man erzählt eine Komödie um Spaß zu haben, um zu überraschen, um einfach eine gute Zeit zu haben. Man erzählt einen Thriller um Angst zu erzeugen, es geht um Verschwörungen, um Paranoia, um Shocking Moments. In Deutschland reicht das nicht. Man braucht ein Anliegen, ein Problem, das mittransportiert wird, eine Moral. Ich glaube, dass wir in Deutschland immer das Gefühl haben, wenn wir schon öffentliche Gelder für einen Film ausgeben, dann sollten wir auch dem Zuschauer etwas mit nach Hause geben, was eine klare Botschaft hat. Im amerikanischen Genrefilm ist die Erfahrung des Filmes allein der Beweggrund. Und das reicht. Es hat auch früher in Deutschland gereicht, in den 1920er- und 1930er-Jahren, aber das tut es heute offenbar nicht mehr.

Gut gesprochen!

[lacht] Die Krise des deutschen Filmes ist ein eigenes Thema. Der Verbund zwischen Fernsehen und Kino, das ist auch ein sehr gefährliches Thema. Hier geht es wirklich ans Eingemachte. Dafür müsstest du auch, das fände ich sehr wichtig, mit Redakteuren und Produzenten vom Fernsehen reden und schauen, was die zu sagen haben. Wie die ihren Job begreifen, wie die auf den Rest der Welt blicken, herabblicken oder aufblicken. Aber das ist ein völlig anderes Buch. Vielleicht ist ja auch alles super wie es ist. Endlich ist eine vollkommene Balance da, zwischen Vision und Kritik, zwischen dem Haben wollen und dem Haben können. Und die Krise? Welche Krise?

Filmografie

2011	Beyond
2010	Valerie
2008	It's alive
2008	The Art of War II: Betrayal
2007	The Contractor
2004/10	Perfect Life (auch bekannt als Perfect Victims bzw. Victims)
1999	The thirteenth Floor / The 13th Floor (auch bekannt als Abwärts in die Zukunft)
1997	Schimanski – Die Schwadron (TV)
1997	No Strings attached (auch bekannt als Bedingungslos – Im Netz der Leidenschaft, The last Obsession, US-Kabel-TV Titel)
1996	Quiet Days in Hollywood (auch bekannt als The Way we are)
1994	Die Partner (TV-Serie, die ersten acht Folgen)
1989	Le gorille se mange froid (auch bekannt als Picnic at Checkpoint Charlie, Codename: Gorilla, eine Folge der Spielfilmreihe)
1987	L'heure Simenon (frz. TV-Serie, zwei Folgen: La Fenetre des Rouet und La Maison du canal)
1986	Der Zauberer vom Sunset Boulevard (Dokumentarfilm)
1985	Primaballerina (Kurzfilm)
1985	Die Entführung (Kurzfilm)
1983	Wenn du Erfolg hast bist du verloren (Dokumentarfilm)
1983	Kaltes Fieber

Mennan Yapo

Berlin, Oktober / November 2007 & April 2011

Beginnen wir mit Deinem persönlichen Hintergrund.
Meinen Geburtstag möchte ich nicht verraten. Der ist noch nie veröffentlicht worden, was mir ganz recht ist. Es war im Jahre 1966, in München. Als Kind war ich ein oder zwei Jahre in der Türkei, ich glaube von drei bis etwa fünfeinhalb. Wir kamen aus diesem «langen Urlaub» zurück und mein Vater ist, weil ihm München zu stressig war, nach Dachau gezogen. Ich weiß es noch ganz genau. Wir kamen da an und da sagte unsere Nachbarin zu meiner Mutter, der Junge sei im schulfähigen Alter und nächste Woche gehe die Schule los. Ich hatte das nicht verstanden, weil mein Deutsch damals nicht so blendend war. Dann war es tatsächlich so. Eine Woche später ging es ab in die Schule. Auf der Kloster-Grundschule, also zum Teil mit Nonnen, die dort unterrichtet haben. Ich hatte volle Locken und die nannten mich immer «Münchner Kindl».
Wie gesagt, am Anfang hatte ich schwache Deutschkenntnisse, aber ich war nach der vierten Klasse einer der besseren in der Schule und kam dann aufs Gymnasium. In der siebten und achten Klasse habe ich mich etwas schwer getan, weil ich nach meinem ersten Discotheken-Besuch unbedingt Discjockey werden wollte. Also habe ich die Schule vernachlässigt, hatte es aber trotzdem noch einigermaßen hinbekommen. Zu der Zeit etwa ist auch mein Vater gestorben. Nebenbei hatte ich dann auch angefangen zu arbeiten. Ich hatte viele kleine Jobs: Schuhe reparieren, Tankstelle, Zimmermann. Ich habe dann als DJ gearbeitet und gutes Geld verdient. Später habe ich mich aber auf eine Anzeige beworben und bin beim Senator Filmverleih Marketing-Praktikant geworden, wo ich mich hochgearbeitet habe.

Wie bist du auf die Idee gekommen Filme zu machen?
Eines Abends bin ich ins Kino gegangen. Ich weiß es noch ganz genau, es war ein Donnerstag. Ich bin da hin und war so mitgenommen in diesen zwei Stunden. Als ich aus dem Kino kam, war ich in einem tranceähnlichen Zustand. Ich konnte die ganze Nacht nicht schlafen und bin am Morgen wieder ins Büro. Ständig liefen die

Bilder des Filmes vor meinem geistigen Auge. Dann bin ich am nächsten Abend, fast schon instinktiv, wieder ins Kino, und habe denselben Film noch einmal angeschaut. Und ich war schon wieder so extrem beeindruckt. Ich hatte Jahre später dann mal darüber nachgedacht. Es lag wahrscheinlich daran, dass ich nicht in die Vorstellungen ging, weil ich bewusst etwas suchte. Ich war offen für alles.

Ich trat also aus der zweiten Vorführung am Freitagabend auf die Straße, stand da, zündete mir eine Kippe an, und da war es mir vollkommen klar. Es war das zweite Mal in meinem Leben, dass sich mir ein Weg so klar abzeichnete. Das erste Mal war, als ich bei meinem ersten Discothekenbesuch mit 13 oder 14 Jahren den DJ gesehen hatte, da wusste ich, ich muss Discjockey werden. Hier war es genauso, ich kam raus und eine innere Stimme sagte: Ich werde Filme machen. Ich habe das Leben kennen gelernt, ich habe Menschen kennen gelernt und werde das auch weiterhin tun, um Leben abzubilden, um Welten zu erschaffen. Das wurde mir in dieser Sekunde schlagartig, vollkommen klar und bewusst.

Aber ich wusste auch sofort, ich kann das niemandem erzählen. Das bringt nichts. Dieses Ziel musste ich zunächst für mich selbst verfolgen und es in den nächsten Jahren hart überprüfen: Ist dieser Lebenstraum ehrlich und eben nicht nur ein Traum? Wie stark ist dieser Drang in mir wirklich?

Ich hatte mich danach über Filmhochschulen erkundigt, aber daran war ich nicht so interessiert, weil ich mich dem System nicht aussetzen wollte. Ich wollte das alleine schaffen. Das würde härter werden, extremer und länger dauern, aber ich wollte es alleine bewältigen, mir alles selbst beibringen. Gar nicht aus egoistischen Gründen oder sich selbst überschätzend, sondern wieder rein instinktiv. Ich stellte fest, dass dies ein ehrlicherer Weg war, insofern, weil ich selbst die Disziplin zum Lernen aufbringen musste. Ich hatte keinen Rahmen, kein Institut, wo ich hin ging, das mich auffing. Ich musste das selber machen, mein eigenes Institut werden. So fing ich an mich zu erkundigen und auch zu recherchieren, habe mir Bücher aus Amerika schicken lassen, aus England usw., habe sehr viele Drehbücher gelesen und Filme geschaut, zum Teil auch ganz extrem.

Godard? Okay, in die Videothek und alle Godard-Filme über das Wochenende mitgenommen. Ich schloss mich mal wieder ein und schaute mir 20 Filme an. Ich schaute sie mir intensiv und präzise an und dachte dann lange darüber nach. Ich analysierte: Was hat der Regisseur da gemacht, wie hat er das gedreht und was sollte das? So ging es dann los. Ich habe ab diesem Zeitpunkt den Traum kontinuierlich in der Realität verfolgt und eigentlich nie locker gelassen.

Kannst du den Titel dieses Filmes nennen, der so einen Einfluss auf dich hatte?
Den verrate ich nicht, das ist so das einzige Geheimnis, das ich habe, was das Filmemachen betrifft. Aus zwei Gründen: Erstens ist es sehr persönlich und deshalb

kann man es als Außenstehender nicht vollends nachvollziehen, also nicht jeder. Und es ist auch egal, weil der Film z.B. heute auch nicht mein Lieblingsfilm ist. Er ist immer noch in meinen persönlichen Top Ten, natürlich. Nicht nur weil er das damals ausgelöst hat, ich finde ihn immer noch unheimlich stark. Ich habe ihn mittlerweile bestimmt 30 Mal gesehen und bisher nur zwei oder drei Abstriche gemacht: Einstellungen, Momente, bei denen ich nicht ganz d'accord bin. Aber das sind nur kleinere Punkte, die haben nichts mit dem Plot zu tun oder rütteln nicht grundsätzlich an dem Film, an der Art des Filmes. Er ist also auch nicht der Film, den ich jetzt per se anstreben würde zu machen. Natürlich wäre es toll, wenn ich so etwas schaffen würde, aber es gibt Filme, die ich mehr achte. Die halte ich für noch erstrebenswerter.

An welchem Punkt deines Lebens hast du eigentlich Deinen Namen verkürzt und für uns Normalsterbliche stark vereinfacht? Immerhin heißt Du richtigerweise: Mennan Yapicioglu.
[lacht] Das war 1997 oder 1998. Irgendwie konnte das keiner aussprechen. Ich hatte eine Phase, in der ich eine Visitenkarte beim Prokino Filmverleih hatte und auf der stand nur: «Mennan Y.» Das war auch nicht innovativ, klang auch komisch und es war irgendwie unprofessionell. Ich hatte mich dann irgendwann mal hingesetzt und mir Gedanken darüber gemacht. Als ich dann durch das Streichen von Buchstaben auf «Yapo» kam, war ich zufrieden. Das war in Ordnung, das war immer noch ich. Ich wusste seit geraumer Zeit, dass, bevor mein Name das erste Mal auf der Leinwand erscheint, ich etwas tun musste. Zum Glück ist das gut ausgegangen. Ich weiß noch, wie jeder – und auch die Amerikaner – später darauf reagierten: Alle waren begeistert.

Wie kam es zu deinem Kurzfilm Framed *(1999)?*
April 1998, ich war mittlerweile beim Filmverleih Prokino Marketing-Chef und wir steckten zu diesem Zeitpunkt gerade in der Marketing-Kampagne zu Lola rennt (R: Tom Tykwer, 1998), als Torsten Lippstock mit der Idee zu Framed auf mich zukam. Er gab mir das Drehbuch, ich sollte es mal lesen, das hätte ein Freund von ihm geschrieben: Frank Knauer, den ich auch schon kannte. Er wusste, ich wollte eigentlich sofort einen Langspielfilm machen, aber ich solle es trotzdem mal lesen. Es sei stark und würde zu mir passen.

Ich las es noch am gleichen Tag und war sofort Feuer und Flamme. Wir setzten uns mit Frank und Torsten hin und sprachen darüber, worum es geht und was für ein Film das werden soll. Dann hatten wir beschlossen, dass wir es angehen wollen und selber produzieren. Ich hatte auch gleich gesagt, dass ich unbedingt Ulrich Matthes in der Hauptrolle besetzen will. Die anderen fanden es auch eine starke Idee und waren ebenso überzeugt, dass er passen würde.

Wir fingen an, die Produktion vorzubereiten. Ich habe fünf Tage die Woche jeweils 12 bis 14 Stunden an LOLA RENNT gearbeitet und dann nachts und am Wochenende mit den anderen Jungs im Produktionsbüro alles bearbeitet und ein Paket zusammengestellt. Wir haben als einer der wenigen Kurzfilme damals in Bayern und in NRW Förderung eingereicht. Wir wollten nämlich unbedingt in der *Lichtburg* in Essen drehen.

Im Film gibt es eine Szene im Kino und die sah einen Mittelgang vor. Ich war und bin ein Fan dieses Kinos in Essen, denn es hat einen imposanten, klassischen Saal mit Mittelgang. Es war mir wichtig, in diesem Film einen Mittelgang zu haben. Wir haben also beide Förderungen eingereicht und haben beide erhalten. Ich hatte auch früh gesagt, ich mache den Kurzfilm nur, wenn wir es professionell aufziehen: also auf 35mm drehen, mit einer erfahrenen Crew, so als wäre es ein Langspielfilm. Wir hatten neun Drehtage angesetzt, was für einen Kurzfilm absolut verrückt war. Alle dachten, ich spinne.

Wie hoch war das Budget für FRAMED*?*
150.000 Mark. Das war viel. Wir hatten ja nicht nur die beiden Förderungen, sondern auch einen Verleih, der interessiert war, Prokino. Wir hatten früh NDR, ARTE und 13th Street/Universal als Sender dabei. Die haben etwa ein Drittel finanziert, sonst hätten wir das Budget nie zusammenbekommen. Die beiden Förderungen haben dann auch jeweils ein Drittel dazu gegeben. Deshalb haben wir auch fünf Tage in Bayern und vier Tage in NRW gedreht. Es war schon gleich eine Mammut-Aufgabe: 35mm, zwei Dutzend Visual Effects-Shots. Das sollte keine einfache Übung werden. Und das war es auch nicht.

Die Reaktion auf den Kurzfilm?
Wir hatten ihn weltweit zu Festivals geschickt und er kam wirklich gut an. Die Leute kamen aus dem Film mit einem seltsamen, unerklärlichen Gefühl. Ich weiß noch, wie er in Bilbao lief, Seattle oder in Palm Springs. Und in Hof. Als er dort gezeigt wurde, gab es großartige Reaktionen. Da kamen Filmemacher auf mich zu, die ich nicht kannte. Die haben gesagt: «Wow, das ist dein erster Film? Respekt, sehr assoziativ.»

Ich war mit dem Kurzfilm in Palm Springs, ich glaube irgendwann zwischen März und Mai 2000. Das war interessant, weil dort nur ältere Menschen in der Vorführung waren. Die waren total begeistert und haben mir alle die Hand geschüttelt. Dort hatte auch ein Scout von *ICM* [International Creative Management, eine große Agentur in Los Angeles. Anm. d. Aut.] den Film gesehen. Im Anschluss war ich gleich in L.A. und traf einen Agenten dieser Agentur. Er sagte mir, das sei stark, was ich da machte, auch wenn er den Film nicht kapiert hätte... Und wie es bei mir weitergeht? Da konnte ich ihm schon von LAUTLOS (2004) erzählen. Der sei in Planung, aber das würde noch dauern.

Er hielt den Kontakt und schickte mir alle paar Monate ein Drehbuch, aber einfach mehr um mich auszuloten, um festzustellen, was ich mag und was mich interessiert. Es waren keine bekannten oder großen Projekte dabei. Das waren alles Filme mit kleinen Budgets, irgendwo zwischen drei und sechs Millionen Dollar. Also für die war das damals wirklich Low Budget.

Für mich klang das aber alles wie ein Hirngespinst. Total absurd. Ich habe mir nicht eine Sekunde weiter darüber Gedanken gemacht, à la: oh super, Hollywood! Muss ich auch mal hin! Vergiss es! Ich hatte gerade einen Kurzfilm über Schizophrenie gemacht!

Mein Fokus galt LAUTLOS. Ich habe dem Agenten eher selten geschrieben, aber er hat wie angekündigt tatsächlich alle paar Monate Kontakt gehalten. Ich fand es ganz nett, habe aber mit nichts gerechnet, weil das alles total absurd für mich klang.

Ich weiß noch, wie ich in seiner Agentur am Wilshire Boulevard war. Ich dachte, das gibt es ja gar nicht: Da war eine Kopierstraße, in der 20 Leute den ganzen Tag lang Videobänder und Drehbücher kopierten. Das war der Wahnsinn: ein vierstöckiges Gebäude, in dem 250 oder 300 Leute gearbeitet haben. Ich sagte mir, das ist also eine Hollywood-Agentur! Du siehst dir das an und musst grinsen. Keine Frage!

Deine Filme LAUTLOS *und* PREMONITION *haben etwas gemeinsam. Obwohl sie beide einem Genre zugehörig sind, konzentrierst du dich letztendlich doch mehr auf Gefühle und zwischenmenschliche Beziehungen.*
Absolut.

Ist das dein Ding, einerseits ein Genre zu bedienen und mit ihm zu spielen, aber andererseits zu brechen und sich auf die gefühlsmäßige Ebene zu konzentrieren? Ist es auch das, was deine Filme in Zukunft auszeichnen wird?
Ja, ich hoffe es. Einen puren Genrefilm zu machen interessiert mich weniger. Ich kann mir kaum vorstellen, einen Thriller oder Actionfilm konventionell «runterzudrehen». Ich mag Thriller an sich, ich finde das spannend, aber mich interessiert was dahinter steckt. Wieso ist aus einer zwischenmenschlichen Geschichte ein Thriller entstanden? Woher kommt er? So ähnlich wie bei Hitchcock auch, kommt das eigentlich aus dem Drama. Es interessiert mich, die unter der Oberfläche liegenden Emotionen und Antriebe der Figuren allmählich aufzudecken. Im Prinzip behandelt ja jeder Film zwischenmenschliche Beziehungen.

Es war bei PREMONITION so und auch bei LAUTLOS, dass beide Filme sich eigentlich klammheimlich in einen Liebesfilm verwandelten. Das finde ich grundsätzlich ganz wichtig: Das scheinbar Verborgene, Unbewusste, den darunterliegenden Inhalt aufzudecken und diesen nach vorne, ins Bewusste zu holen, nach und nach. Ähnlich funktioniert ja der Traum, wenn auch wesentlich verschlüsselter: Es gibt das Gesehene, Gehörte, Erlebte und dessen tiefer liegende Bedeutung. Deswegen im Schnitt auch diese akribische Feinarbeit, um das so organisch wie möglich herauszuarbeiten und diese verborgenen, assoziativen Inhalte zu Tage zu fördern, bis der Film diese transzendiert. Daher kommt das.

Zu Lautlos *sagtest du ganz explizit: «Es ist eher ein spannender Liebesfilm, als ein Thriller.»*
Genau und das finde ich toll, dass sich beide, also Joachim Król und Nadja Uhl, an entgegengesetzten Enden des Spektrums befinden: Sie, die gar keine Kontrolle mehr über sich und ihr Leben hat und er, der die absolute Kontrolle hat, auch über den Tod. Sie gibt sich ihm hin. Diese zwei Seelen können sich nur in der Nähe des Todes treffen. Das ist das einzige, was beide verbindet. Aber natürlich auch ihre große Einsamkeit. Die Idee für den Film kam ja zunächst einmal aus dem Gedanken der Einsamkeit heraus.

War der emotionale Ansatz auch ein bedeutender Grund für X-Filme dieses Projekt zu machen, anstelle eines puristischen Genrefilmes?
Absolut, das war der Hauptgrund. Warum sollten sie einen reinen Genrefilm machen?

Damit wären wir bei der Diskussion, wie schwierig es ist, in Deutschland überhaupt einen Genrefilm zu machen?
Total schwierig. Gott sei Dank war *X-Filme* daran interessiert, hinter die Psychologie der Figuren zu kommen, den Stoff in die Tiefe zu interpretieren und nicht an der Thriller-Action-Oberfläche zu bleiben. Der Einsamkeitsgedanke und all das, hat sie angesprochen, und ich fand es auch toll, dass sie den Film produzierten.

Bedauerst du grundsätzlich, dass in Deutschland Genrefilme so massiv von Redakteuren oder Produzenten vernachlässigt werden?
Ich finde das sehr schade. Das schränkt ein. Es gibt, wie Stefan Arndt mal so schön sagte, nur ein Genre in Deutschland und das ist ‹der deutsche Film›. Und das ist Scheiße, keine Frage. Ich finde da vergibt man sich einiges und schränkt die Entfaltung von Talenten ein. Ich verstehe zum einen, dass das mit fehlenden bzw. nicht finanzierbaren Budgets zu tun hat. Eine amerikanische Produktion kann hinklotzen und eine Actionszene in 15 Tagen drehen, du müsstest das hier wahrscheinlich in acht Stunden runter kurbeln. Klar, gibt es da Unterschiede. Aber schau dir Hongkong an, die machen das auch wett durch Kreativität, durch Waghalsigkeit, technisches Können und verrückte Ideen. Ich weiß nicht, woher das hier in Deutschland kommt.

Ich hatte bei Lautlos ein paar Publikumsvorführungen und da war die Überraschung bei den Zuschauern unheimlich groß über die technische Fertigkeit des Filmes: Das mit den Waffen, der Action, die Autoverfolgungsjagd, die

Explosionen etc. Da gab es Leute im Saal, die sagten, sie hätten nicht gedacht, dass man das in Deutschland so gut herstellen kann. Das habe ich öfters gehört. Warum glaubt man da nicht dran?

Weil man die Leute, die hier so etwas machen wollen und auch können, nicht lässt. Da herrscht Engstirnigkeit und Angst in den Etagen der Verantwortung vor.

Und das Vorurteil, die können das sowieso nicht wirklich gut machen. Das ist leider so. Da wird in Deutschland die eigene Kultur, das eigene Schaffen immer ein wenig niedergemacht. In Frankreich z.B. ist es genau das Gegenteil. Dort heißt es, wir können es genauso gut wie die anderen. Oder gar besser.

Die hatten natürlich in den letzten Jahren einen riesen Aufschwung an Genrefilmen, weil sie sich rückbesonnen haben.

Ja, aber da ist grundsätzlich das Gefühl beim Zuschauer und auch den Filmschaffenden: Was die Amis können, können wir auch.

Das liegt vielleicht schon an ihrem ganz anderen Nationalbewusstsein.

Ganz richtig und daher kommt auch das stärkere Selbstbewusstsein in die eigenen Fähigkeiten. Das finde ich gut und richtig. Wenn du dir z.B. 36 Quai des Ofrèvres (R.: Olivier Marchal, mit Gerard Depardieu und Daniel Auteuil, 2004) anschaust, ein toller Cop-Thriller. Der hat auch nicht viel gekostet und kommt dabei relativ groß daher.

Ich finde aus Frankreich kommt immer wieder was, z.B. auch Taken (96 Hours, R.: Pierre Morel, mit Liam Neeson, 2008), der ja trotz Hollywood-Star und -Kinostart dennoch eine reine französische Produktion war. Das fehlt mir hier. Aber das ist auch mitunter der Grund, warum ich eine Filmproduktion gegründet habe, weil mich das interessiert, da noch andere Filme aus Deutschland heraus zu kitzeln, andere und andersartige Geschichten, Stoffe zu entwickeln. Ich merke, da gibt es Bedarf, auch von der kreativen Seite her. Unsere Firma will es auch in allen Bereichen versuchen: Serie, Mehrteiler, Dokus, Kinofilm und Fernsehfilm. Das kommt auch aus der Unzufriedenheit, dass gewisse Sachen hier nicht stattfinden. Ich finde, das sollte sich ändern.

Dennoch sollte man nicht vergessen, dass sich in den letzten Jahren einiges getan hat, speziell durch Berlin und Studio Babelsberg. Mittlerweile wurden einige US-Produktionen dort gedreht, mit deutschen Crews, auf hohem Niveau, wie z.B. Unknown (R.: Jaume Collet-Serra, 2011) oder Hanna (R.: Joe Wright, 2011).

Du sagtest, du legst sehr viel Wert auf das Sounddesign. Das kann man wirklich hören, auch noch auf den DVDs.

Ja, aber man muss es vor allem im Kino hören. Da sind Leute aus Framed rausgekommen und haben sich an den Bauch gefasst. Und daran arbeite ich ja auch.

Ich hatte bei LAUTLOS Monate, ich glaube ein halbes Jahr, am Ton gearbeitet, an der Musik und auch den Klangfarben der Musik, die pur sein sollte. Die war mal größer und pompöser und musste dann runter, runter, runter. Wie auch beim Bild: vereinfachen. So ging es beim Ton und der Musik.

Der Ton geht unter die Haut, daran glaube ich fest. Das ist bei allen drei Filmen so. Was bedeutet «lautlos» für den Ton? Er hat ja schon vom Titel her auch eine Tonaussage und nicht nur eine Bildaussage. Was bedeutet das für uns im Sounddesign? Ich hatte aber auch das Glück mit tollen Profis zu arbeiten, z.B. Matthias Lempert, der schon über 100 Filme gemischt hat.

Viele Filmemacher neigen dazu ihr Werk zuzukleistern: mit Geräuschen, Effekten und vor allem Musik, oft an den unmöglichsten Stellen.

Ja, finde ich unmöglich. Das wirst du bei mir nicht haben. Du wirst immer auch die Stellen finden, die scheinbar leer sind.

Der Mut zur Stille?

Ja, unbedingt, das finde ich ganz wichtig. Ist bei mir in allen drei Filmen zu sehen. Aber selbst die Stille muss kreiert werden und sollte Sinn ergeben. Stille heißt ja nicht einfach «gar nichts», sondern es bedarf einer räumlichen Entsprechung. Ich hatte z.B. bei PREMONITION den besten Tonmann, mit dem ich je gearbeitet hatte, Steve C. Aaron. Mit Steve bin ich wirklich durch alle Räume und habe gesagt, bitte mach dir Gedanken, wie jeder Raum klingt. Welchen Eigenklang hat jeder Raum? Kann das für Sandra Bullocks Charakter, Linda, von der subjektiven Wahrnehmung her, in den jeweiligen Szenen wichtig sein?

Unser Cutter Neil Travis meinte, er würde schon lange schneiden (u.a. TERMINATOR 3, R.: Jonathan Mostow, 2003; DANCES WITH WOLVES, R.: Kevin Costner, 1990), aber er hätte noch nie so einen reichhaltigen Ton direkt vom Dreh zum digitalisieren bekommen. Das habe er noch nie erlebt.

Steve Aaron hat sich wirklich reingehängt, denn ich wollte einen ‹Productionsound›, wie man das drüben nennt. Das erinnert so ein bisschen an die 1970er Jahre, an Filme wie THE FRENCH CONNECTION (R.: William Friedkin, 1971) oder THE CONVERSATION (DER DIALOG, R.: Francis Ford Coppola, 1974) und das wollte ich auch bei PREMONITION erzielen. Hat er jetzt auch: einen knallharten, fast schon rauen ‹Productionsound›, ‹dirty›, wenn man so will. Das war mir extrem wichtig. Steve hat wirklich ganze Arbeit geleistet. Er hat zum Teil jedes noch so kleine Geräusch original aufgenommen: jedes Auto, Kirchenglocken in der Ferne etc. und das, ohne dass es irgendjemand am Set gespürt hätte, es den Ablauf beeinträchtigt hätte. Der hat alles selber besorgt. Auch bei LAUTLOS haben wir lange gefeilt.

Dennoch fiel mir bei den letzten Sichtungen meiner drei Filme auf, dass immer noch viel zu viel Musik draufliegt...

Der kommerzielle Erfolg von LAUTLOS *war in Deutschland nicht so gewaltig. Ich habe keine genauen Zuschauerzahlen gefunden, aber ihr seid bestimmt enttäuscht gewesen.*
Keine Frage, es waren irgendwas über 60.000. Wir hatten auch Pech, denn wir kamen Ende April ins Kino. Das zweite Wochenende nach dem Start war Superwetter, der gesamte Kinomarkt ging extrem runter. Ich weiß nicht, was nicht angenommen wurde. War es das Konzept? Dass Joachim Krol zu weit weg war, von dem was man von ihm kannte? Ich kann es dir nicht sagen. Wann immer ich in einem Screening war, waren die Reaktionen eigentlich ganz gut. Aber der Film war teilweise auch zu unterkühlt, zu cool für den Frühling.

Vielleicht war es auch das typische Vorurteil gegenüber deutschen Filmen. Jene, die Interesse hatten und reingingen, kamen ganz befriedigt wieder heraus. Aber man erreichte nicht die Leute, die sich sonst für diese Genrefilme interessieren. Diese haben wohl gedacht: Ein Profikiller aus Deutschland, das wird nichts. Ich weiß es nicht. Die Reaktionen waren aber insgesamt positiv, von Journalisten oder auch anderen Filmemachern. Die sagten, das hätte der Film nicht verdient. Wir seien besser als andere, hätten aber Pech gehabt. Ich weiß es nicht, schwer zu sagen. Ich nehme die Dinge, wie sie kommen und denke dann: Na gut, ich habe jetzt den «Flop» schon hinter mir. Es ist schon beim ersten Mal passiert.

Wie schnell kamen Reaktionen aus den USA?
Das ging relativ schnell. Zwei oder drei Wochen vor dem deutschen Start war die englisch untertitelte Kopie drüben. Dann haben tatsächlich dieser Agent von damals, und eine deutsche Agentin, die für die Agentur tätig war, des Öfteren angerufen, dass sie schon Kritiken gelesen hätten. Dass sie es super und interessant fänden. Sie wollten dann den Film sehen und haben ihn sich auch angeschaut. Es gab ein Screening in der Agentur mit vielen Agenten und diversen Assistenten, und die waren hellauf begeistert.

Dann hat dieser Agent den Film im Prinzip in der ganzen Stadt herumgezeigt: Den müssten die Leute sehen, Produzenten und so, die werden das gut finden. Gleichzeitig haben er und seine Assistenten begonnen schon Drehbücher zu schicken. Das war ziemlich absurd. Ich war hier noch auf der Kinotour, so Ende April. Du bist in Braunschweig oder was weiß ich wo und die Zahlen stimmen nicht. Der Frust setzt schon ein und dann kommt FedEx und bringt 10 bis 15 Drehbücher.

Wie bist du mit den eher zurückhaltenden Kritiken in Deutschland umgegangen?
Das finde ich okay.

Interessiert es dich überhaupt was Kritiker schreiben?
Das interessiert mich, absolut. Ich lese alles, aber ich nehme niemandem irgendwas übel. Ich bin da ganz extrem, was diese Zuschauer- oder Kritikerauswertungen

angeht. Das ist für mich ganz wichtig. Wenn ich etwas Zutreffendes lese oder höre, dann kann ich demjenigen ohne Probleme Recht geben. Ich fand die Kritiken überwiegend gut. Natürlich hat man sich hier und da zurückgehalten. Ein paar der Größeren haben sich zurückgehalten, weil sie vielleicht etwas mehr Respekt vor dem Erstling an sich oder den Anstrengungen hatten, als dass sie den Film in der Tiefe zerlegt hätten. Dafür bin ich dankbar, aber ich erwarte es auch nicht.

Es ist das gute Recht eines Kritikers den Film zu sezieren. Das ist in Ordnung und dem muss man sich auch aussetzen, genau so, wie es das Recht des Zuschauers ist, einen Film nicht anzunehmen. Damit habe ich kein Problem. Ich habe mich noch nie über eine Kritik geärgert. Nur wenn es persönlich wird, Mutmaßungen oder gar *gossip* drin stecken, dann finde ich das schwierig. Das habe ich bei PREMONITION in Amerika erlebt, wobei es fast nie gegen mich ging. So wie über Sandra Bullock teilweise geschrieben wurde, sie suche sich aber schlechte Filme aus, sie sei schlecht beraten und sollte mal ihren Manager oder Agenten wechseln etc. – das steht einem Kritiker nicht zu. Über den Film kann man schreiben, was man möchte.

Ich bekam einen Anruf von einem amerikanischen Journalisten, der sagte: «Mein Lieber, ich finde deinen Film großartig, aber leider muss ich ihn zerreißen.» Ich fragte ihn warum. Er sagte, es wäre «abgesprochen», dass im März alles niedergemacht wird. Die 15, 20 wichtigsten Filme werden besprochen und sie machen alle nieder. Es gab drei Wochen davor in der Stadt ganz heftige Diskussionen über den Sinn und die Zukunft von Filmkritikern.

So wie hier bei uns in Deutschland auch?
Ja, aber es ging drüben richtig heftig zur Sache. Die Studios sagten, wir haben unser Marketing und unsere Budgets und es ist eigentlich ganz egal, was die Kritiker schreiben, die Kampagnen machen den Film zum Erfolg. Dann gab es einen Film, der wurde gestartet, ohne ihn der Presse zu zeigen, ich glaube, es war GHOST RIDER (mit Nicolas Cage, R.: Mark Steven Johnson, 2007) und das war heftig. Dann ging es los und sie haben sich gegenseitig beschossen.

Es gab noch einen anderen Grund. Die Kritiker haben die grundsätzliche Meinung, dass im März, nach den Oscars, in der Zeit vor den Sommer-Blockbustern, nur Ausschussware aus Hollywood komme. Absurd, nicht wahr? Die haben alle Filme fertiggemacht und selbst bei 300 (R.: Zack Snyder, 2006), wenn man es sich genau anschaut, gab es nur zwei oder drei gute Besprechungen.

Ich habe Zack Snyder im Fernsehen sich andauernd rechtfertigen sehen, der arme Kerl. Snyder meinte, jeder müsse für sich selber schauen und sich eine eigene Meinung bilden. Ihn hat die Presse auch nicht kleingekriegt. Irgendwann haben alle gesagt, die Kritiken sind so schlecht, das müsse doch ein toller Film sein...

Zu unserem Starttermin haben sie wirklich alles fertiggemacht. Man merkt, es ging in den Kritiken immer um die Filmidee: Warum wird so ein Film überhaupt gemacht, war der Tenor. Es ging immer gegen das System, gegen Hollywood.

Produzenten und Schauspieler haben mich angerufen und sagten: «Hey, vergiss es, diese Wichser wissen nicht, was sie tun. Das hat der Film nicht verdient.» Es war schon absurd, diese Klatsche zu bekommen. Trotzdem hat der Film funktioniert.

Und es gab auch eine Gegenbewegung. Ich habe seitenlange E-Mails gelesen, oder Einträge in Foren usw., dass man die Kritiker nicht verstünde. Manche hätten den Film wohl gar nicht gesehen, sie hätten sich alle abgesprochen, weil ein seltsamer Tenor dahinter steckte. Auch ein persönlicher, also Angriffe gegen Sandra Bullock oder gegen das Drehbuch. Es war schon seltsam, das alles mitzubekommen.

Als der Film sich trotzdem so stark hielt, obwohl jede Woche viele neue Filme starteten – das war schon abgefahren. Es hat mich gefreut, dass sich der Film beim Publikum durchsetzte und einigermaßen davonkam. Aber trotzdem, ich bin mir sicher: Das hat uns ein paar Millionen Box Office gekostet. Mit dem Wochenendstart von knapp 18 Millionen Dollar hätten wir eigentlich bei etwa 60 Millionen landen müssen und nicht knapp unter 50.

Glaubst du, dass PREMONITION *einer dieser Filme ist, die von Kritiken vielleicht nicht abhängig, aber zumindest beeinflusst werden? Dass der Film ein Publikum hat, das schon mal ganz gerne Kritiken liest. Denn ein Film wie 300 hat noch schlechtere Kritiken als ihr bekommen und trotzdem mal so eben lockere 400 Millionen Dollar eingespielt. Da fragt man sich doch, wozu man diese Schreiberlinge braucht, wenn diese so weit am Publikum vorbeischreiben und sich niemand oder zumindest kaum jemand um ihr Urteil kümmert?*

Dieser Film war wahrscheinlich nicht so abhängig wie wir. Wie gesagt, ich habe einige Insider-Infos, was im März 2007 dort in der Stadt los war. Es war nicht mehr normal. Die haben einfach grundsätzlich, und das kann man nachschauen, alles verrissen.

Bei uns hätten positive Kritiken aber geholfen, weil wir einen mittelgroßen Film hatten. Man darf nicht vergessen, 300 ist mit einem Marketing-Budget von schätzungsweise 50, 60 Millionen Dollar herausgekommen und wir mit etwa 20. Die hatten den ganzen Tag Fernsehspots laufen und dann hatte der Film natürlich auch visuell sehr viel zu bieten. Wir waren einfach in einer kleineren Kategorie. Und ich glaube, solche Kritiken schaden dir immer, wenn du es nicht durch riesige Geldsummen mit Marketing auffangen kannst. Davon bin ich überzeugt. Mir wäre 50/50 recht gewesen bzw. hätte ich das für fair empfunden.

Hier in Deutschland war der Tenor etwas besser, 60/40 oder sogar 70/30 – ich kann mich beispielsweise noch gut an eine exzellente Kritik in der *Süddeutschen* erinnern. In Spanien und in der Türkei war es auch so, da startete der Film als Nummer 1. Er hat sehr viel in England eingespielt, dort waren auch die Kritiken besser. In Österreich waren die Kritiken super. Ich war dort, und er kam da sehr gut an. Nur eines von zehn Interviews für Zeitungen und Zeitschriften fand ich nicht so toll, aber alle anderen waren positiv.

Ich finde es ja grundsätzlich gut, wenn ein Film spaltet. In diesem Fall war es mir sowieso klar, dass er spalten wird. Es wird Leute geben, die werden damit nichts anfangen können, die enttäuscht werden und dann wird es Leute geben, die es spannend finden und sich darauf einlassen.

Für mich sind Zuschauerreaktionen wichtig. Ich habe jetzt wirklich viele Test-Screenings hinter mir, sei es in den USA oder hier, auch früher zu Marketingzeiten. Nach den Screenings von PREMONITION merkte man schon, dass er überwiegend – bei 80, 90% des Publikums – sehr gut ankam. Dass gute Stimmung herrschte, dass die Idee akzeptiert wurde, usw. Das hatten wir gar nicht so erwartet.

Dann kam aber die Problematik fürs Marketing: Er wurde natürlich als richtiger Thriller vermarktet. Und dann schaust du dir den Film an und stellst aber fest, er entwickelt sich zu einem Drama. Das ist natürlich ein Problem, so ein Hybrid von Film. So etwas müssen die Zuschauer erst erkennen, entdecken, es muss sich herumsprechen. Das geht natürlich nicht so einfach und so schnell. Sie müssen es akzeptieren und das in der kurzen Zeit, die du heute in den Kinos nur noch hast. Ein Film ist nach vier bis sechs Wochen aus dem Kino verschwunden, außer es ist ein Hit.

Für mich war die ganze Erfahrung aber schon in Ordnung. Bei LAUTLOS hatte ich überwiegend gute Kritiken zum Start und insofern sagte ich mir bei PREMONITION: Okay, jetzt habe ich den Verriss auch hinter mir.

Von allen Drehbüchern, die man dir angetragen hatte, warum hat dich gerade PREMONITION interessiert? War die Drehbuchfassung anders als das, was man aus dem Kino kennt? Ich hatte mal gelesen, es gab eine Fassung, in der sie ihn am Ende doch rettet.

So eine Fassung gab es nie, sonst hätte ich das Drehbuch auch sofort beiseite gelegt. Das stand nie zur Diskussion. Die Autoren hatten es wohl mal in der ersten oder zweiten Fassung im Kopf durchgespielt, aber sie hatten es schnell verworfen. Es ist ja auch logisch, denn dann wäre der Film sinnlos gewesen, ohne den tragischen Tod des Ehemannes. Nein, alles stand so fest bzw. geschrieben, wie man es jetzt sieht, abgesehen von kleinen Nuancen und Änderungen.

Das ist ein Film, den viele, auch ich, unterschätzt haben. Ich finde, es ist ein Film voller Feinheiten, in dem Rhythmus eine sehr große Rolle spielt, viel mehr als alles andere. Er stand schon im Schnitt sehr schnell zu 80, ja gar 90% wie er

«Sie ist witzig, locker und hat viel Energie.» Mennan Yapo am Set mit Sandra Bullock.

jetzt ist und der Rest war dann rhythmisieren, hinzufügen oder weglassen: Infos dazu, ja oder nein. Ist es zu viel Wut an diesem Tag oder zu wenig? Ist es zu viel Trauer, ja oder nein – lass uns doch den Tag noch einmal bearbeiten und etwas schneller machen, weniger auf die Tränendüse drücken usw. Das war ein Abwägen, eine Filigranarbeit über sechs, sieben Monate. Schon nach kurzer Zeit war nichts Grundlegendes mehr zu ändern oder zu verbessern. Wir haben ja auch nicht nachgedreht, was eine absolute Seltenheit in Hollywood ist.

Es gab ein Element, das im Buch prominenter vertreten war und zwar der Horror. Im Script waren, als ich es zu lesen bekam, 100 Krähen im Garten. Also, in der Szene, wenn Linda und Jim sich im Garten anschreien und der Strom jagt durch die Leitung, fielen dann dementsprechend 100 verkohlte Krähen von den Stromleitungen herunter. Da habe ich gleich gesagt, das mache ich nicht. Das ist etwas, dass mich nicht interessiert.

Und wie sollte das technisch gehen? Wie soll sie an der anderen Stelle im Film glaubwürdig Wäsche im Garten aufhängen und 100 Krähen nicht gesehen haben? Dann fällt sie plötzlich hin und stolpert über diese 100 Krähen. Wie soll diese Enthüllung funktionieren? Also war klar, dass das nicht glaubwürdig ist.

Wenn da eine einzige ist, vom Laub verdeckt, dann kriegen wir das realistisch erzählt. Aber bei 100 Krähen weiß ich nicht, wie ich das umsetzen soll. Sie kann doch nicht die ganze Zeit mit dem Rücken zu den Krähen gewesen sein. Eine einzelne, tote Krähe hat mehr Symbolcharakter und außerdem ist dieses ‹Krähenregnen› total albern.

Die Kirchenszene war übrigens vorher eine Bibliothek. Sie spielte in einer großen, alten Bibliothek. Da habe ich gesagt, sorry, aber wir sind in einer amerikanischen Kleinstadt. Außerdem haben wir solche Szenen schon eine Million Mal gesehen, wie jemand in eine Bibliothek geht, um etwas zu recherchieren. Der Film war so angelegt, dass er einen ‹non-computerized household› darstellte. Also: es gab gerade mal Handys, aber weiter war diese Familie noch nicht. Ich dachte, das wird schwer mit dieser Bibliothek, da wirfst du viele Fragen auf, da ja kaum noch einer heutzutage in eine Bibliothek geht zum Recherchieren, sondern seinen Laptop aufklappt. Ich wusste nicht, wie diese Szene funktionieren soll. Zumal sie dann auch den Text zu sich selbst lesen sollte.

Was es noch nicht gab und worauf ich bestand, war, dass Linda zu ihrem Mann sagt, was los ist. Das gab es nicht im Script. Und ich hasse es, wenn die Figuren in einem Film nicht miteinander reden, und zwar über das Sujet, das Hauptproblem, welches im Film verhandelt wird. Es gibt öfters solche Filme, wo du als Zuschauer fassungslos bist und die Hauptfigur rütteln und schütteln möchtest: «Warum hast du nichts gesagt? Rede doch mal mit ihm!» Und sie hat ihm nie gesagt, was los ist. Jetzt sagt sie ihm: «I had a dream, you're going to die.» Was ganz wichtig war. Das waren einige der wenigen Dinge, die geändert wurden. Ansonsten waren es hauptsächlich kleinere Modifikationen im Dialog oder Umstellungen.

Wie war das mit dem «schwanger sein» am Ende? War es schon drin?
Nein, das hatte sich erst beim Dreh entwickelt. Ich war der Meinung, man müsse seinen Tod (Julian McMahon als Jim Hanson) etwas auffangen. Es könnte ein Problem werden, weil der Film dann nur dieses fatale Ende hätte. Ich fand das zwar gut, aber wenn es irgendeine Perspektive gibt, eine ganz kleine, es musste nichts Großes sein, dann würde das enorm helfen. Und irgendwie sind wir in der Diskussion, vielleicht war es sogar Sandy selbst, darauf gekommen, es wäre abgefahren, wenn aus dieser verrückten Woche auch noch ein Kind entstehen würde. Am Ende wäre auch die Akzeptanz bei Sandys Charakter und beim Zuschauer größer.

Ich hatte in der Vorbereitung viel gelesen und zwar zwei Arten von Büchern: einmal über Vorahnungen und einmal in die Richtung Trauerbewältigung, die Verarbeitung von Tod, vor allem Elisabeth Kübler-Ross. Ich wollte das Gefühl erzeugen, am Ende des Filmes, wenn sie da so auf der Matratze liegt und man sieht, sie ziehen aus dem Haus aus und sie wacht auf, dass man fast schon glauben könnte, sie hat sich selbst gesehen, in diesen Tagen. Und zwar sprunghaft, assoziativ. Sie ist im Rückblick emotional durch die Tage gesprungen, durch diese dramatische Zeit, die in Wirklichkeit aber in ihrer natürlichen, kausalen Abfolge stattfand. D.h. also: Die Filmemacher haben keinen Trick angewandt. Ich bin mir nicht sicher, ob das vollends gelungen ist.

Mennan Yapo im Gespräch mit Julian McMahon.

Aber deswegen ergibt auch einiges keinen Sinn, und zwar kausal nicht. Sie hat alles noch einmal rekapituliert, versucht ihren Mann zu retten und gegen das Schicksal anzugehen. Das habe ich des Öfteren gelesen, dass man eventuell bei der Trauerbewältigung die Zeitschiene verlässt und etwas hin- und herspringt. Man versetzt sich in eine Situation, die es so letzten Endes gar nicht gibt.

Elisabeth Kübler-Ross hat diverse Leute befragt und über längere Zeit beobachtet, daraus die fünf Stufen der Trauerbewältigung aufgestellt: Verleugnen, Wut, Depression, Verhandeln, Akzeptanz. Diese fünf Stufen tauchen bei «Trauerpatienten», wenn man sie so nennen will, auf. Nicht immer alle fünf, manchmal nur zwei, drei. Nicht immer in einer festgelegten Reihenfolge, aber am Ende muss immer die Akzeptanz stehen, so dass die Trauer, zumindest teilweise bzw. für den Moment, abgeschlossen werden kann. Deswegen war mir klar, dass in der letzten Szene Akzeptanz ausgedrückt werden muss. Sie trägt ihren verstorbenen Mann jetzt, im wahrsten Sinne des Wortes, in sich. Aber es ist vorbei, es ist akzeptiert und das Leben geht weiter.

Ich hatte gemerkt, dass dieses Drehbuch im Prinzip diese fünf Stufen beinhaltet und besprach das gleich mit Sandy. Sie sagte, es sei toll, ein großartiger Leitfaden. Wir haben dann Überschriften über Szenen und Tage verteilt. Wenn man sich den Film genau ansieht, dann erkennt man das auch. Entweder spielt sie das totale Leugnen, dass sie dagegen angeht, oder sie verhandelt mit dem Tod oder sie ist wütend oder sie ist deprimiert. Und bei ihr setzt als erstes die Depression ein.

Im Kleinen, also in einzelnen Szenen, gibt es auch die verschiedenen Stufen. Z.B. wenn der Sheriff ihr die Todesnachricht überbringt, kommt gleich als erstes das Leugnen, sie hätte ihn doch gerade erst auf dem Anrufbeantworter gehört. Sie schließt dann die Tür, steht da wie gelähmt, in gewisser Weise eine milde Form von Depression. Dann geht sie in die Küche, ihre Augen tränen, ein Zeichen von Akzeptanz etc.

Diese fünf Stufen haben wahnsinnig geholfen zu sagen: Das ist eine Art von «Anleitung», die man ein bisschen im Hinterkopf haben kann. So haben wir den Film durchweg angelegt, in der Inszenierung und vor allem Sandys Charakter betreffend.

Bist du religiös? Das frage ich deshalb, weil der Tenor der Kritiken, sowohl hier in Deutschland als auch in den USA, ganz oft lautete, der Film sei Bibelpropaganda und der Tiefpunkt in der Erzählung sei die Kirchenszene. Der Vorwurf ist, dass der Priester die Geschehnisse auf ein für die Kirche typisches fatalistisches Prinzip reduziert, sie (Sandra Bullock) soll nicht so viel darüber nachdenken, sie soll es nehmen, wie es ist, und ihre Verwirrung sei letztendlich nur ein Mangel an Glauben.

Ich gehöre keiner Religion an, aber ich bin trotzdem gläubig in dem Sinne, dass ich an Gut und Böse glaube und an eine gewisse ethische Moral. Die Idee in die Kirche zu gehen, ich weiß gar nicht, ob die wirklich von mir war, das könnte ich gar nicht mehr genau sagen. Es hat sich nur deshalb angeboten, weil man in einer kleineren amerikanischen Stadt ist – wo soll man sonst hingehen?

Etwas kommt in dieser Szene nicht rüber und das nervt mich am meisten, weil dann die Diskussion ganz anders verlaufen wäre, aber das haben wir leider beim Script verpennt. Es geht eigentlich darum, dass sie zu diesem Zeitpunkt mit niemandem sprechen kann. Das ist eigentlich der Grundgedanke dahinter: Sie kann nicht mit ihrem Mann sprechen, nicht mit ihrer Freundin und auch nicht mit ihrer Mutter. Sie hat niemanden und geht deshalb zu einer neutralen Person, die außerhalb dieses Albtraums steht, in dem sie sich befindet. Zu einem Menschen, der sie seit langer Zeit kennt. Das ist die ganze Idee dahinter! Es hat nichts mit Glauben zu tun. Was daraus geworden ist, das ist leider eine ganz andere Geschichte.

Ja, denn was der Priester ihr antwortet, ist eben nicht neutral. Er schubst sie in eine gewisse Richtung und die ist religiös geprägt, also von einem eingeengten Dogma.

Diese Szene war der einzige große Knackpunkt in der Diskussion mit den Produzenten. Ich hatte die Szene ganz kurz geschnitten. Auf 60 bis 75 Sekunden und wollte per ADR [Automated Dialogue Replacement, Nachsynchronisation. Anm. d. Aut.] einen Satz von ihr hinzufügen, über ihren Rücken oder so: «There is nobody I can talk to.» Der Priester kennt sie von klein auf, er sagt ja am Anfang, dass es eine Weile her sei, seit sie zum letzten Mal da war. Nach ihrem Satz «Something bad is going to happen», springt das Ganze ans Ende der Szene und das einzige, was er ihr sagen kann ist: «Du musst nach innen sehen.»

Alles andere hatte ich eigentlich weggelassen und es so geschnitten, dass er ihr einen Tipp gibt. Bisher hat sie nur nach äußeren Dingen gesucht, nach handfesten Hinweisen. Sie schaut nach außen, aber nicht nach innen, wo die Lösung liegt. Die Funktion des Priesters ist es, sie in diese Richtung zu schicken, nämlich auf den Highway, zur anschließenden Szene, wo sie, durch den Blick nach innen, ihre Vorahnung hat. Deswegen musste die Kirchenszene eigentlich kurz sein.

Auch aus zwei weiteren Gründen: Es ist das einzige Mal, dass der Film erklärerisch daherkommt. Ansonsten vermeiden wir das tunlichst und der Film funktioniert sehr gut bis dahin, hält den Zuschauer bei der Stange, gerade weil nichts erklärt wird. Und so sollte man es eigentlich bis zum Ende durchziehen.

Der zweite Grund: Es gab extreme Rhythmusprobleme. Diese Vier-Minuten-Szene, in der zwei Menschen auf einer Bank sitzen und reden, bringt den Film zu einem absoluten Stillstand. Er braucht danach ewig, bis er wieder «hochkommt», auf Touren läuft. Und das, wie gesagt, zu einem späten Zeitpunkt. Das hat mich am meisten angekotzt. Ich habe gesagt: «Leute, das können wir nicht machen.»

Da ist folgendes in der Diskussionsrunde passiert: Sie sagten mir, dass ich das nicht kapieren würde, das sei etwas Amerikanisches. Es war das einzige Mal, dass es um einen ‹culture clash› ging. Amerikaner würden urbane Mythen und Legenden lieben. Somit würde man dem ganzen Film scheinbar einen Unterbau geben, aber auch nicht wirklich, denn der Priester führt ja nur ein paar Beispiele auf. Aber trotzdem insistierte ich: Es findet eben in der Kirche statt und er labert viel über den Mangel an Glauben, und da sagte ich, das müsse man minimieren. Aber die anderen meinten: Nein, nein, das wäre toll, das lieben die Leute. Und es war auch wirklich so. In drei Testscreenings mit über 1300 Zuschauern wurde nicht einmal diese Kirchenszene erwähnt, nicht auf einem einzigen dieser Scheiß Zettel!

Wo war die Vorführung, irgendwo im ‹bible belt›?

Nein, überhaupt nicht. In Los Angeles und Orange County. Es stand nicht ein einziges Mal auf einem der Zettel. Wenn es auch nur einmal drin gestanden hätte, ich schwöre, ich hätte mich darauf gestürzt und hätte gesagt: Seht ihr! Aber die Szene wurde kein einziges Mal erwähnt, weder positiv noch negativ. Also hatte ich keine Argumente.

Das muss man auch mal klar sagen, denn ich finde das überbewertet, wenn Journalisten oder Kollegen fragen: Musstest du da Konzessionen machen? Was heißt das? Wir sind ein Team, verdammt noch mal! Es gibt zwei, drei Produzenten, es gibt einen Autor, es gibt einen Star, es gibt jemanden vom Studio und dann sitzt man da und redet über Sachen. Und wenn ich da keine Argumente habe?

Die haben angefangen zu lachen, als ich sagte, die Kritiker werden uns für die Szene kreuzigen. Aber so war es dann auch. In fast jeder Kritik wurde diese Szene niedergemacht. Das ist auch nur verständlich: in der 70. Minute kommt sozusagen ‹Deep Throat› [eine Anspielung auf die Quelle des Watergate-Skandals. Anm. d. Aut.] in der Kutte und gibt dir den glaubensmäßigen, geschichtlichen Unterbau der Geschichte, was total albern ist. Zumal ja Vorahnungen etwas Uraltes sind, ein Teil des menschlichen, kollektiven Bewusstseins, also weitestgehend universell als durchaus möglich akzeptiert werden.

Der Film muss so funktionieren, dass man am Ende rausgeht und sagt, vielleicht war das alles auch nur in ihrem Kopf. Man darf nicht versuchen, Linda zu erklären, dann wird der Film ganz schwach. Immerhin machen wir das vor dieser Szene nicht und danach auch nicht wieder. Aber es war eine Mehrheitsentscheidung und das war okay. Wie gesagt, bei Testscreenings ist das niemandem aufgestoßen. Nur hier in Europa, bei Kritikern und Publikum.

Ich glaube, dieser Film wäre einer der wenigen Fälle, wo ein Director's Cut kürzer wäre. Es würde sich um diese Kirchenszene handeln und noch um zwei andere Momente, die ich anders gelöst hätte, z.B. die Szene, in der sie auf den See blickt und von einem Immobilienmakler angesprochen wird. Sonst war das in Ordnung.

Ich finde auch, man muss sich überlegen, welche Schlacht man sich aussucht: «Pick your battles!», sagte mir Sandra Bullock mal. Ich fand grundsätzlich, wenn es mal einen Punkt gibt, an dem ich keine vernünftigen Argumente habe, muss ich mich nicht mit den Partnern anlegen, das bringt ja auch nichts. Wie gesagt, hätte ich zehn Fragebögen gehabt, die sagen, die Szene geht gar nicht, was soll denn dieser Bibelkram? Wenn ich irgendetwas in der Art gehabt hätte, dann wäre ich sofort dagegen vorgegangen.

Fairerweise hat einer der Produzenten angerufen, als die Kritiken erschienen sind, und hat gesagt, ich hätte wahrscheinlich mit der Kirchenszene recht gehabt, die ist wohl doch nicht so toll. Die Kritiker haben uns wirklich dafür gekreuzigt. Es gab auch etwas Absurdes, und zwar gibt es da drüben eine katholische Zeitung und selbst die hat diese Szene scheiße gefunden! Kannst du dir das vorstellen? [lacht] Wenn selbst die das scheiße finden!

Was haben die denn daran moniert?
Sie haben geschrieben, dass der Pfarrer viel zu hart drauf ist, er hätte vielmehr pädagogisch sein sollen. Er dürfe nicht von Unglauben reden. Diese Kritik habe ich den Produzenten und dem Autor geschickt, das fand ich klasse. Ich war dann wirklich erstaunt, als der Anruf kam und sie mir sagten, sie hätten auf mich hören sollen. Denn sie hatten mich angeheuert, weil sie nicht diesen klassischen amerikanischen Blick wollten. Und der ganze Film hat das ja: Er ist irgendwie

superamerikanisch, aber auf eine ganz andere Art und Weise, eher subtil. Hinter der Verpflichtung von mir steckte ja eine Idee, ein Vorsatz.

Ich hatte zu den Produzenten ganz am Anfang mal gesagt, und da haben sie mich gleich alle umarmt: «The way I see this film is: the American Dream becomes a nightmare.» Und sie antworteten: «That's why we hired you, you are so European, you are an artist. No American would have said that.»

Wenn sich Sandy und Julian im Film im Garten anschreien, da meinten alle, ich wäre in den Konflikten, im Zuspitzen, wenn es zur Sache geht, sehr europäisch und das sei gut so. Das mache den Film stärker, tiefgreifender und emotionaler. Ein Amerikaner hätte das eher weichgespülter inszeniert. Sie wären freundlicher miteinander umgegangen, mehr schweigend und nichts sagend, den anderen nicht verletzen wollend. Das ist eine Art, die du sehr oft in amerikanischen Filmen hast.

Welche Punkte gibt es noch, die du als Europäer und speziell als Deutscher eingebracht hast?
Eigentlich gibt es in jeder Szene, im ganzen Film etwas. Wie ich gearbeitet habe, wie ich es gedreht habe. Wie ich beim Drehen viel probte, erst einmal den Kern jeder Szene herausarbeiten wollte, den Konflikt. Dass wir charakterbezogen gearbeitet haben und ich die vermeintlichen Schauwerte, die zum Teil das frühe Script hatte, die stärker das Thriller- oder Horror-Genre bedienten, eliminiert habe. In die Richtung bin ich nicht gegangen, ich bin nach innen gegangen.
Aber das war mir klar, als ich das Buch bekam, also noch einmal bezogen auf die Frage, was mich so gepackt hat: Es war dieses innere Dilemma der Hauptfigur. Dass man sagen könnte, es ist wie eine Aufarbeitung, sie muss für sich selbst Lösungen finden und sich aus diesem psychischen Labyrinth befreien. Deshalb diese Struktur und alles was wir gemacht haben. Das fand ich interessant und das hat mich voll angesprochen.

Hinzu kam, dass ich vor zehn Jahren mal fast die gleiche Idee hatte, aber eben nur rein formal: Ich wollte einen Film über eine Woche machen und es wäre gut, wenn die Tage durcheinander gewürfelt wären, wenn sie also nicht linear verlaufen und sie keiner offensichtlich kausalen Logik folgen, sondern einer emotionalen. Genau das macht dieser Film auch. Erst versucht er bzw. Linda, System reinzubekommen und dann geht er in die emotionale Tiefe und es muss für Sandys Charakter Linda alles einen emotionalen Sinn ergeben. Sie muss sich selbst finden, um alles andere zu lösen. Ich fand das stark, dieses Verschachtelte, dieses Traumwandlerische, dieses Labyrinthartige: Wie kann man da herausfinden? Das geht nur über das Herz, über die Rückbesinnung zur Liebe – also: raus aus dem Kopf.

Beim Dreh habe ich meist alle rausgeschickt, und nur die Schauspieler und ich waren erst einmal im Raum. Wir haben die Szene geprobt, klar erfasst und die

Dynamik herausgearbeitet und erst dann habe ich alle anderen hereingerufen. Dafür waren die Schauspieler unheimlich dankbar, weil das nur wenige amerikanische Regisseure anscheinend machen. Ich habe den Druck der Zeit, des Geldes, der Produktion weggenommen und versucht, ihnen eine Spielwiese hinzustellen, in der alles möglich ist.

Ich habe mir auch zusichern lassen, dass wir die Dialoge mundgerecht ändern können, je nachdem wie es beim Dreh passiert. Dass wir uns nicht wortgenau an das Script halten müssen. Es war mir wichtig, dass das alles sehr organisch wird. Egal was wir machen, es musste realistisch und organisch sein. Nicht abgehoben, übertrieben, stilisiert. Das wurde mir zum Glück zugestanden. Das hatte sicher auch mit dem Budget zu tun, da es eben nicht so groß war und man diese Freiheit hatte. Es war enorm wichtig für alle und das sieht und spürt man auch.

Ich habe darüber nachgedacht, so wie die Familie angelegt ist und dargestellt wird, ob damit nicht ein uramerikanisches und erzkonservatives Weltbild transportiert wird. Über Linda erfährt man nicht viel, man wird einfach in die Handlung reingeworfen. Es besteht schon eine Krise, aber man erfährt nicht, wie sie als Familie vorher funktioniert haben.

Die Krise entfaltet sich nach und nach. Da muss man dranbleiben.

Man ist etwas im Unklaren über das Verhältnis von Linda und Jim (Bullock und McMahon), weil er immer wieder zwischen den Tagen weg ist und sie so weniger miteinander zu tun haben, als wenn er sich den ganzen Film über mit ihr auseinandersetzt. Man weiß letztendlich nicht wirklich, warum er eine Affäre beginnen möchte. Sie wird recht konservativ dargestellt, als Hausfrauentyp. Viele haben auch moniert, dass das ganze Drama darauf aufbaut, dass es um einen noch nicht einmal ausgeführten Ehebruch geht. Er hat noch nicht einmal stattgefunden und das trotzdem ein riesen Theater darum gemacht wird, was viele als puritanisch bezeichnet haben.

Das ist albern. Schau dir doch mal EYES WIDE SHUT (R.: Stanley Kubrick, 1999) an. Genau darum geht es. Wann ist ein Fremdgehen ein Fremdgehen? Und was ist schlimmer? Wenn du es körperlich getan hast ohne großartig darüber nachzudenken oder wenn du Wochen über Wochen darüber nachdenkst, es in deinem Hirn durchspielst und es eigentlich schon zig Mal begangen hast. Das finde ich eine sehr geschmäcklerische Kritik. Die kann ich nicht nachvollziehen.

Aber alles hat mit den Vorahnungen zu tun, da muss man immer wieder an den Titel, die Prämisse des Filmes denken. So ein Ehebruch könnte ein enormes Fiasko bedeuten: In einer kleinen Stadt, du hast zwei Kinder und sie hat ihr Leben nach ihm gerichtet, nach dem was er beruflich macht. Sie erledigt den Rest, den Haushalt, die Erziehung etc. und dafür kann er arbeiten und sich, in gewisser Weise, verwirklichen. Ich glaube schon, dass diese Untertöne durchkommen.

Es wird aber nie dargestellt, ob sie andere Ambitionen hat. Was sie früher mal gemacht hat oder was sie gerne machen würde. Man sieht sie nur als wäschewaschendes Heimchen mit Kindern. Sie joggt noch etwas und sonst geht sie mit ihrer Freundin einkaufen.

Das ist richtig. Das ist in gewisser Weise sicher ein Manko. Aber man macht halt Abstriche und ich finde in der Szene, in der sie sich im Garten anschreien, da kommt schon einiges durch, vielleicht zu abstrakt. Sie vermisst diese unbeschwerte Zeit, die sie miteinander hatten, als ein super Gefühl vorherrschte. Er sagt, es wäre jetzt anders und sie fragt, warum es anders sei. Er sagt, man hat ein Haus, das Haus ist beliehen, man hat zwei Kinder, es ist viel Zeit vergangen, es ist eben anders. Man steht in einem Vakuum oder Loch.

Aber ich kann das schon nachvollziehen, dass man etwas mehr über sie erfahren möchte. Es wäre nicht schlecht, wenn das vermittelt werden würde. Vielleicht haben wir da auch zu viel vorausgesetzt. Für mich war es immer ‹the perfect couple›: Sie waren die beiden besten, schönsten, erfolgreichsten Teenager auf der High School und daher war es klar, dass sie zusammenkommen müssen.

Es wurde am Anfang des Filmes ursprünglich mal kurz gesagt, dass sie eine sportliche Vergangenheit hat, was wir witzig fanden, wegen des Rauchens später und weil sie eine versteckte Raucherin ist. Irgendwann wurden diese Sätze dann aus dem Script gekürzt, da die Szene schon über 4 Seiten lang war.

Aber z.B. diese Anfangsszene, in der Jim das Haus kauft und es Linda zeigt, sie damit überrascht, war nie im Script. Ich hatte sie vorgeschlagen. Denn es war wichtig, die beiden kurz auch glücklich, unbeschwert zu sehen, bevor sie in dieses Haus einziehen, bevor der Spuk losgeht. Und es war natürlich auch die richtige Entsprechung zur Schlussszene. Also ein ‹book beginning› sozusagen.

Das mit dem Rauchen erwähnst du im Audiokommentar der DVD, wobei das Rauchen für einen amerikanischen Film mittlerweile ein seltsames und seltenes Hobby ist, da es ja immer mehr ein Tabu ist.

[lacht] Das fanden wir, also Sandy und ich, super – wir haben das geliebt. Das ist ein Widerspruch, der in ihr ist. Es hat auch etwas Rebellisches. Es muss nicht alles perfekt sein, es ist ein Stück selbstzerstörerisch, ein Stück Vergangenheit, das sie für sich als Geheimnis behalten hat. In den Deleted Scenes gibt es eine Szene, in der sie rausgeht und alleine eine raucht. Sie hat dabei diesen reflektiven Moment. Das war für mich mit am Schwierigsten zu kürzen. Es ging aber wirklich nicht, weil wir sie im falschen Kostüm aufgenommen hatten. Ich hatte das spontan gedreht, weil mir so eine Szene fehlte und es gerade regnete, wir die vorgesehene Szene nicht angehen konnten. Ich hätte die Rauch-Szene auch durchgeboxt, wenn Linda nicht falsch angezogen gewesen wäre. Das ist großartig: wie sie in

Deleted Scene: Linda Hanson (Sandra Bullock) raucht heimlich hinter dem Haus

einer, langen Einstellung da steht, raucht, nachdenkt und dann die Kippe und den Aschenbecher hinter der Mülltonne versteckt.

Im Audiokommentar sprichst du auch von drei verschiedenen Enden. So wie es in der Kinofassung ist (sie schwanger und im Aufstehen das Standbild, Schluss), das alternative Ende auf der DVD (eine Verlängerung des Kinoendes, sie hört ein Geräusch, steht auf, geht ins Bad, da läuft das Wasser, sie öffnet den Duschvorhang, sie ist überrascht, macht große Augen, Ende), was ist also das dritte Ende?

Das dritte Ende ist ohne Schwangerschaft. Wir haben sie einmal mit dickem Bauch und einmal ohne aufgenommen, um abwägen zu können, ob es zu viel wird oder nicht. Entsprechend gibt es das Mädchen mit und ohne Narben. So, als ob alles nur Einbildung war. Da haben wir jeweils zwei Varianten.

Das mit der Dusche hätte gut funktionieren können, aber da war der Denkfehler der: Wenn die Schlussszene Wochen oder Monate später stattfindet, ist sie aus diesem «verrückten» Wochenzyklus draußen, muss sie auch draußen sein. Es wäre nur gegangen, wenn sie auch in diesem Labyrinth aufgewacht wäre. Dann hätte das ein tolles, offenes Ende sein können, also: sie ist und bleibt in dieser Woche, diesem Irrgarten gefangen. Da das aber so gedreht wurde, und zwar mit dem aufgeräumten Zimmer, mit den Kartons und die Umzugsleute kommen im Hintergrund, hat das gar keinen Sinn ergeben. Es ist eindeutig, dass die Szene Wochen später stattfindet.

Man hätte das so inszenieren und drehen müssen, dass sie an einem dieser Tage aufwacht, z.B. am Sonntag. Es wäre interessant gewesen zu fragen: was wäre, wenn sie in diesem «mentalen Gefängnis» gefangen ist bzw. bleibt? Aber dann wäre es auch nicht so emotional gewesen, wie es jetzt ist. Das Ergebnis wäre: die Ereignisse haben sie endgültig verrückt gemacht. Die Akzeptanz ihrer Figur gegenüber dem Schicksalsschlag ist aber sehr wichtig. Es war eine furchtbare Woche, aber sie ist darüber hinweg und das Leben geht weiter. Und so stellt der Film ein vollständiges, in sich abgeschlossenes Erlebnis dar.

Wurde das Ende mit der Dusche jemals vor Publikum getestet? Wenn ja, welche Reaktionen kamen da?
Ja und es kamen eigentlich ganz gute. Es war 50/50, es war auf Messers Schneide, dass man fast sagte: wow, abgefahren! Ich hatte den Eindruck, wenn wir das machen, muss ich den Film insgesamt, vorher anders erzählen. Einen anderen Schnitt, einen anderen Rhythmus erzeugen. Dann gehe ich doch wieder auf einen Thriller, weg vom Drama, also kann ich vorher auch nicht diese Tragik erzählen. Daher kam wohl auch dieses 50/50.

Wäre der Film bis dahin noch vielmehr als Thriller umgesetzt worden, dann wäre dieses Ende gut, alle gehen raus und fragen sich, was jetzt los sei: Lebt er noch oder nicht? Aber der Film geht durchweg in eine ganz andere Richtung, in eine emotionale, eben nach innen. Dies halte ich nach wie vor für richtig. Das ist der stärkere Film, der berührt mehr.

Das Thriller-Ende mit der Dusche hätte mindestens einen großen Vorteil. Abgesehen davon, dass es genretypischer ist, hätte das Augenmerk nicht mehr so sehr auf der Schwangerschaft gelegen und man hätte das Ende auf verschiedene Weise interpretieren können, z.B. dass ihre Schwangerschaft Ängste und Vorstellungen bei ihr ausgelöst hat.
Ja, absolut. War sie vielleicht die ganze Zeit schon schwanger? Deshalb war sie vielleicht so verrückt? Andererseits hätte sie an allen Tagen dann wahrscheinlich schwanger sein müssen, oder man hätte es geschickt kaschiert, denn der Film erzählt ja eine Zeitspanne von einer Woche. Und da hätte sie nicht plötzlich, von einem Tag auf den anderen einen dicken Bauch haben können.

Hätten wir das Zimmer am Schluss in einem ganz normalen Zustand gehabt und sie wäre einfach nur aufgewacht an einem dieser Horror-Tage, dann hätte das funktionieren können. Allerdings ohne Schwangerschaft, womit man dieses emotionale Element verloren hätte. Aber wie gesagt, man hätte den Film komplett verändern müssen und auch anders inszenieren, eventuell sogar die 100 Krähen drin lassen etc. Man hätte ja dann z.B. auch diese Anfangsszene, in der man mehr über die Charaktere erfährt, wahrscheinlich weglassen müssen – also so einfach wäre das nicht zu bewerkstelligen gewesen.

Wir haben alle Möglichkeiten getestet, aber so wie das Ende jetzt ist, gab es die emotionaleren Ergebnisse. Da haben die Leute mehr über den Film geredet und sie haben mehr für sich mitgenommen. Bei dem Thriller-Ende gab es eher so ein: «Mhm, na okay.» Das Thriller-Ende war für Jungs besser, das konnte man ganz klar sehen und dieses funktionierte für Mädels. Aber ich wusste, wir haben sowieso einen Frauenfilm. Das war mir ganz klar. Deshalb habe ich dem Ganzen auch nicht großartig nachgeweint.

Das Ende mit dem Baby hat aber schon massive Reaktionen hervorgerufen.
Das ist auch gut so.

Der Vorwurf lautet unisono: «Kitsch».
Das stört mich gar nicht, weil ich da anders denke. Sie hat einen großen, schweren Verlust und der Film, wenn man so will, hält etwas dagegen, gibt ihr einen Ausblick. Es ist leicht versöhnlich, aber mehr nicht, es ist auf keinen Fall ein Happy End.

Diese Kritiken stören mich auch grundsätzlich nicht. Der Kritiker hat das Recht den Film von vorne bis hinten fertig zu machen, das ist mir vollkommen egal. Wie gesagt, an diesem Film gibt es fast gar nichts, was ich an der Schnittfassung bedaure.

Dein Unmut ist also nicht groß genug, als dass man mit einem Director's Cut rechnen könnte?
Nein, gar nicht. Ich finde diese Diskussion um den Director's Cut auch überschätzt. Ich weiß nicht, was sich diese Leute darunter vorstellen. Ich arbeite in einem Team und ich habe damit kein Problem. Das liegt einfach in der Ökonomie der Sache, dass du ein paar Produzenten hast, in unserem Fall waren es vier. Du hast einen Autor, der noch mitmischen will, einen Regisseur, einen guten Cutter, der hat auch noch super Ideen. Du hast einen Star und es gibt jemanden vom Studio. Und in dieser Runde wird ganz offen und ehrlich diskutiert. Da gibt es so etwas wie eine Mehrheitsentscheidung. Ich finde das in Ordnung. Es ist ja nicht so, dass ich zu irgendetwas gezwungen wurde. So sehe ich das nicht. Ich sehe es vielmehr so, dass wir da diskutieren und reden und dabei stechen die besten Argumente. Wie schon gesagt, ich hätte drei oder vier Stellen im Film anders gelöst im Schnitt, aber wenn man sich das am Ende anschaut, prozentual gesehen auf 94 Minuten, was macht das schon aus?

Es gibt genügend andere Regisseure, die zu Entscheidungen gezwungen wurden, die nicht ihrer ursprünglichen Vision entsprechen.
Das ist furchtbar. Aber bei großen Budgets spielen noch ganz andere Gründe eine Rolle. Deswegen war mir klar, wenn ich drüben meinen ersten Spielfilm mache, dann geht es nicht darum, dass ich einen Riesenfilm mache. Es geht um die Konstellation. In welcher kann ich vernünftig arbeiten? Passt der Stoff inhaltlich zu mir? Als ich das Drehbuch Torsten Lippstock geschickt hatte, meinte er, das könnte wirklich von uns geschrieben sein. Das hat so eine spannende, teils unerklärliche Art: dieses Klaustrophobische, diese Paranoia, das sei wunderbar.

Du musst sehen, ich habe über 50 Filme abgelehnt, teilweise ‹hard offers› mit viel Geld dahinter. Sehr viele prominente Filme darunter, bei denen auch meine Agenten gefragt haben, was los sei. Will ich nun Filme machen oder was ist? Aber ich hatte mit den meisten Stoffen nichts zu tun, was sollte ich damit? Das waren Konzeptfilme und da kommt es doch nicht auf mich an! Es spielt doch gar keine Rolle, ob ich das mache oder irgendjemand anderes. Und das interessierte mich nicht. Ich brauchte einen Film oder eine Konstellation, in der ich bzw. meine Vision gewünscht waren, ich das Script und den Film bereichern konnte. Ich habe keinen Bock 18 Monate in die Diaspora zu gehen und einen Film zu machen, der mit mir nichts zu tun hat.

Ich habe da ein anderes Empfinden. Ich bin Filmemacher und meine Aufgabe ist es, mich mit dieser Situation zu arrangieren und damit klarzukommen. So, dass ich danach noch aufrecht in den Spiegel sehen kann. Ich weiß, wie die Diskussion intern gelaufen ist. Ich weiß, wie welche Faktoren dazu beigetragen haben, dass dieses oder jenes Ergebnis zustande kam und ich finde es vollkommen in Ordnung.

Das heißt nicht, dass ich nicht daraus lerne. Alle drei Filme spiegeln auch in gewisser Weise meinen Wissensstand als Regisseur wider, und zwar zu dem jeweiligen Zeitpunkt des Entstehens der Filme. Wenn ich mir heute FRAMED anschaue, habe ich massive Probleme. Auch bei LAUTLOS habe ich genauso viele Probleme und bei PREMONITION ebenso. Obwohl da zum ersten Mal etwas stattgefunden hat, was es in den vorherigen Filmen noch nicht gab: Es gibt ein paar Szenen, von denen ich glaube, dass wir wirklich alles herausgeholt haben, vor allem beim Dreh. Da ist nur noch ganz, ganz wenig drin bzw. nicht drin, von dem man sagen könnte: in Sachen Inszenierung, Background, Schnitt, Musik oder was weiß ich, wäre mehr gegangen. Ganz, ganz wenig. Aber das gibt es immer und wenn man es genau nimmt, bin ich mit nichts wirklich zufrieden.

Es arbeitet ja ständig weiter in einem. Du drehst etwas an einem Tag, sagen wir mal an einem Dienstag. Der Tag wurde vom Regisseur und vielen anderen Crewmitgliedern vorbereitet. Dann gibst du dein Bestes, drehst es, gehst nach Hause. Bereits jetzt arbeitet es in dir. Ach was: Schon in der Mittagspause verarbeitest und verdaust du die Szenen und Einstellungen, die du am Vormittag gedreht hast, am Abend sowieso.

Du musst eigentlich den nächsten Tag vorbereiten, aber dir spuken immer noch Momente des aktuellen Tages im Kopf herum. Jetzt ist es gedreht und du hast natürlich noch viel mehr Informationen, Wissen und Einsicht über die Szene oder die Einstellung, die bisher nur auf dem Papier oder im Kopf existierte. Und schon beginnt ein Prozess: Das wäre in einer anderen Location vielleicht besser gewesen, oder lieber nachts statt tagsüber. Das Kostüm passte nicht wirklich zum bzw. vor den Hintergrund, zur inneren Gefühlslage, etc. etc. etc. Bereits da bist du genau genommen mit etwa 20–30% des Gedrehten irgendwie unzufrieden.

Hier war es zum ersten Mal der Fall, dass ich aufgrund der Starttermin-Geschichte und weil viel Geld und eine Maschinerie dahinter steckte, loslassen musste. Bei Lautlos konnten wir immer wieder den Start schieben. Da kann ich sagen, wir haben im Schnitt wirklich nichts unversucht gelassen. Hier kann ich das nicht sagen. Ich hatte über 100 ‹notes› (Anmerkungen) im Schnitt, also für das Bild, und musste aufgrund von Zeitproblemen aufhören. Im Ton und der Mischung waren es noch über 500.

Ich erinnere mich, dass einer der Sounddesigner oder ein Assistent des Mischtonmeisters mich mit Terrence Malick verglich, der bei The new World (2005) anscheinend auch ständig weiter am Ton arbeitete, an der Mischung feilte, obwohl der Starttermin nur noch wenige Wochen entfernt war. Er hatte an jedem Tag immer wieder seitenweise Anmerkungen dabei und schrieb dauernd neue nieder. Bis der Mischtonmeister irgendwann zu ihm sagte: «Bitte, leg den Stift nieder. Es ist vorbei. Der Film kommt nächste Woche ins Kino.» So ähnlich war es bei mir, sie sagten mir dann, dass ich den Laptop zuklappen sollte, in den ich dauernd neue Anmerkungen tippte. Und lachten.

Aber all das liegt in der Ökonomie der Sache und deshalb weine ich dem auch nicht nach. Der Film musste fertig werden, er hatte einen Starttermin und da drüben kosten der Starttermin, bzw. die Werbekampagne für diesen, manchmal genauso viel oder ein bisschen mehr Geld als der Film selbst. Das muss man von vornherein akzeptieren, sonst darf man so ein Projekt gar nicht erst anrühren.

Das war, nach einer Reihe von mehreren Hundert Scripts das erste griffige Drehbuch, das auch nach innen ging. In dem nicht nur Schauwerte verhandelt wurden. Natürlich hatte man mir erst einmal sämtliche Auftragskillerfilme angeboten und zwar alle. Jedes Auftragskiller-Drehbuch, das es zu diesem Zeitpunkt in der Stadt gab, auch das Lautlos-Remake. Aber ich habe das abgelehnt.

Als ich dann viele Termine in der Stadt hatte, mit Produzenten, Studio Executives und die Leute sahen, der Typ ist anders, der geht viel mehr in die Tiefe, wendete sich das Blatt und es kamen nach und nach andere Scripts. Für mich war es wichtig etwas zu finden, das aus unserer Werkstatt hätte sein können. Etwas, das organisch war und wofür ich Arbeitsbedingungen schaffen konnte, wie ich sie mir vorstellte.

Wir haben bei Premonition z.B. alles an Originalorten gedreht, da ist nichts im Studio entstanden, nicht eine Sekunde – was ganz selten für US-Filme ist. Das kannst du normalerweise vergessen, weil sie immer versuchen werden, mindestens die Hälfte im Studio zu drehen, um die Kontrolle über Zeit und Geld zu behalten. Es gab auch keine Second Unit, das habe ich abgelehnt. Das interessier-

Mennan Yapo mit Sandra Bullock und Marc Macauley on Location in Shreveport, Louisiana

te mich nicht, Wochen später irgendwo Close-Ups nachzudrehen. Das mache ich direkt mit, dafür brauche ich lediglich zwei Tage mehr. [lacht]

Ich habe gelesen, dass man dir tatsächlich Stoffe mit Budgets zwischen 30 und 100 Millionen Dollar angeboten hat.

Ja, das war ganz witzig. Du musst dir vorstellen: Ich sitze in meiner Wohnung, LAUTLOS ist gerade im Kino quasi gefloppt, ich arbeite noch an der DVD vom Film, habe null Kohle, der Strom ist kurz davor abgestellt zu werden. Mein Agent war da immer sehr lustig: Das sei doch schön, ich lebe, ich mache Filme! Ich müsse nur auf eines achten: «Make sure your phone works!» [lacht] Er müsse mich unbedingt erreichen können. Alles andere brauche ich nicht. Ich hab dann wirklich mein Telefon geprüft und es war tatsächlich Batterie betrieben. Ich bräuchte also wirklich keinen Strom. Solche Spielchen gab es da.

Dann bekommst du Anrufe von hochgestellten Leuten, Produzenten oder irgendwelchen Agenten von Schauspielern, die den Film gesehen haben. Das hat eine Dynamik angenommen, weil der Film intensiv herumgeschickt wurde. Da rufen mich wildfremde Menschen an und erzählen mir eine Viertelstunde lang, ich sei der nächste Michael Mann. Ein anderer meinte, ich sei der nächste David Fincher, usw. Ich sitze aber zu Hause, bin pleite und beschränke mich darauf Zigaretten zu rauchen und esse schon gar nichts mehr, weil ich es mir nicht leisten kann. Oder ein weiterer guter Freund lieh mir gerade wieder Geld oder kam vorbei und füllte den Kühlschrank auf. Und dann bekommst du solche Anrufe!

Es wurden mir tatsächlich 100-Millionen-Dollar-Monsterfilme angeboten. Aber was hatte ich damit zu tun? Was sollte das? Das interessierte mich nicht! Es gab auch normale Angebote und einige ganz bizarre.

Das absurdeste war ein Film, dessen Titel mir nicht einfällt, da war die Logline: Vier durchschnittliche, mit der Betonung auf Durchschnitt, Gangster kidnappen ein Kind und stellen fest, es ist der Antichrist. Das war so mein Lieblingsfilm. Da war wirklich Geld dahinter, da hätte man sofort anfangen können zu drehen. Aber ich habe gefragt: Das kann doch nicht euer Ernst sein!?!

Christian Alvart hat so einen ähnlichen Film gemacht: CASE 39. *Kennst du ihn?*
Ja, ich kenne ihn. Ich kannte auch das Script, das hatte ich auch bekommen. Aber nur zum Lesen. Ich weiß nicht, ob die mir ein Angebot unterbreitet hätten, wenn ich gesagt hätte, ja, das interessiert mich, das will ich drehen. Man liest auch sehr viel links und rechts. Man liest nicht nur ‹offers›, die direkt an einen gehen, bei denen der Produzent will, dass man es ganz speziell liest. Man liest auch immer wieder Bücher aus verschiedenen Kategorien, die alle lesen. Wenn du dem Agent dann sagst, das interessiert mich, gehe dem doch mal nach, dann tut er das.

Ich habe sehr viel gelesen. In dem Jahr bis PREMONITION habe ich sicher über 500 Drehbücher gelesen. Diese Ochsenrunde habe ich mir angetan. Ich hatte damals sehr viele Termine in Los Angeles, was wichtig war, um die Leute persönlich kennenzulernen.

Wie muss man sich so ein Meeting vorstellen?
Manchmal war ja schon ein Script im Raum, das ich gelesen hatte und dann konnte man sich darauf beziehen. Ansonsten ging es darum, dass sie LAUTLOS kannten und davon begeistert waren. Dann habe ich etwas darüber erzählt. Die haben sich alle über das Budget gewundert: der hat ja umgerechnet nur etwa 3 Millionen Dollar gekostet. Denn fast alle sagten: «Der sieht aus wie 20 Millionen». Das war ein Argument, das immer wieder aufkam, die Effizienz. Dann lernt man sich kennen. Wenn es ein konkretes Script gibt, sagt man etwas dazu oder es ist mehr allgemein, ein ‹general meeting›, wie sie das nennen und das ist auch kürzer.

Ich muss schon sagen, ich bin sehr, sehr freundlich aufgenommen worden. Ich hatte so um die 100 bis 120 Meetings und es war wirklich sehr konziliant. Alle waren Fans von LAUTLOS und sind es heute noch. Man baute E-Mail-Kontakt auf, es kamen immer wieder neue Scripts, mal ein genaueres Angebot. Es gibt auch Leute, mit denen man sich trifft, wenn man in der Stadt ist.

Im Vergleich dazu war es in Deutschland ruhig. Es kamen keine Angebote, Drehbücher blieben aus.
Das war natürlich merkwürdig, aber ich hatte auch gar nicht so viel Zeit darüber nachzudenken. Es ging in Amerika wirklich sofort mit dem Filmstart von LAUT-

los los, weil die untertitelte Kopie früh in Los Angeles war. Die Agenten hatten sie sich im April schon angesehen. Auch als die Besucherzahlen hier schwach waren, kamen schon die Drehbücher, weil sie begeistert waren und sagten, du musst in Los Angeles arbeiten. Die haben sogar Buch geführt. Von 100 Produzenten, Studio Executives etc. haben im Schnitt 98 gut reagiert, es gab vielleicht zwei, die sagten: «Ja, ganz nett, aber finde ich nicht so toll.» Der Rest meinte: «Wer ist das? Ich will den kennenlernen!»

Es war schon abstrus. Du sitzt in deiner Wohnung und es rufen dich Hinz und Kunz aus Amerika an. Also tagsüber steht das Telefon still und ab 18, 19 Uhr ging es los, bis zwei, drei Uhr nachts hing ich am Telefon. Auch im Netz, wo ich E-Mails beantworten musste. Das war schon seltsam, aber mein Gott, ich verstehe es ja auch ein bisschen. LAUTLOS war eher ein wenig sperrig und hat hier nicht funktioniert.

Aber das ist doch kein Grund. Wenn man sich anschaut, was sonst so läuft.
Finde ich auch. Im kreativen Bereich war es komischerweise anders. Deutsche Schauspieler sind oft auf mich zugekommen und haben gesagt, sie möchten mit mir arbeiten. Aber nichts aus dem Produktionsbereich.

Das größte Problem war, wir hatten mit dem Autor von LAUTLOS, Lars-Olav Beier, einen Stoff vorbereitet, ein Nachfolgeprojekt für *X-Filme*. Das Script war an keinem guten Punkt, es war noch nicht ausgegoren. Als wir dann damit zufrieden waren, es hatte ein wenig gedauert, hatte uns die Realität eingeholt. Im Treatment ging es um Bombenanschläge in Madrid und als die tatsächlich passierten, war das Projekt erst einmal passé. Das Treatment war wirklich toll, es erzählte eine unglaubliche Geschichte über 30 Jahre. Aber dann mussten wir bei null anfangen bzw. einen ganz neuen Stoff suchen und entwickeln.

Es gab noch einen anderen Grund, warum hier nichts lief. In Deutschland gibt es verhältnismäßig wenige Produzenten, die selber entwickeln. In Amerika ist das ganz anders. Dort ist der Produzent der erste, der eine Vision für einen Film hat. Das ist hier kaum so. Wenn du in die Produktionsfirmen gehst, gibt es nur ganz wenige, die ein oder zwei Stoffe entwickeln, mal einen Roman gekauft haben oder was weiß ich und die nicht gleich an einen Regisseur gebunden sind.

Auch beim Fernsehen ist es fast immer an einen Regisseur bzw. einen bestimmten Pool von bewährten Regisseuren gekoppelt. Du hörst immer wieder, dass ein Regisseur gefragt wird, ob er einen Stoff habe. Hier sehe ich das größere Problem. Deswegen ist es klar, dass ein Regisseur, der arbeiten will, da hingehen muss, wo der Stoff ist. Wenn er nicht selber dauernd Stoffe generiert, und wer tut das schon, außer den Auteurs, die selber schreiben.

Das ist mit ein Grund, warum es diese etwa 15 deutschen Regisseure gibt, die da drüben arbeiten. Da gibt es ein paar hundert Produzenten und da entwickelt jeder, sechs, acht, zehn oder 20 Stoffe, je nachdem wie groß die Firma ist oder welche Art von Deal sie mit einem Studio hat. Und diese Filmidee hat oftmals noch keinen Regisseur. Der Produzent will erst einmal ein gutes Drehbuch haben. Danach erst überlegt er, welcher Regisseur passt dazu, welche Hauptdarsteller könnten interessant sein, usw. Das gibt es hier eher seltener.

Das ist auch ein Grund, warum ich eine Produktionsfirma gegründet habe. Weil ich mich auch mehr darin vertiefen will, Stoffe zu finden, zu entwickeln, auch Sachen, die ich nicht als Regisseur umsetzen möchte, nur als Produzent. Und bis jetzt ist da auch alles Mögliche dabei: Material fürs Fernsehen, Shows, Dokus, Mehrteiler, Serien, usw. Ich bin ein Ideen-Typ, das war ich schon immer. Für mich ist das größte Gut die Idee und das Script. Und das muss stimmen.

Das Budget von PREMONITION *wird mit 20 Millionen angegeben. Bei solchen Indie-Filmen wird aber ein Teil des Budgets schon für die Kredite verwendet. Wie viel bleibt da wirklich übrig?*
Ja stimmt, das ist nicht netto. Es waren so etwa 18,5 bis 19 Millionen Der Film wird über eine Bank finanziert und die Zinsentilgung, verteilt über ein Jahr bzw. in diesem Fall durch die Verschiebung etwas länger, macht jene 1 bis 1,5 Millionen aus, auf die du gar keinen Zugriff hast.

Torsten Lippstock und ich haben uns am Set um-, dann angeschaut und den Kopf geschüttelt. Wo du hier in Deutschland einen Mann hast, der einen guten Job macht, stellen die dort schon mal vier Leute hin.

Die Größe eines Sets wird ja oft am Lichtaufwand bemessen, aber hier war der Lichtaufwand genau genommen geringer als bei LAUTLOS. Ich habe mal vom Faktor 10 gehört, den man für Vergleiche ungefähr ansetzen muss: Der Film PREMONITION entspricht also demnach einer zwei bis drei Millionen Euro Produktion hier in Deutschland, bis auf die Tatsache, dass du einen Star hast und ein gewisser Aufwand dahinter steht. Aber auch bei diesem Film hielt sich alles in Grenzen. Musste auch, sonst wäre das ganz schwierig gewesen. Für einen Riesenapparat war das Budget gar nicht da.

Ihr hattet 45 Drehtage und habt keine einzige Minute nachgedreht.
Richtig, gar nichts. Ich hatte privat eine Wette mit Sandra Bullock laufen, um eine sehr teure Flasche Rotwein, weil sie meinte, wir würden auf jeden Fall nachdrehen. Wir wären in Amerika und da dreht man immer nach. Ich habe ihr erwidert: «Sandy, tut mir leid, ich drehe nicht nach, da habe ich keinen Bock drauf. Wir werden alles in der uns gegebenen Drehzeit umsetzen, du wirst schon sehen.» Und ich habe gewonnen. Sie musste die Flasche *Pétrus* für etwa 1000 Dollar zücken.

Es war mir wichtig nicht nachzudrehen. Torsten hat eine fantastische Arbeit geleistet. Er hat es wirklich geschafft mit einer enormen Effektivität zu arbeiten. Wir haben viel vorher darüber gesprochen und ich habe gesagt, mir ist es wichtiger eine Stunde länger zu proben, als zu leuchten. Also müssen wir uns ein Konzept erarbeiten, uns Gedanken machen, wie wir den maximalen Effekt erzielen, wobei es nie effektartig wirken sollte, sondern sehr realistisch und organisch, und zwar auf die schnellste Art und Weise. Torsten war dafür sofort zu haben, eigentlich schon fast Guerilla-artig hier und da zu arbeiten, nicht so total auszuleuchten und trotzdem sieht natürlich alles gut aus. Aber das ist das Können von Torsten.

Steckt hinter der Bildgestaltung sonst noch ein bestimmtes Konzept oder ein sich durchziehendes Prinzip?
Verschiedene stecken dahinter. Erst dieser Realitätsanspruch und es gibt natürlich Farbpaletten, die wir vorher besprochen haben, die Ausstattung und das Kostümdesign. Alles war grundsätzlich in warmen Tönen angelegt, alle Sorten von Rot, Braun, Beige, etc. Also eher entgegen den gewohnten «Thrillerfarben».

Ansonsten habe ich bei diesem Film wieder versucht, den Blick nach innen zu finden. Wir wussten schnell, die Geschichte wird nur funktionieren, wenn wir ganz nah an Sandy dran sind. Wenn sie uns in das Ganze reinzieht. Die Kamera so subjektiv ist wie nur möglich und so nah wie möglich an ihr dran ist. Es gibt auch Szenen, in denen sie die Kamera ist und die Leute schauen fast direkt in die Linse, beispielsweise in Szene 75, in der sie von Peter Stormare und seinen Angestellten aus dem Haus geschleppt wird. Da wurde auch einmal der Kamera-Operator von den Leuten gepackt, die Mutter hat in die Kamera gesprochen und versucht sie zu beschwichtigen. Auch in der darauffolgenden Szene in der Zelle sieht Stormare fast direkt in die Kamera.

Daneben gab es das naturalistische, dass wir sagten: Es gibt viele Schatten, das Dunkel ist aber dabei ‹dirty›. Es ist auch so gedreht. Es wurde nicht alles perfekt ausgeleuchtet. Als Linda die Nachricht vom Sheriff bekommt, die Tür zumacht und dann zurück in die Küche geht – das ist in einer durchgehenden Handkamera-Einstellung gedreht. Da geht sie durch einen Schatten und es gibt leichte Unschärfen. Egal. Es sollte organisch sein. Und diese Einstellung ist für mich eine der gelungensten im Film.

Wie viele Visual Effect-Shots gibt es eigentlich?
Nicht viele. Das Mädchen, das durch die Glastür läuft, das Auto auf der Kreuzung, in das Sandy beinahe hineinfährt. Eine Idee, die ich ganz früh hatte: Das haben wir mit ihr echt gedreht und das vorbeifahrende Auto ist digital. Davon waren am Ende alle begeistert, aber am Anfang konnte sich das keiner vorstellen.

Ich hatte den ganzen Film wieder ‹gestoryboarded›, bis auf Szene 75, die ging nicht zu zeichnen. Aber ich habe mich beim Dreh vom Storyboard fast vollkommen befreit, denn ich hatte es eigentlich nie wieder angeschaut. Ich bin ganz offen und frei an jede Szene ran, habe geprobt, habe versucht, die Charakterdynamiken und die Emotionen herauszuarbeiten, die Realitäten zwischen den Figuren, und das dann so frisch und lebendig wie nur möglich einzufangen. Also bestmöglich im Sinne der Geschichte aufzulösen, ohne vorgefertigte Ideen oder Konzepte.

Das klappte super, weil es sehr unterstützt wurde. Die Schauspieler haben gesehen, das ist enorm organisch und es geht total von ihrem Spiel aus und von dem was sie machen. Dass ich sie nicht in ein großartiges visuelles Konzept zwänge. Aber es war trotzdem anstrengend, weil wir wieder mit teils extrem langen Brennweiten gearbeitet haben. Das war für die Crew hier und da schon hart. Der Focus-Puller hatte wirklich ein paar ganz schwierige Tage, an denen er ziemlich starke Kopfschmerzen hatte oder sich erbrochen hat.

Der Film ist gekennzeichnet von vielen Close-Ups, speziell natürlich von Sandra Bullock. Ihr seid ständig an ihr dran und zeigt permanent, was in ihrem Gesicht los ist.
Das ist richtig, das war Teil des Konzepts. Wir sind nah an ihr dran. Wir erleben alles über sie und wir müssen sehen, wie sie auf Sachen reagiert, um ihre emotionale Achterbahnfahrt mitzumachen. Das ist ganz wichtig in diesem Film. Nur wenn du an ihr dran bist, ihre Verwirrung spürst, dann hast du eine Chance den Zuschauer reinzuziehen. Ich glaube, das gelingt auch.

Der Zuschauer ist mit seinem Wissen schneller als die Figur von Sandra Bullock. Sie kommt erst recht spät auf die Idee, sich hinzusetzen und einen Plan über die verschiedenen Tage zu machen.
Der Zuschauer ist weiter, aber das soll so sein. Das gleicht sich später aus, sie kommt im Verlauf der Ereignisse dann auf den gleichen Stand. Sie wird danach auch pro-aktiv, also wenn sie z.B. die Beerdigung bestellt, nutzt sie ihr Wissen aus.

Du hast schon bei Lautlos *erwähnt, dass du, weil dich Visual Effects nicht interessieren, möglichst viel ‹in camera› lösen möchtest. Es gibt in der 33. Minute (DVD) eine Szene, in der die Kamera die Treppe zum Wohnzimmer herunterfährt. Dort ist es erst hell und wird in der Einstellung langsam dunkel. Habt ihr das draußen über das einfallende Licht gemacht?*
Nein, das ist auch digital. Stimmt, diesen Effect-Shot hatte ich vergessen. Das ist die zweite visuelle Idee, die ich früh hatte. Es ging um einen Zeitsprung und wie man ihn mal anders darstellen kann. Das Licht wurde in der Einstellung heruntergezogen, aber so einfach war das nicht. Man konnte nicht nur dunkler ziehen, man musste auch die Nachtlichter draußen einplanen, das war schon kompliziert. Und hätte ewig gedauert, was mit diesem Budget und Zeitplan nicht zu vereinbaren war. Diesen Übergang fanden alle ganz toll, das hatten sie auch noch nicht so gesehen.

Mennan Yapo

Mennan Yapo bei der Besprechung zur finalen Explosionsszene

Auf den Vertigo – eine Kombination aus Zoom und Dollyfahrt – konntest du diesmal auch nicht verzichten? Du hast ihn ganze drei Mal drin.
[lacht] Ja, einmal in der Praxis des Psychiaters, dann aus dem Helikopter, den hat Torsten spontan gezogen, den finde ich schön, und das dritte Mal im Haus auf den Anrufbeantworter, in der großen, finalen Crashsequenz. In der Arztpraxis hat sich das angeboten und es war toll die Szene so einzuleiten. Da hat es Sinn ergeben, weil sie sagt, sie stehe an einem Tag auf, und er ist tot. Dann steht sie wieder an einem anderen Tag auf und er lebt. Genau über diesen Sätzen einen Vertigo zu haben, das war inhaltlich unglaublich sinnvoll. Wir kamen am Set drauf. Ich habe gesagt, lass uns das machen, um die Szene zu beginnen. Wir hatten Glück, dass der Raum nach einer Seite hin offen war und wir da 15 Meter Schienen verlegen konnten. Irgendwie hab ich früh, schon bei FRAMED, einen Narren an Vertigo-Shots gefressen...

Wie war es am Schluss die Explosion zu drehen, so eine ‹Big Action-Scene› machen zu dürfen?
Das war spannend und auch aufreibend, weil wir in der Pampa draußen waren. Die langen Wege, jeder fährt mit Golfkarts herum, die Sicherheitsvorkehrungen. Das war anstrengend, aber toll. Wir haben mit neun Kameras gedreht und unser Special Effects Coordinator Thomas ‹Tommy› L. Fisher hatte vorher z.B. TERMINATOR 2 (R.: James Cameron, 1991) gedreht, oder an TITANIC (R.: James Cameron, 1997) gearbeitet und der ist auch ein Fan von ‹on screen›-Lösungen.

Er hat die doppelte Explosion durchgeführt und es wurde später keine einzige Sekunde retuschiert oder die Explosion zusätzlich digital vergrößert. Auch bei dem Crash war alles echt, es gibt dort keine einzige Einstellung, die digital gelöst wurde. Es war nicht einfach, denn wenn der Tankwagen explodiert, fliegt das Schrapnell fast 100 Meter weit und es gibt eine Einstellung, in der Sandra Bullock ins Bild reinläuft und das Ding explodiert. Das ist eine der wenigen, extremen

Die Explosionsszene in Premonition. *Die Frau im Vordergrund ist Sandra Bullocks Stuntdouble Karin Justman.*

Weitwinkel-Einstellungen im Film und da musste sie bis auf etwa 50 oder 60 Meter an den Wagen heran. Sie reagiert dann tatsächlich auf die echte Explosion. Das gehört mit zu den eindrucksvollsten Einstellungen, keine Frage.

Wie war die Arbeit mit den Schauspielern in den USA, so ganz generell. Ist das was anderes, als mit deutschen Darstellern?

Das ist schon relativ gleich und so ähnlich wie hier. Du baust ein Verhältnis auf, denn für mich ist es immer ganz wichtig, einen engen, persönlichen Draht im Vorfeld zueinander zu schaffen. Den Darstellern so viel wie möglich zukommen zu lassen, von dem was ich mir vorstelle, wie wir arbeiten werden, usw. Ich habe Proben anberaumt, eine Woche, wie schon bei LAUTLOS. Diesmal aber nur mit Sandy, Julian McMahon und den beiden Kindern. Mir war wichtig, dass sie alle eine Familie werden und dass die Kinder ihre Starscheuheit oder sonstige Ängste ablegen. Das ist ja nicht so einfach.

Wir haben uns das Haus angeschaut, sie sind durchgelaufen. Das war alles ganz normal. Sie waren aber sehr dankbar, dass ich immer sehr nah an ihnen dran war.

Mich hat erstaunt, wie positiv eigentlich alle Darsteller darauf reagierten, dass ich viel und eng mit ihnen arbeitete. Einige haben mir erzählt, dass das bei amerikanischen Produktionen nicht oft so ist. Sie kommen da hin, passen sich an, sprechen ein paar Minuten mit dem Regisseur und dann muss schon gedreht werden. Ich habe das anders gemacht. Wenn ein neuer Schauspieler ans Set kommt, will ich davon wissen. Dann begrüße und empfange ich ihn und nehme mir Zeit für ihn.

Mir ist es wichtig, dass wir im Vorfeld viel miteinander sprechen. Dass wir es einrichten, am Set noch genug Zeit zu haben, uns irgendwo hinzusetzen, etwas zu trinken und zu essen und über einiges zu sprechen. Ich ermutige sie auch immer offen und vor allem frühzeitig über den Text zu reden und zu sagen, wenn sie etwas nicht so gut finden. Wenn ein Vorschlag kommt, der besser oder stärker ist, nehme ich ihn natürlich an. Ansonsten räume ich die Zweifel aus, so dass wir später am Set ganz entspannt arbeiten können.

Positiv überrascht war ich darüber, dass alle extrem textsicher waren. Außer Peter Stormare und Jude Ciccolella, die beide gerade von TV-Shows kamen: Stormare flog von PRISON BREAK (2005–2010) ein und hatte drei Tage Pause und Jude, der den Pfarrer gespielt hat, kam, soweit ich mich erinnere, von 24 (2001–2010) und hatte nur ein oder zwei Tage Pause. Beide hatten viel Text und hier und da ihre Mühe. Aber auch sie haben relativ schnell, so nach zwei, drei Stunden drehen, nicht mehr nachlesen müssen. Überhaupt kamen alle Schauspieler mit wirklich guten Ideen und Angeboten. Sie waren sehr, sehr präzise vorbereitet und das hat sehr viel Spaß gemacht.

Stormare ist ein so lustiger Typ. Der ist super und ich werde versuchen, ihn in weiteren Filmen zu casten, was eigentlich für alle gilt. Aber Peter ist schon besonders, weil es total viel Spaß mit ihm macht und er ein sehr «netter Schwede» ist. [lacht] Er spricht auch ein paar Brocken Deutsch und hat sehr viel Humor in den zwei Tagen mit ans Set gebracht.

Julian McMahon auch, der ist eine unheimlich große Spaßkanone. Sandy ist auch sehr witzig. Sie ist total locker, hat viel Energie und sie hat die Leute mitgerissen. Sie ist ganz bescheiden. Insgesamt war es eine sehr konzentrierte Angelegenheit, aber trotzdem locker und spaßig. Das hat auch die Crew gespürt. Ich bin heute noch mit allen Schauspielern in Kontakt, aber auch mit denen von Lautlos und Framed.

Wir waren immer in der Zeit oder gar unter der Zeit. Nach 14 Drehtagen hatten wir einen Tag gut. Eines Tages passierte folgendes: Unser Production Designer, Dennis Washington, war auch einer von den drei Ausstattern bei The Fugitive (Auf der Flucht; R.: Andrew Davis, 1993). Und wie es der Zufall wollte, hat Andrew Davis parallel zu uns in Shreveport, Louisiana, The Guardian (2006) mit Kevin Costner und Ashton Kutcher gedreht. Dennis meinte an einem Freitagabend, er gehe mal zu denen rüber, die drehen in irgendeinem großen Wassertank, ob ich nicht mitkommen will. Er wolle mir Andrew und seine Frau vorstellen, die seien total nett. Der dortige Ausstatter wäre ein Freund von Dennis, schon vor der gemeinsamen Arbeit an The Fugitive. Also lass uns ‹Set-Tourismus› machen.

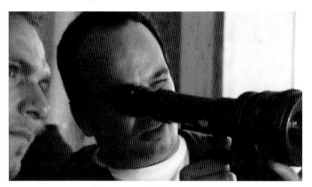

Mennan Yapo sucht mit Viewfinder und DoP Torsten Lippstock (links) die richtige Einstellung

Und es war wirklich ein ganz anderes Set! Ein 60 oder 70 Millionen Dollar-Dreh. Wir sind da hin und ich dachte, ich spinne. Also so etwas Übertriebenes. Torsten und ich lachten uns krank. Die hatten das fünffache an Crew im Vergleich zu uns und hatten tatsächlich irgendwo in der Pampa einen riesen Wassertank mit dem Rettungsboot aufgebaut. Sie konnten da Wellengang und alles Mögliche erzeugen. Drumherum war alles mit Blue- oder Greenscreen verhangen. Ich weiß nicht mehr genau.

Andrew Davis sagte zu mir: «Ja, ja, ich habe schon von euch gehört, ihr seid einen Tag voraus. Wir sind eine Woche hinterher!» [lacht] «Ihr seid Streber, ihr seid mir nicht sympathisch!» Das war natürlich Spaß. Wir waren immer ‹on time› und ‹on budget› und THE GUARDIAN verlor in den ersten Wochen beim Dreh jede Woche einen Tag und war selbstverständlich über Budget. Ich bin Kevin Costner dann mal im Weinladen begegnet, das war auch ganz nett.

Eine Woche später waren wir mit anderen Leuten von deren Produktion essen. Das war das Allerlustigste. Ashton Kutcher war dabei und Torsten kannte den nicht. Er dachte, das wäre einer von den Beleuchtern bei THE GUARDIAN. Er hat ihm dann eine halbe Stunde über Beleuchtung erzählt, warum die Crews so und so arbeiten, was ihn so ankotzt, etc. Wie denn der Oberbeleuchter bei denen so sei und der Kameramann, er solle mal erzählen. Bis dahin hatte Kutcher nichts gesagt und dann meinte er, er sei Schauspieler. Torsten hat sich entschuldigt und alle am Tisch haben sich gekrümmt vor Lachen.

Kommen wir zur Post-Produktion. Es gibt über dich widersprüchliche Nachrichten, je nach Quelle. Einerseits heißt es, dir wurde der Schnitt weggenommen und von jemand anderem bearbeitet. Dann wurde andererseits auch berichtet, dass du es nach zähem Ringen mit dem Studio und durch die Unterstützung von Sandra Bullock, geschafft hättest, den Schnitt wieder an dich zu reißen und dann doch zu Ende machen durftest. Andere sagen wiederum, dass du sehr wohl den Schnitt bis zum Schluss unter Kontrolle hattest. Was ist nun wirklich wahr?

Was mich an diesem Artikel der *L.A. Times*, der diese Sachen in Umlauf brachte, genervt hat, war Folgendes: Dieser Mensch hat durch eine zufällige Anhäufung von verschiedenartigen Problemen, bei den anderen deutschen Regisseuren gab es hier und da Schwierigkeiten, bei uns gab es eine Terminverschiebung und einen neuen Cutter, versucht eins und eins zusammenzuzählen. Und dann hat er so etwas in die Welt gesetzt. Er hat mich nicht mal kontaktiert, oder meinen Agenten, niemand von unserem Team. Als wir das lasen, haben wir uns alle angeguckt und gefragt, was jetzt los sei.

Tatsache war Folgendes, denn zwei Dinge kamen zum Tragen: Erst einmal dieser Starttermin, den ich nicht halten konnte und auch nicht wollte. Ich hatte gesagt, das fände ich nicht gut und wir müssten einen Film abliefern, der noch nicht so weit ist. Das gab eine Diskussion, etwa 14 Tage: Was war jetzt wichtiger, der Termin, für den schon Fernsehspots gebucht oder reserviert worden waren und Sandy schon bei Jay Leno oder sonst wo sein sollte oder der bessere Film. Für mich war diese Diskussion befremdlich, da meiner Meinung nach immer der Film gewinnt.

Eine zweite Sache kam hinzu, dass uns unser erster Cutter, Neil Travis, aus persönlichen Gründen verlassen musste. Das hat sich relativ überschnitten. David Brenner kam zum Team und wurde entsprechend als ‹additional cutter› im Abspann genannt. Durch den Wechsel gab es eine zusätzliche Woche Stillstand und eine Neuorientierung. Ich hatte klar gesagt, wenn sie den frühen Termin beibehalten, bin ich mit der ganzen Sache unglücklich. Sandy hat auch gesagt, dass sie es nicht gut findet. Der Film sei noch nicht reif. Diese Diskussion war alles. Es hatte nichts damit zu tun, dass wir uns nicht mögen oder dass andere Probleme existierten. Es war einfach dieser Termin. Vielleicht habe ich ein wenig zu spät signalisiert, dass wir den Termin nicht halten können, das kann sein, aber sonst habe ich mir nichts vorzuwerfen. Aber selbst in diesen Wochen schnitt ich selbst, mit einem Assistenten immer weiter am Film.

Wir haben ja vorhin über die Zinsentilgung und das Bankdarlehen gesprochen: Durch die Verschiebung des Starttermins um ca. drei Monate, kann man sich ja vorstellen, dass ein nicht unbedeutender Betrag dann hinzukam und das Budget belastete.

Ich bin nach wie vor erstaunt, wenn man so einen Weg geht, so einen großen Schritt macht, wie man von allen möglichen Seiten beworfen wird. So kannte ich das auch noch nicht, obwohl ich schon relativ lange dabei bin. Da fragt man sich schon, woher das kommt und was das ist? Was greift hier, welche Mechanismen arbeiten da?

Ich habe das Gefühl, der Schreiber des ursprünglichen Artikels hat einfach übertrieben. Leute von der Produktion und vom Studio haben dann aber dort angerufen und gesagt, dass es so nicht gehe. Sie dürfen nur bis zu einem gewissen Grad spekulieren. Ein Journalist müsse anrufen und sich das, wie man so schön sagt, von zwei voneinander unabhängigen Quellen bestätigen lassen. Da er unsere Seite nachweislich nicht angerufen hat, könnten wir das so nicht hinnehmen. Daraufhin hat mir die *L.A. Times* einen Fotografen vorbei geschickt und sie haben vier oder fünf Tage später eine ganze Seite über mich gedruckt, in der der Tenor ein ganz anderer war. Also eine Art Wiedergutmachung, aber auch in diesem neuen Artikel waren vier Fehler drin. Sachen, die ich so nicht gesagt hatte oder ganz falsche Infos.

Ich habe mich auch über einen *Tip*-Artikel geärgert, in dem unter anderem stand: «Man hört allerorten, dass ihm der Film weggenommen wurde.» Wie kann man so etwas schreiben? Man hat mich nicht interviewt und nicht dazu befragt. Was heißt denn «allerorten», bitte schön? War der Autor des Artikels viel unterwegs in der Welt und hat das dann gehört? Nein, war er nicht, er schrieb lediglich von einem anderen Artikel ab. Der *Focus* hatte mich dazu befragt, der *Merkur* glaube ich auch. Der *Tip* nicht. Ich verstehe ja, dass man etwas Negatives gerne berichtet, weil das eine Meldung ist, eine Story, ein Konflikt. Aber gerade beim *Tip* hatte ich das Gefühl, dass der ganze Artikel nach dem Motto gestrickt war: «Das habt ihr jetzt davon, dass ihr nach Amerika gegangen seid!»

Ein weiterer Faktor spielte eine Rolle: Es schadete allen drei Filmen von uns Deutschen, TRADE (R.: Marco Kreuzpaintner, 2007), THE INVASION (R.: Oliver Hirschbiegel, 2007) und PREMONITION, dass sie leider nahezu zeitgleich in Deutschland ins Kino kamen [alle Oktober 2007. Anm. d. Aut.]. Dadurch wurde alles in einen Topf geworfen und verglichen und dann hat man versucht einen allgemeinen Trend zu etablieren. So eine Vorgehensweise ist ein Problem.

Ein Autor hat geschrieben, er verstehe nicht, warum diese drei Regisseure ausgerechnet für diese drei Filme angeheuert wurden. Das ist okay. Aber Mutmaßungen über interne Abläufe anzustellen, von denen sie null Ahnung haben, finde ich ganz heikel. Da wurden Sachen wild miteinander vermengt. Es tut mir leid für Oliver Hirschbiegel, aber ich kann doch nichts dafür. Ich bin in einer ganz anderen Situation als er gewesen. Er machte einen 80-Millionen-Dollar-Film mit zwei Riesenstars wie Nicole Kidman und Daniel Craig.

...und dann noch mit Joel Silver im Rücken!
Und mit Joel Silver. Ich drehte dagegen einen 20-Millionen-Dollar-Indie. Das ist eine ganz andere Kiste. Ich habe während der Vorbereitung nicht einmal einen Anruf vom Studio bekommen, nicht einmal! Da kamen nur Sachen wie: «Sieht super aus, freut uns, brauchst du irgendwas, ist alles okay?» Amy Pascal [Vizepräsidentin bei Sony bzw. Vorsitzende bei Columbia-Tristar. Anm. d. Aut.] ist bekannt als Filmemacherin. Da kamen ganz am Schluss vom Studio lediglich Notes für den Schnitt. Sie haben mich gefragt: «Mennan, was würdest du denken, wenn wir das hier so und so machen und da so?» In so einem Ton wurde mit mir geredet.

Noch eine Anekdote zum Film?
Als der Film fertig war und ich an der US-DVD arbeitete, bekam ich einen Anruf, dass wir jetzt die TV- und die Airline-Fassung machen müssen. Ich habe gefragt, was es da zu tun gäbe und sie sagten mir, dass für die TV-Version der Film entschärft werden müsse und für die Airline-Fassung muss der Film ein G-Rating erreichen [der Film hatte für das US-Kino die Alterseinstufung PG13, in Deutschland ab 12 Jahre. Anm. d. Aut.], also eine Freigabe für alle, ab null Jahren, damit der Film in der Economy-Class in allen Inlandsflügen laufen kann. Das heißt, dass da Kinder sind, die das normalerweise nicht sehen dürften.

Es gibt in den Studios Departments mit Cuttern, die das alles machen. Die haben mir eine Liste geschickt, mit dem, was sie ändern müssen. Ich bin da hin und ich habe so etwas noch nie erlebt.

Es gab im Film zwei «Fuck» und ein paar «Shit», die mussten für das Fernsehen sowieso raus und da hatte man mir bereits vor dem Dreh eine Liste gegeben, mit den Sätzen, die ich covern muss. Also habe ich im Gegensatz zu den meisten amerikanischen Regisseuren diese Szenen auch ohne «Fuck» und ohne «Shit» gedreht, also alternativ, damit wir die einschneiden können, in den verschiedenen Fassungen. Sonst ‹muten› die ja nur, also sie lassen das Bild stehen, löschen das Wort aber von der Tonspur. Das ist der Horror.

Ich habe in den USA im Fernsehen Heat (R.: Michael Mann, 1995) gesehen und dachte, ich spinne. Das war wie eine Stummfilmfassung. Ich dachte, das kann alles nicht wahr sein. Der Film hat ja ein paar 100 Schimpfwörter zu bieten. Bei uns hielt sich das ja noch im Rahmen, da wurden diese drei oder vier Einstellungen ausgetauscht und die Mischung kaum verändert.

Aber dann ging es um die Airline-Fassung und da bekam ich sieben Seiten mit Anmerkungen, was am Film geändert werden muss. Ich meinte, ich kann mir das nicht vorstellen und sie sollen es schon mal schneiden, ich schaue es mir dann mal an. Die waren alle dort aufgeregt, dass ich vorbeikomme. Der Cutter, der das dort seit neun oder zehn Jahren machte, meinte, ich sei der erste Regisseur seit fünf Jahren, der da hin kommt und sich das anschaut. Die anderen tun sich das normalerweise nicht an, weil sie es zum Kotzen finden.

Er hat mir also gezeigt, was er gemacht hatte. Alles was blutete, musste raus und wenn das nicht ging, wurde es schwarz eingefärbt. Die Krähe, in der Szene im Garten, war komplett raus, man hat Sandys blutige Hände nicht mehr gesehen. Stell dir diese Szene vor: Sie, Sandra, fällt hin, sieht irgendwas, niemand weiß was, sie rennt aber ins Haus und wäscht sich wie blöd die Hände, überhaupt ist in ihrem Gesicht nur die absolute Panik zu sehen und du hast überhaupt keine Ahnung, um was es ging! Noch extremer war, dass der Unfall am Ende komplett draußen war! Alles weg!

Das war klar. Bei Fluglinien dürfen generell keine Explosionen oder alles was wie ein Unfall aussieht, auftauchen. Man schaue sich nur das Beispiel aus Speed *(R.: Jan De Bont, 1994) auf der Bonus DVD dieses Filmes an. Man weiß nicht mehr was dort passiert.*

Ja, auch bei uns war der Crash komplett weg! Es wird alles im Off erklärt. Sie rennt raus, im Off ist eine Explosion, sie reagiert und die Einstellungen sind nur auf ihr, nah auf ihrem Gesicht. Kein Auto, keine Flamme – nichts, gar nichts. Ich habe dem Cutter gesagt, dass er gerade eine Woche Dreharbeiten weggeschnitten hat und dass das so nicht ginge. Zum Glück hatten wir den Unfall mit neun Kameras gecovert. Ich schlug vor, er solle sich das ganze Material ansehen und eine Version schneiden, die den Unfall in statischen Totalen, also aus der Ferne erzählt.

So bin ich mit ihm den Film tagelang durchgegangen und habe um jede Einstellung, jede Sekunde, gekämpft. Irgendwann hat er seine Chefin angerufen, die hatte auch gebibbert und am Ende hat sie gejubelt: «You are an artist!» Sie hat gesagt, sie will den Airlines Briefe schreiben, die besagen, dass der Regisseur diese Fassung persönlich überwacht habe. Aber vorher war eben alles raus. Das Härteste war aber die Nippel-Retusche! Also wenn du durch ein Shirt einen Nippel sehen konntest, dann musste der glattgebügelt werden. Da könnte ja einer im Flugzeug geil werden!

Mennan Yapo

Am Set von Premonition

Noch eine Anekdote zum Dreh in den USA mit den Gewerkschaften?
Das Set ist so aufgebaut, dass so viel wie möglich gefahren werden muss. Je mehr Fahrer beschäftigt werden können, um so glücklicher sind die ‹Teamster›. Und wenn die glücklich sind, läuft dein Set wie geschmiert, auch wenn du lange Wege hast. Deswegen ist das Basecamp, dort wo alle Fahrzeuge, Wohnwägen etc. stationiert sind, immer ein oder zwei Kilometer vom Drehort weg. Das ist aber absurd. Du bist in einem kleinen Kaff und darfst dort eigentlich alles und könntest eigentlich alles zu Fuß erledigen. Aber nein, es muss so gelegt werden, dass die Shuttles die ganze Zeit hin und her fahren. Egal was du brauchst, es muss wieder ein Fahrer los. Das hat mich tierisch aufgeregt. Das kannst du bei so einem Film, mit niedrigem Budget, nicht brauchen.

Dieser Aufwand geht in alle Planungen mit ein. Wenn du einen fitten Regie-Assistenten hast und der gewohnt ist, so zu arbeiten, dann ist das zu bewältigen, dass du auf nichts lange warten musst. Aber es war schon nervig. Als ich mal dagegen gewettert habe, sagten sie mir: «Nicht so laut... mit den ‹Teamsters› willst du keinen Stress haben!»

Wo siehst du den Unterschied zwischen Deutschland und den USA?
Ein großer Unterschied ist: Hier in Deutschland wird erst einmal aufgezählt, was gegen ein Projekt spricht. Dort drüben wird erst betrachtet, was dafür spricht. Anschließend wird an dem gearbeitet, was noch ein Problem sein könnte. Diese positive Energie, dieses «das ist gut, lasst es uns versuchen», also der Glaube an eine Idee, wenn diese denn überzeugend ist, das finde ich toll und ganz wichtig. In

Deutschland wird lange darüber gesprochen, warum es nicht geht. Das muss man begreifen und sich darauf einlassen.

Wie wirst du in Bezug auf deine Abstammung in beiden Ländern aufgenommen? Hier bist du der Deutsche in Hollywood. Bist du dort der Türke in Hollywood?

Ja, sie beanspruchen mich für sich. Ich bin der erste Türke, der in den USA einen Langspielfilm gemacht hat, samt großem Kinostart. Das war witzig. Bei der Premiere in L.A. kam erst der türkische Konsul mit seinem Fotografen und hat ein Foto gemacht, dann kam der deutsche Konsul mit seinem Fotografen und hat auch ein Foto gemacht. [lacht] Mir ist das gleich. Es ist eine Bereicherung. Aber die Amerikaner sehen mich als Deutschen.

Wie war das mit deinem Pass?

Die Türkei wollte ja, dass ich bei ihnen den Militärdienst ableiste, was ich abgelehnt habe. Ich habe gesagt, ich wurde in Deutschland geboren und nicht dort, deshalb interessiert mich das nicht. Dort kann man aber nicht verweigern. Zu dem Zeitpunkt, 2007, hatte ich die deutsche Staatsbürgerschaft schon längst beantragt, diese aber nicht erhalten, aus unerklärlichen Gründen. Nach den Dreharbeiten zu PREMONITION kam es dazu, dass die Türken die Anweisung herausgaben, meinen Pass nicht mehr zu verlängern, der davor sowieso immer nur um ein Jahr verlängert worden war. Jetzt wurde er gar nicht mehr verlängert, weil ich hinkommen und den Dienst ableisten sollte. Mein Pass lief also aus und gleichzeitig kamen Filmangebote auf den Tisch. Da gab es ein paar Sachen, die ich schon ganz gut fand und die ich mir hätte vorstellen können anzugehen oder gar zu drehen, aber das ging nicht, weil ich die USA verlassen musste. Ich kam also zurück nach Deutschland und habe hier Druck bezüglich meiner Einbürgerung gemacht. Es hat bis 2010 gedauert, bis ich meinen deutschen Pass bekommen habe. Bis dahin konnte ich auch nicht reisen, denn ich hatte nur einen Ausweis-Ersatz, mit dem man nicht in die USA kommt.

Hast du deshalb ein Projekt verloren oder definitiv nicht machen können?

Ja, mehrere. Ich möchte hier aber keine konkreten Projekte nennen, da ich nicht gegen diese aussagen will oder die Regisseure, die diese dann umgesetzt haben.

Nach LAUTLOS gab es keine Angebote für dich in Deutschland. Wie sah es nach PREMONITION aus?

Nicht viel besser. Du wirst indirekt dafür abgestraft, weil du mal in Hollywood gedreht hast. In Deutschland glauben dann alle, du bist weg oder du bist viel zu teuer oder du brauchst viel zu viel Budget. Aber das habe ich in der letzten Zeit einigermaßen kommuniziert bekommen, auch dadurch, dass ich selber viel geschrieben und entwickelt habe und dann mein deutscher Agent mit meinen eigenen Stoffen rausgegangen ist, ich ein paar Leute getroffen und jetzt ein paar Projekte selbst platziert habe.

Etwas Ähnliches habe ich auch in Los Angeles erreicht. Ich habe zwei Projekte selbst mit Autoren entwickelt, parallel zu anderen Stoffen, weil ich dort nach wie vor, wenngleich jetzt schon ein bisschen weniger, in der Schublade «eine Frau sieht Gespenster» bin und in erster Linie Psychothriller auf den Tisch bekomme. Die orientieren sich dort an PREMONITION. Es kommen also immer wieder psychologische Thriller mit Frauen in der Hauptrolle und da rauszukommen ist nicht einfach. Das ist auch die Aufgabe des Managers. Mittlerweile geht es, denn ich bekomme jetzt auch mal ein Drama auf den Tisch.

Es liegt ja wohl nicht nur daran, dass du keine psychologischen Thriller mehr machen willst, sondern daran, weil die Scripts schlecht sind?

Ja, in erster Linie. Die Drehbücher werden drüben leider immer schwächer, das Niveau hat abgenommen. Ich habe in den letzten Monaten sicher 100 Drehbücher gelesen und es war erschreckend. Nur eins war okay und das war ein 120-Millionen-Dollar-Film. Da erwarte ich auch, dass das Buch stimmt. Aber sonst war es sehr schlimm. Bei ein paar anderen Scripts war die Idee stark, aber die Bücher brauchten noch irre viel Arbeit. Dabei waren die drüben in der Entwicklung immer so gut. Mir hat jemand von der Writers Guild erzählt, dass die Anzahl von Entwicklungen von Drehbüchern, also developments, um 60% runtergingen seit dem Autorenstreik.

Das ist mir noch nie vorher passiert, aber in einem Meeting neulich haben Produzenten mich gefragt, ob ich ein Script habe. Gestandene Produzenten, wirklich erstaunlich. Wie in Deutschland, wo du mit deinem Script zu den Produktionsfirmen laufen musst. Insofern war es gut, dass ich ein, zwei Stoffe selbst entwickelt habe. Drehbücher, die kein Zuhause hatten und bei denen ich mich mit dem Autor hingesetzt habe, um eine neue, verbesserte Fassung zu schreiben.

Warum diese Entwicklung?

Angst. Die haben den Abgrund gesehen, die Finanzkrise, etc. In der Branche wurden mehrere 1000 Leute in Los Angeles entlassen. Absurderweise wurden nicht wenige von ihnen Finanzberater, ich kenne einige... [lacht] Da wurde und wird immer noch stark reduziert und dann suchen sie nach einer Formel, nach einem Franchise. Am besten nach einem Roman, auf den sie zurückgreifen können. So was machst du nur, wenn du Angst hast. Sie wissen eigentlich, dass der Ausweg originelle Ideen sind und trotzdem machen sie immer so weiter. Allein, dass aus ‹Schiffe versenken› ein Film gemacht wird, das muss einem doch zu denken geben (BATTLESHIP, R.: Peter Berg, 2012) [Budget angeblich ca. 200 Millionen Dollar. Anm. d. Aut.]. Sie nehmen einfach eine Marke, bei der sie auf den Bekanntheitsgrad aufbauen können.

Mitte 2010 haben die Top-Studio-Leute alle Top-Agenten antanzen lassen. Sie wollten, dass man ihnen originelle und vor allem originäre Ideen präsentiert. Das war so lächerlich, denn die Agenten sind natürlich mit ihrem Material gekommen. Genau das machten sie ja seit Jahr und Tag, aber sie hörten auch dauernd von den Studios: es sei sei aber kein Roman, kein Brettspiel, kein Comic. Das ist diese abstruse Situation, in der sie sich befinden. Und was machen sie am Ende des Tages? THOR (R.: Kenneth Branagh, 2011), GREEN LANTERN (R.: Martin Campbell, 2011) und TRANSFORMERS 3 (R.: Michael Bay, 2011), aber nur wenig Originelles.

Spec-Scripts machen dauernd die Runde, werden aber immer seltener angekauft. Das Geld für die Entwicklung wurde zurückgefahren und jetzt sollen Autoren öfter mal eine Fassung kostenlos schreiben. Das war früher ganz anders. Das Niveau hat seit dem Autorenstreik (November 2007 bis Februar 2008) gelitten. Das Produktionsvolumen ist damals heruntergefahren worden, aber nach dem Streik kam es nicht mehr richtig hoch und man hat sich davon nie mehr wirklich erholt. Studios wie Warner Bros. machen keine Filme mehr unter 50 Millionen Dollar Budget. Andere setzen nur noch auf Mikro-Budgets von einer bis drei Millionen, aber auch das kann auf Dauer nicht gutgehen. PARANORMAL ACTIVITY 1 und 2 (R.: Oren Peli, 2007; R.: Tod Williams, 2010) haben funktioniert, aber wie lange noch?

Jede Industrie investiert einen gewissen Prozentsatz ihrer Gewinne in Forschung und Entwicklung. In der Filmindustrie war dieser Anteil immer relativ hoch, aber er wurde nun stark zurückgefahren. Heute ist nur noch ‹High Concept› angesagt. Jede Casting-Entscheidung wird in die Presse getragen, potentielle Besetzungen bekommen seitenlange Fotostrecken in Magazinen, dabei hast du noch nicht mal einen Film.

Was ist mit dem Indie-Bereich?
Es ist schwer, aber es boomt. Alles zwischen fünf und 20 Millionen Dollar Budget, was du ohne Studio machen kannst, vor allem Genrefilme, hat eine Chance. Da gibt es viele Firmen, die in diesem Bereich tätig sind und es in den letzten Jahren zu etwas gebracht haben.

Kannst du dir mittlerweile eine Arbeit fürs Fernsehen vorstellen?
Viele in Deutschland sagen, Kino sei die Königsklasse. Das sehe ich gar nicht so. Ich denke, dass TV mittlerweile die Königsklasse ist, zumindest in den USA. Den Weg, der in Deutschland bestritten wird, finde ich dennoch problematisch. Hier wird auch nicht investiert, sondern auf Altbekanntes gesetzt. Die Amerikaner haben den Wandel der Sehgewohnheiten und des TV-Publikums selbst, früh erkannt und sich da reingehängt, weil sie wussten, sie müssen insgesamt viel besser werden. Mir haben jetzt schon viele Leute gesagt, am meisten Entfaltung hast du in den USA beim Fernsehen. Nur da gibt es Serien wie BREAKING BAD, BOARDWALK EMPIRE,

THE SHIELD, THE KILLING, GAME OF THRONES. Da konkurrieren einfach Pay-TV-Sender miteinander. Hierzulande wird noch kaum in diese Richtung gedacht.

Du hast seit 2007 keinen Film mehr gedreht. Wovon lebst du seitdem?
Von diversen Entwicklungs-Deals. Vor ein paar Jahren habe ich mich noch einfach so mit einem guten Script zwei oder drei Wochen hingesetzt und Anmerkungen geschrieben, obwohl noch unklar war, ob der Film überhaupt finanziert werden kann oder ob ich letzten Endes der Regisseur sein werde. Jetzt wird das bezahlt, denn ich kann das nicht mehr kostenlos tun. Wenn es ein interessantes Drehbuch gibt und die wollen mich haben und ich sage, daran muss noch gearbeitet werden, dann gebe ich denen zunächst einen Überblick. Aber wenn ich mich richtig hinsetzen soll, dann kostet das Geld.

Für ein Projekt über den Zweiten Weltkrieg habe ich mich wochenlang hingesetzt und zum 120-Seiten-Drehbuch 40 Seiten Anmerkungen geschrieben. Natürlich sind die Produzenten danach aus allen Wolken gefallen, obwohl ich es ihnen vorher angekündigt hatte. Es waren viele Gegenvorschläge, ich habe zum Teil die Story neu geplottet, Charakter- und Dialogschwächen aufgezeigt. Das war sehr zeitintensiv.

Lange Zeit war als dein nächstes Projekt THE AMBASSADOR angekündigt. Was ist daraus geworden
THE AMBASSADOR, dessen Budget bei etwa 40 bis 50 Millionen liegt, basiert auf dem Roman «The American Ambassador» von Ward Just, der aus der Zeit des Kalten Krieges stammt. Produziert wird er von den Leuten, die CHILDREN OF MEN (R.: Alfonso Cuarón, 2006) gedreht hatten. Die haben mich früh ausgewählt, denn sie mochten, was ich beizutragen hatte, wie ich es umsetzen will, meine Ideen. Ich mag sie sehr, wir verstehen uns gut, denn es sind super Filmemacher und wir haben einen regen Austausch an Ideen.

Bei diesem Projekt habe ich wesentlich mehr Einfluss auf das Script als bei PREMONITION, wo es recht schnell gehen musste. Den Vertrag hierfür habe ich sogar noch vor dem Dreh von PREMONITION geschlossen. Das ist von langer Hand geplant, was gut ist, weil es ein aufwendiger Film ist.

Ich war schon mit einem Location-Scout in Berlin unterwegs. Dabei habe ich mit DV ein kleines Filmchen von ca. 50 Minuten gedreht und geschnitten und die Locations in der Reihenfolge des Drehbuches angeordnet. Ich habe Musik daruntergelegt und einen Kommentar gesprochen, wie ich was machen will. Da sind die Produzenten ausgeflippt, sie haben gesagt: Das hat noch nie ein Regisseur gemacht, das hätten sie noch nie gesehen.

Dennoch gibt es ein Problem, denn das Drehbuch ist nicht fertig bzw. nicht gut genug. Ich muss einfach sehen, wie es sich entwickelt. Ich habe in der Zwischenzeit auch andere Thriller gelesen, die genauso gut sind. Da muss man sich vielleicht auch überlegen, springt man da rüber und lässt dieses Projekt zurück.

Eigentlich war THE AMBASSADOR immer toll, unter anderem auch, weil es in Berlin spielt. Andererseits gab es das jetzt auch schon ein paar Mal mit THE INTERNATIONAL (R.: Tom Tykwer, 2009), UNKNOWN (UNKNOWN IDENTITY; R.: Jaume Collet-Serra, 2010) oder HANNA (R.: Joe Wright, 2011). Also größere, amerikanische Filme, in denen die Stadt Berlin eine prominente Rolle spielt. Deshalb bin ich da jetzt auch entspannt: mein Gott, wenn nicht dieses Projekt, dann mache ich eben ein anderes. Also was ich nicht mehr tue, ist irgendwelchen Projekten nachweinen. Manche sind wie verhext und dann muss man sich davon trennen können, wenn z.B. fünf Jahre lang nichts oder wenig passiert und es entsteht kein zwingendes Momentum, aus welchen Gründen auch immer. Denn es gibt so viele Punkte, die nicht klappen oder funktionieren können – da mache ich mir keinen Kopf mehr.

Ich bin total offen für Neues und Andersartiges. Ich bekomme Gott sei Dank ständig Angebote. Das sind die Früchte meiner Agenten, meiner selbst entwickelten Stoffe, die Beschäftigung mit Drehbüchern, usw. Ich bin glücklich, was das betrifft und habe gar kein Problem, dass es in Los Angeles zur Zeit etwas schwerer ist. Aber ich bin gerne in L.A., mit tollen Menschen wie denen von Strike Entertainment. Egal wie lange es dauert, das sind ganz coole Leute und wenn nicht dieser Film, dann machen wir einen anderen. Wir verstehen uns einfach. Es ist wichtig, gerade in so einer Umgebung wie L.A., dass du einen Produzenten hast, der dich beschützt. Jemand wie Marc Abraham, der genug Erfahrung hat, aber auch kreativ ist.

Was ist mit GUNSLINGER?
Das Project findet wohl nicht statt. Es hat ein Top-Script, aber es gibt viel zu überlegen. Es ist ein Indie-Projekt mit Vorverkäufen und da muss man schauen, was am Ende für ein Budget rauskommt und ob es angemessen ist für dieses Script.

Das überall mit 16 Millionen angegeben wird.
Das war mal eine Zahl, die im Raum stand. Doch dann wurde es immer weniger. Das Script ist aber stark und alle sind begeistert davon. Ich habe es 2010 mit dem Autor überarbeitet, aber irgendwann muss man sich fragen, da es ein Actionthriller in Schnee und Eis ist, mit 100 Minuten Verfolgungsjagd: Wie mache ich das, wie drehe ich das? Was kann das kosten und was soll dabei herauskommen? Ich hätte z.B. jetzt weniger Lust auf einen Direct-to-DVD-Film.

Wenn das Projekt auf wackeligen Füßen steht, wie sieht es dann mit Josh Hartnett aus, der mal dafür vorgesehen war?
So wie es aussieht, ist er nicht mehr dabei. Was schade ist, denn ich habe mich sehr gut mit ihm verstanden. Er fand alles richtig, was wir gemacht haben und

wir haben auch Anmerkungen von ihm berücksichtigt. Aber es gibt ein anderes Problem bei Indies. Leute wie Hartnetts Agenten fragen, was unser Budget ist und hören: «Irgendwas zwischen 10 und 16 Millionen». Anschließend fragen sie, wer den Film verleiht und wir sagen, wir wissen es noch nicht. Da sagen die, Hartnett sei ein großer Name und da müsse man was bieten: «Kommt wieder, wenn das Budget doppelt so groß ist und ihr wisst, wer ihn rausbringt.»

Mit Indie-Filmen ist es unter Umständen schwierig. Wenn bei Pre-Sales acht Länder das Script gekauft haben, dann genau dieses Script. Im Vertrag steht: dieses Drehbuch, dieser Regisseur, dieser Star. Wenn man eine Komponente ändert, ist es, als ob man sich mit acht Redakteuren herumschlagen müsste. Wenn man etwas veränderst, musst du es diesen acht Ländern neu schicken. Damit würdest du denen aber theoretisch die Chance bieten, das Projekt doch noch zu canceln und nicht mitzumachen. Das gefährdet die ganze Finanzierung. So war das auch bei PREMONITION und darauf habe ich keinen Bock mehr.

Und die verschiedenen Geldgeber haben auch alle Ideen: Können wir ihn nicht PG13 machen? Können wir nicht dieses oder jenes ändern? Und andere Einfälle. Da muss man sich überlegen, bleibt man beim guten Script oder verliert man vielleicht das Geld?

Was haben deine Sachen gemeinsam, an denen du arbeitest? Wie wählst du sie aus?
Es ist ein intuitives Vorgehen, es gibt keine Formel dafür. Sie sind alle unterschiedlich. Sie spielen in verschiedenen Zeiten, Epochen, es sind verschiedene Genres – von Drama, Thriller bis Arthouse. Alles außer Horror und Sci-Fi ist dabei. Aber ich würde natürlich gerne mal an Science Fiction arbeiten. Egal, was es ist, es muss mich durch und durch begeistern und es muss mich beschäftigen. Ich muss merken, dass ich automatisch Arbeit reinstecke, ohne nachzudenken. Oder ich sehe sofort Bilder oder den ganzen Film vor mir.

Der Drang selbst zu schreiben und zu entwickeln war groß und diesem Drang konnte ich bis PREMONITION nicht richtig nachgehen. Man springt als Regisseur von Projekt zu Projekt und dann schiebt man das auf. Man pflegt seine Kontakte, telefoniert viel, da bleibt manchmal wenig Zeit sich auf den Stoff wirklich, tiefergehend einzulassen.

Die Zwangspause mit dem Pass war einerseits scheiße, aber andererseits wunderbar, weil ich mich in Ruhe hinsetzen konnte, um zu schreiben und zu entwickeln. So viel wie ich in den letzten Jahren geschrieben und entwickelt habe, das geht auf keine Kuhhaut. Aber es hat sich bezahlt gemacht, denn die paar Stoffe, mit denen ich bisher an potentielle Partner, Produzenten herantrat – die sind wirklich hervorragend. Dahinter steckt intensive Entwicklungsarbeit, allein oder mit Autoren zusammen. Wir haben viel Zeit und Energie reingesteckt. Ich habe jetzt eine große Stoffauswahl und einiges entwickelt sich ganz gut bzw. wird bereits verhandelt.

Wir entwickeln mit Lars-Olav Beier einen extrem aufwendigen Actionfilm für die USA, Arbeitstitel: BLACK SITE, früher mal RECOIL. Dies ist das erste, was ich von Lars-Olav las, im Jahre 2000, damals trug es den Titel RÜCKSTOSS und sollte ein großer, deutscher Actionfilm werden. Wir haben es überarbeitet, mussten dabei aber erst einen Schritt zurückgehen, die Geschichte neu entwerfen und ein Bildertreatment schreiben.

Genauso freut mich, dass ich in den letzten zwei Jahren selbst ein Drehbuch schrieb, UTERO. Mein erstes, eigenes Drehbuch. Es war verrückt, denn das Script schrieb sich wie von selbst. Es ist ein sehr abgefahrener, ziemlich krasser Film geworden. Absolutes Arthouse. Eine Produktionsfirma hat vor kurzem erst sehr positiv darauf reagiert und ist interessiert. Mal sehen, was daraus wird.

Dein Schlusswort?

Rosebud. [lacht]

Nein, im Ernst: Es gibt kein Ende. Es ist alles eine ständige Bewegung. Das Leben, die Menschen, menschliche Beziehungen, die Filmindustrie, die Filmsprache, einfach alles. Und gerade deshalb ist Film so ein spannendes Medium, da es wie kein anderes die Bewegung darstellen kann: Menschen, die sich bewegen, Beziehungen, die in Bewegung sind, etc., in bewegten Bildern, um den Zuschauer zu bewegen.

Filmografie

2007   PREMONITION
2004   LAUTLOS
1999   FRAMED (Kurzfilm)